高等院校物流管理专业系列教材 · 物流企业岗位培训系列教材

U0726126

国际物流与货运代理

（第3版）

刘徐方　袁　哲◎主　编

李秋香　周杨梅◎副主编

清華大学出版社

北京

内 容 简 介

　　本书根据国际物流与货运代理发展的新特点,结合实际运营,系统介绍国际物流业务与国际贸易、国际海上货运代理、国际物流运输、国际陆空货运代理、国际多式联运、国际物流报关报检、国际物流保险等国际物流与货运代理的基础理论知识,并通过实证案例分析讲解,提高读者的应用能力。

　　本书知识系统、案例丰富、注重创新,具有较强的应用性和通用性。本书既可作为普通高等院校本科物流管理及国际贸易等专业的教材,又兼顾高职高专、应用型大学的教学,也可用于在职人员培训,并为广大中小微企业创业者提供有益的学习指导。

图书在版编目(CIP)数据

国际物流与货运代理 / 刘徐方,袁哲主编. -- 3 版. --北京:清华大学出版社,2025.7. (高等院校物流管理专业系列教材). -- ISBN 978-7-302-69381-9

Ⅰ. F259.1;F511.41

中国国家版本馆 CIP 数据核字第 2025K4Z952 号

责任编辑:贺　岩
封面设计:汉风唐韵
责任校对:王荣静
责任印制:曹婉颖

出版发行:清华大学出版社
　　　　网　　　址:https://www.tup.com.cn,https://www.wqxuetang.com
　　　　地　　　址:北京清华大学学研大厦 A 座　　　　邮　　编:100084
　　　　社 总 机:010-83470000　　　　　　　　　　邮　　购:010-62786544
　　　　投稿与读者服务:010-62776969,c-service@tup.tsinghua.edu.cn
　　　　质量反馈:010-62772015,zhiliang@tup.tsinghua.edu.cn
印 装 者:三河市人民印务有限公司
经　　销:全国新华书店
开　　本:185mm×230mm　　印　　张:15.75　　　　字　　数:323 千字
版　　次:2012 年 2 月第 1 版　　2025 年 7 月第 3 版　　印　　次:2025 年 7 月第 1 次印刷
定　　价:52.00 元

产品编号:109433-01

编审委员会

主　任

　　牟惟仲　　中国物流技术协会理事长、教授级高级工程师

副主任

　　翁心刚　　北京物资学院副院长、教授
　　冀俊杰　　中国物资信息中心原副主任、总工程师
　　张昌连　　中国商业信息中心原主任、总工程师
　　吴　明　　中国物流技术协会副理事长兼秘书长、高级工程师
　　李大军　　中国物流技术协会副秘书长、中国计算机协会理事

委　员

　　张建国　　王海文　　刘　华　　孙　旭　　刘徐方　　赵立群
　　孙　军　　田振中　　李耀华　　李爱华　　郑强国　　刘子玉
　　林玲玲　　王　艳　　刘丽艳　　袁　峰　　卢亚丽　　周　伟
　　张劲珊　　董　铁　　罗佩华　　吴青梅　　于汶艳　　郑秀恋
　　刘芳娜　　刘慧敏　　赵　迪　　刘阳威　　李秀华　　罗松涛

总　编

　　李大军

副总编

　　王海文　　刘徐方　　刘　华　　田振中　　郑强国

物流是国民经济的重要组成部分，也是我国经济发展新的增长点。2020 年 10 月，党的十九届五中全会审议通过《中共中央关于制定国民经济和社会发展第十四个五年规划和二〇三五年远景目标的建议》，为我国物流产业发展指明了前进方向，并对进一步加快我国现代物流发展、提高经济运行质量与效益、实现可持续发展战略、推进我国经济体制与经济增长方式的根本性转变，具有非常重要而深远的意义。

"一带一路"建设和我国与沿线国家互联互通的快速推进，以及全球电子商务的迅猛发展，不仅有力地促进了我国物流产业的国际化发展，而且使我国加速融入全球经济一体化的进程，中国市场国际化的特征越发凸显。

物流不但涉及交通运输、仓储配送、通关报检等业务环节，同时也涉及国际贸易、国际商务活动等外向型经济领域。当前面对世界经济的迅猛发展和国际市场激烈竞争的压力，如何加强物流科技知识的推广应用、加快物流专业技能型应用人才的培养，已成为我国经济转型发展过程中亟待解决的问题。

针对我国高等职业教育院校物流教材陈旧和知识老化的问题，为了满足国家经济发展和就业需要，满足物流行业规模发展对操作技能型人才的需求，在中国物流技术协会的支持下，我们组织北京物资学院、大连工业大学、北京城市学院、吉林工程技术师范学院、北京财贸职业学院、郑州大学、哈尔滨理工大学、燕山大学、浙江工业大学、河北理工大学、华北水利水电大学、江西财经大学、山东外贸职业学院、吉林财经大学、广东理工大学等全国 20 多个省市应用型大学及高职高专院校物流管理专业的主讲教师和物流企业经理共同编写了此套教材，旨在提高高等院校物流管理专业学生和物流行业从业者的专业技术素质，更好地服务于我国物流产业和物流经济。

　　作为普通高等院校物流管理专业的特色教材，本套教材融入了物流运营管理的最新教学理念，注重与时俱进，根据物流业发展的新形势和新特点，依照物流活动的基本过程和规律，全面贯彻国家"十四五"教育发展规划，按照物流企业对人才的需求模式，加强实践能力训练，注重校企结合、贴近物流企业业务实际，注重新设施设备操作技术的掌握，强化实践技能与岗位应用能力培训，并注重教学内容和教材结构的创新。

　　本套教材根据高等院校物流管理专业教学大纲和课程设置，对帮助学生尽快熟悉物流操作规程与业务管理，毕业后顺利走上社会具有特殊意义，因而既可作为本科或高职院校物流管理专业的教材，也可作为物流、商务贸易等企业在职员工的培训用书。

中国物流技术协会理事长　牟惟仲

2022 年 10 月于北京

物流是流通的命脉，也是国家经济建设的重要支撑。 国际物流货运代理业务既是物流系统中的重要组成部分，也是物流运营的关键环节。 它对规范经营、完善服务、降低成本、减少损失、提高经济效益、获取国内外客户满意度等方面具有积极的促进作用，对物流企业经济运行的效益和质量也会产生重大影响，并在国际大物流中发挥着衔接、协调和枢纽的重要作用，因而逐渐受到我国政府相关部门和物流企业的高度重视。

当前，随着国家"一带一路、互联互通"总体发展规划的快速推进，物流市场国际化迅速发展及竞争加剧，对从事国际物流与货运代理运营人员素质的要求越来越高，社会物资流通和物流产业发展急需大量具有国际物流与货运代理扎实理论知识与实际运作技能的复合型专门人才。

保障我国全球经济活动和国际物流服务业的顺利运转，加强现代国际物流货运代理运作与管理从业者的应用技能培训、专业综合业务素质培养，加速推进物流产业化进程，提高我国国际物流与货运代理管理水平，这既是物流企业可持续快速发展的战略选择，也是本书出版的真正目的和意义。

本书自 2019 年再版以来，因写作质量高、突出应用能力培养，而深受各高等院校师生的欢迎，已多次重印。 此次再版，编者结合数字经济、新质生产力发展，审慎地对原教材进行了补充新知识、增加技能训练等修改，以使其更好地为国家物流产业服务。

本书为应用型大学物流管理专业的特色教材，共 10 章，以学习者应用能力培养为主线，坚持科学发展观，根据国际物流货运代理的基本过程和规律，围绕具体业务环节和流程，主要介绍国际物流与国际贸易、国际物流运输、国际物流保险、国际货物报关报检、国际海上货运代理、国际航空货运代理、国际陆地货运代理、国际多式联运等基本理论知识及实务，并通过实证案例分析讲解，提高读者的应用能力。

本书融入了国际物流与货运代理最新的实践教学理念，力求严谨，注重与时俱进，具有知识系统、案例丰富、贴近实际、注重创新、突出职业性和实用性等特点，既可作为普通高等院校本科物流管理及国际贸易等专业的教材，同时兼顾高职高专、应用型大学的教学，也可作为物流和工商企业从业者的培训用书，并为广大中小微企业创业者提供有益的学习指导。

本书由李大军筹划并具体组织，刘徐方和袁哲主编，刘徐方统改稿，李秋香、周杨梅为副主编，由牟惟仲教授审订。作者编写分工如下：牟惟仲（序言），刘徐方（第一章、第七章、第十章），李秋香（第二章、第四章、第九章），周杨梅（第三章、第五章），袁哲（第六章、第八章），李晓新（文字修改、版式调整、制作教学课件）。

在本书再版过程中，我们参考了国内外有关国际物流与货运代理的最新书刊、网站资料，以及国家历年颁布实施的相关政策法规和管理规定，并得到业界有关专家教授的具体指导，在此一并致谢。为配合教学特提供配套电子课件，任课教师可扫描书后二维码免费下载。因编者水平有限，书中难免有疏漏和不足之处，恳请广大读者和专家批评指正。

编　者
2025 年 1 月

第一章

国际物流与货运代理

【学习目标】

1. 掌握国际物流、国际物流系统的概念；
2. 掌握国际货运代理的概念及业务内容；
3. 了解国际货运代理的物流化发展。

【知识要点】

1. 国际物流系统运作模式；
2. 国际货运代理的种类、业务范围及其法律地位与责任；
3. 国际货运代理的发展趋势与途径。

引导案例

畅通国际物流通道，助力共赢发展

2023 年 3 月 9 日，以"中西建交纪念号"特别命名的"义新欧"中欧班列从西班牙首都马德里鸣笛发车，与从中国义乌同时开出的列车对向而行，以庆祝中西建交 50 周年。当前，中国国际物流网络不断延展，既便利了各国同中国的贸易往来，也在完善当地基础设施建设、带动物流产业发展的同时，助力中国与相关国家实现共赢发展。

1. 完善国际物流体系——"时效大幅度提升，成本却大大降低"

每天清晨，位于波兰东部边境的马拉舍维奇场站就开始忙碌，场站里随处可见标有"中欧班列"字样的集装箱。数十家来自欧洲各国的物流公司云集于此，完成中欧班列运输货物进入欧盟后的第一次转运，再发往欧洲各地。目前，九成进入欧盟的中欧班列都在这里进行转运。

马拉舍维奇场站日益繁忙的运输场景，既是中欧班列日益畅通的印证，也是中国国际物流网络不断延展的缩影。根据中国国家铁路集团有限公司的统计数据，2022 年中欧班列共运行 1.6 万列，发送货物 160 万标箱，同比分别增长 9%、10%。目前，中欧班列已经连通中国境内 108 个城市，通达欧洲 25 个国家 208 个城市,累计开行 6.5 万列,发送 604 万标箱,是世界上最繁忙的国际货运线路之一。

中国跨境铁海联运班列也焕发强大活力。不久前,西部陆海新通道铁海联运班列满载着 100 个集装箱的货物,从重庆铁路集装箱中心站(团结村站)出发,经广西钦州港换乘海船,将汽车、摩托车、发动机等产品运至东南亚。2023 年春节期间,西部陆海新通道铁海联运班列开行量同比增幅创历年新高。

2. 加速海外仓储布局——"效率、吞吐量、安全系数都有了质的飞跃"

哈科特港市奥尼港是尼日利亚第三大港口,港口内和联海外仓里储存着许多当地的农产品。每天早上 9 时海外仓开门时,一列大大的"丁"字形队伍早已沿着门前的马路向两侧延伸。门前排队的是 100 余辆大卡车,外墙两侧,当地民众带着奶制品、饮品、水果等,整齐摆好摊位,还沿着车队一路兜售。

和联奥尼港海外仓占地 150 亩,由深圳市和联供应链管理有限公司运营。2021 年 4 月,该仓被奥尼港所在的河流州政府特别指定为"海关监管仓库",海关、港务局与码头运营商等均在仓内设有办公场地。"商户们在仓内即可完成现场清关、货物入库和运输等工作,打通了快捷方便的'一条龙办公'服务通道。"和联奥尼港海外仓负责人胡君楷一边说,一边忙着指导货物装卸。

近年来,中国海外仓企业数量不断增长。截至 2023 年 2 月底,在海关备案的跨境电商海外仓企业已经达到 1713 家,为跨境物流发展提供了强劲动力。国内电商出口企业先通过海运、陆运、空运等大宗运输方式将货物批量运送至业务所在国海外仓储存,当地客户下单后,订单货物直接从海外仓进行分拣、包装、配送,大大缩短了物流时间,提升了消费者的购物体验。

"以前货物都要到公共码头办理各种手续,仅排队就要一天一夜。现在在海外仓,货物随到随卸,海关、港务局随时办理,一点都不耽搁,效率真是太高了!"当地从事大宗商品贸易的伊赞瓦卡·艾迈卡表示,和联奥尼港海外仓建成前,集装箱放在堆场,一不小心货物就丢了。"现在管理很规范,存取有序,既高效又安全,再也不用担心了!"

3. 创造更多发展机遇——"为我们打开了致富的新渠道"

日益密集的物流体系联结的不仅是运输网络,还有中国同各国的经贸合作。目前,越来越多的国家希望借助日益畅通的物流渠道进一步深化对华合作,搭乘中国发展的快车。

2022 年以来,中欧班列去回程综合重箱率高位企稳,保持在 98% 以上的较高水平,不仅给共建国家送去了优质的中国产品,也带回了更多的欧洲产品,波兰的乳制品、匈牙利的牛肉、西班牙的火腿等商品因此被摆上中国的货架。当前,中欧班列货物种类已从最初的手机、笔记本电脑等数码产品,扩大到汽车配件及整车、化工产品、机电产品、粮食、酒类、木材等 5 万余种。这让很多希望借助中欧班列进一步打开中国市场的外国客商振奋不已。

中国海外物流网络不断完善,同时也促进了当地产业发展,完善了民生保障,增强了经济活力。尼日利亚农业贸易促进会相关负责人皮斯介绍,决明子是尼日利亚的常见植物,但长期以来民众并未意识到其经济价值。"经过考察,和联公司发现我们的决明子品质非常好,既可作为食物,又可以充当玩具填充物,还可用作工业原料,为我们打开了致富的新渠道。"皮斯说。

资料来源:http://world.people.com.cn/n1/2023/0416/c1002-32665356.html.

思考:

1. 为什么要完善国际物流体系?
2. 海外仓在国际物流中发挥了怎样的作用,有哪些优点?

国际物流是实现全球化贸易的基础。随着全球化的深入发展,越来越多的企业开始跨国经营,需要进行跨国贸易。国际物流提供货物运输、仓储、配送等服务,使得跨国贸易变得更加便捷和高效。同时,国际物流是全球贸易和经济发展的重要组成部分,对于推动全球化、促进经济发展和促进国际合作具有重要作用。国际物流业的发展使得全球各地的商品流动变得更加便捷高效,而国际货运代理则扮演着协调和管理这一庞大体系的重要角色。国际物流和货运代理之间的关系是一种相互依存、紧密合作的伙伴关系。它们共同构建了全球贸易的血脉,推动了经济的繁荣与发展。

第一节　国际物流

一、国际物流概述

(一) 国际物流的概念

国际物流又称全球物流,是国内物流的延伸和进一步扩展,是跨越国界的、流通范围扩大了的"物的流通",是指物品从一个国家(地区)的供应地向另一个国家(地区)的接收地的实体流动过程。

1. 广义的国际物流

从广义上讲,只要物品在一国生产,在另一国消费,或者需要经过另一国转运,该物流涉及的整个过程就称为国际物流,其包括在国内的物流过程和国家间的物流过程。广义的国际物流研究的范围包括国际贸易物流、非贸易物流、国际物流投资、国际物流合作、国际物流交流等领域。

其中,国际贸易物流主要是指组织货物在国际间的合理流动,非贸易物流是指国际展览与展品物流、国际邮政物流等,国际物流合作是指不同国别的企业完成重大的国际经济技术项目的国际物流,国际物流投资是指不同国家物流企业共同投资建设国际物流企业,国际物流交流主要是指物流科学、技术、教育、培训和管理方面的国际交流。

2. 狭义的国际物流

狭义的国际物流是指不同国家之间的物流,是商品物质实体为克服供应和需求分别处在不同的地区和国家时的供需时间和空间上的矛盾而发生的、在不同国家之间跨越国境的流动。流出之前和流入之后在国内的运作过程仍划入国内物流,如图 1-1 所示。

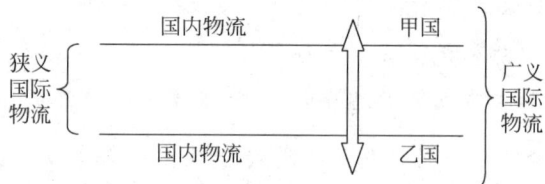

图 1-1 广义与狭义的国际物流

3. 国际物流的实质

国际物流的实质是按照国际分工协作的原则,依照国际惯例,利用国际化的物流网络、物流设施和物流技术,实现货物在国际间的流动和交换,以促进区域经济的发展和世界资源的优化配置。其总目标是为国际贸易和跨国经营服务,即选择最佳的方式与路径,以最低的费用和最小的风险,保质、保量、适时地将货物从某国的供方运到另一国的需求方。

拓展阅读 1.1 国际物流发展阶段

(二) 国际物流的作用

国际物流是国家之间的物流,它是国际贸易发展过程中的重要组成部分,各国的国际贸易最终通过国际物流来实现。因此,国际物流的发展可以促进世界范围内物资的合理流动,降低流通成本,实现效益的最优化。

作为企业价值链的基本环节,国际物流不仅使国际商务活动得以顺利实现,而且为企业带来新的价值增值,成为全球化背景下的"第三方利润源泉"。

同时,由于国际化信息系统的支持,以及世界各个地域范围的物资交流,国际物流可以通过物流的合理组织来促进世界经济的发展,改善国际间的友好交往,并以此推动国际政治、经济格局的良性发展,从而促进人类的物质文化和精神文化的发展。

(三) 国际物流的特点

国际物流与国内物流相比,在物流环境、物流系统、信息系统及标准化要求这四个方面存在着不同。不同的国家有不同的与物流相适应的法律,这使国际物流的复杂性增加。不同国家经济和科技发展水平不同,使国际物流处于不同的科技条件的支撑下,甚至会因为有些地区根本无法应用某些技术,导致国际物流全系统运作水平下降。

由于物流环境的差异,迫使一个国际物流系统在多个不同法律、人文、风俗、语言、科技环境下运行,这无疑会大大增加国际物流运作的难度和系统的复杂性。

1. 物流环境存在差异

国际物流一个非常重要的特点是各国物流环境的差异,尤其是物流软环境的差异。不同国家的不同物流适用法律使国际物流的复杂性远高于一国的国内物流,甚至会阻断国际物流;不同国家不同经济和科技发展水平会造成国际物流处于不同科技条件的支撑下,甚至有些地区根本无法应用某些技术而导致国际物流全系统运作水平的下降;不同国家有不同标准,也造成国际间"接轨"的困难,因而使国际物流系统难以建立;不同国家的风俗、人文也使国际物流受到很大局限。

2. 国际物流必须有国际化信息系统的支持

国际化信息系统是国际物流,尤其是国际联运非常重要的支持手段。国际信息系统建立的难点,一是管理困难,二是投资巨大,加上世界上有些地区物流信息水平较高,有些地区较低,所以会出现信息水平不均衡,使得信息系统的建立更为困难。

3. 国际物流的标准化要求较高

随着经济全球化的不断深入,世界各国都很重视该国物流与国际物流的衔接问题,力争在物流发展的初期,其标准就与国际物流的标准体系相一致。否则,以后不仅会加大与国际交往的技术难度,更重要的是,在原本关税和运费就比较高的基础上,又增加了与国际标准不统一所造成的工作量,从而使整个外贸物流成本增加。因此,国际物流的标准化问题必须引起更多的重视。

目前,跨国公司的全球化经营正在极大地影响着物流全球性标准化的建立。一些国际物流行业和协会在国际集装箱和EDI技术发展的基础上,开始进一步在物流的交易条件、技术装备规格,特别是单证、法律条件、管理手段等方面推行统一的国际标准,使物流的国际标准更加深入地影响到国内标准,使国内物流日益与国际物流融为一体。

4. 国际物流管理更加网络化

在系统工程思想的指导下,以现代信息技术提供的条件,强化资源整合和优化物流过程是当今国际物流发展的最本质特征。信息化与标准化这两大关键技术对当前国际物流的整合与优化起到了革命性的影响。同时,标准化的推行使信息化的进一步普及获得了广泛的支撑,使国际物流可以实现跨国界、跨区域的信息共享,物流信息的传递更加方便、快捷、准确,加强了整个物流系统的信息连接。

现代国际物流就是这样在信息系统和标准化的共同支撑下,借助于储存和运输等系统的参与以及各种物流设施的帮助,形成了一个纵横交错、四通八达的物流网络,使国际物流覆盖面不断扩大,规模经济效益明显增加。

二、国际物流系统

(一) 国际物流系统的概念

从系统的角度来分析,物流本身是一个大的系统,其基本模型如图1-2所示。由此,可以将国际物流系统定义为:建立在一定的信息化基础之上,通过具体的物流作业转换,为实现货物国家间的低成本、高效率地移动而相互作用的单元之间的有机结合体。

图 1-2 物流系统模型

为了实现期望的物流输出,国际物流的各子系统需要紧密结合、协同运作,并随时通过信息系统加强彼此间的沟通,使系统整体达到成本最低、运作效益最大。另外,在国际物流系统的具体运作过程中,更要注重新的物流理念的指导作用,加强供应链条间企业的协同运作,以此降低交易成本,为客户提供满意的服务。

(二) 国际物流系统的组成

从功能的角度看,国际物流系统由商品的包装、储存、运输、检验、流通加工及其后的整理、再包装以及国际配送等子系统组成。国际物流通过商品的储存和运输,实现其自身的时间和空间效益,满足国际贸易活动和跨国公司经营的需求。

1. 运输子系统

运输是指实现货物的空间位置移动,进而创造货物的空间价值。国际货物运输是国际物流系统的核心。商品通过国际货物运输作业由卖方转移给买方。国际货物运输具有路线长、环节多、涉及面广、手续繁杂、风险高、时间紧等特点。在国际贸易商品价格中运输费用占很大比重。国际运输主要包括运输方式的选择、运输单据的处理以及投保等。

随着科技的发展,运输设施现代化、大宗货物散装化和杂件货物集装化已经成为运输业革命的重要标志。

2. 仓储子系统

外贸商品的储存、保管使商品在流通过程中处于一种或长或短的相对停滞状态,这种停滞是完全必要的。商品的生产和销售时间的不同时性,以及贸易交流的不间断性,要求有一定量的周转库存。但是,从物流角度看,这种暂时的停滞,时间不宜过长,否则会影响国际物流系统的正常运转。

3. 商品检验子系统

由于国际贸易和跨国经营具有投资大、风险高、周期长等特点,致使商品检验成为国际物流系统中一个重要的子系统。通过商品检验,确定交货品质、数量和包装条件是否符合合同规定。如发现问题,应分清责任,并向有关方索赔。在买卖合同中,一般都订有商品检验条款,其主要内容有检验时间与地点、检验机构与检验证明、检验标准与检验方法等。

4. 商品包装子系统

杜邦定律(由美国杜邦化学公司提出)认为:63%的消费者是根据商品的包装装潢进行购买的,国际市场和消费者是通过商品来认识企业的,而商品的商标和包装就是企业的面孔,它反映了一个国家的综合科技文化水平。所以经营出口商品的企业应当认真考虑商品的包装设计,并从系统的角度出发,将包装、储藏、运输整合进行考虑。

为完善商品包装系统的功能和提高效率,应提高广大外贸企业员工对出口商品包装工作重要性的认识,树立现代包装意识和包装观念;尽快建立起一批出口商品包装工业基地,以适应外贸发展的需要,满足国际市场、国际物流系统对出口商品包装的各种特殊要求;认真组织好各种包装物料和包装容器的供应工作。

5. 国际物流信息子系统

该子系统的主要功能是采集、处理和传递国际物流和商流的信息情报。没有功能完善的信息系统,国际贸易和跨国经营将寸步难行。国际物流信息的主要内容包括进出口单证的作业过程、支付方式、客户资料、市场行情和供求信息等,具有信息量大、交换频繁、传递量大、时间紧、环节多、点多线长等特点。所以要建立技术先进的国际物流信息系统,把握国际贸易电子数据交换(EDI)的发展趋势,强调 EDI 在我国国际物流体系中的应用,建设国际贸易和跨国经营的信息高速公路。

上述主要子系统中,运输和仓储子系统是物流的两大支柱,它们分别解决了供给者和需求者之间场所和时间的分离问题,创造了"空间效用"和"时间效用"。同时,还应将上述主要系统和配送系统、装卸系统以及流通加工系统等有机联系起来,统筹考虑,全面规划,建立我国适应国际竞争需要的国际物流系统。

拓展阅读1.2 电子数据交换系统

(三) 国际物流系统的运作模式

国际物流系统包括输入、输出以及系统的转换部分。

国际物流系统输入部分的内容有:备货,货源落实;到证,接到买方开来的信用证;

到船;编制出口货物运输计划;其他物流信息。

国际物流系统输出部分的内容有:商品实体从卖方经由运输过程送达买方手中;交齐各项出口单证;结算、收汇;提供各种物流服务;经济活动分析及索赔、理赔等。

国际物流系统的转换部分包括:商品出口前的加工整理;包装、标签;储存;运输(国内、国际段);商品进港、装船;制单、交单;报验、报关;现代管理方法、手段和现代物流设施的介入。

国际物流系统在国际信息系统的支持下,借助于运输与仓储,在进出口中间商、国际货运代理及承运人的通力协助下,借助国际物流设施,形成一个遍布国内外、纵横交错、四通八达的物流运输网络。其运作流程如图 1-3 所示。

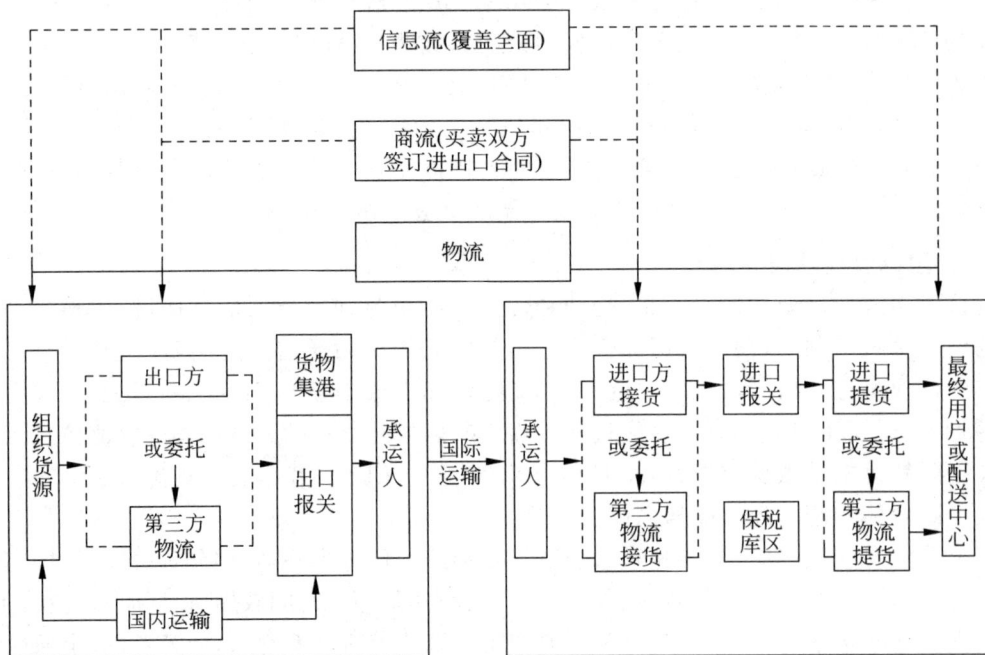

图 1-3 国际物流系统的运作流程

三、跨境电商下国际物流的新发展

(一) 跨境电商与国际物流的关系

跨境电商与国际物流是相互影响、紧密联系的两个行业,跨境电商为国际物流的发展提供市场机遇,而国际物流的完善则是跨境电商发展的必要环节之一。

1. 跨境电商企业为国际物流的发展带来市场

传统商务模式已不能满足人们的需求,新时代的消费者更为重视商品质量及商品种类丰富程度,且更注重购物体验,而跨境电子商务则可以在很大程度上提升购物便捷性、满足消费者需求、优化消费者的购物体验。

同时,跨境电子商务还在改善企业服务质量、提高供应链有效性、增加企业经营效益、提升国际贸易成交量及扩大开展范围等方面发挥作用。因此,现在很多传统企业纷纷引入跨境电商经营模式,而巨大的跨境电商市场则为国际物流的发展提供了市场机遇。

2. 国际物流是构建跨境电商供应链的必要环节

跨境电子商务的流程包括谈判、立约、支付、物流等多个环节,跨境电子商务的发展也为与这些环节相关企业的发展提供了市场机遇,特别是国际物流企业。跨境电子商务中企业与消费者合约践行的基础在于非虚拟性的国际物流,而影响消费者消费体验的因素也包括国际物流的效率及成本。因此,跨境电子商务不仅为国际物流的发展提供市场机遇,更为其发展带来挑战。国际物流是跨境电商发展的必要环节,其发展水平的高低也成为跨境电商供应链融合及相关企业获得经营效益的关键因素。

(二) 跨境电商环境下国际物流新模式

1. 海外仓

海外仓是最近几年兴起的新型跨境电商国际物流模式,它是指经营跨境电商的企业在境外目的地建立或租赁仓库,采用海陆空等运输方式将货物运输至境外目的地,通过跨境电商的方式进行线上销售,消费者成功下订单之后,企业再利用境外目的地仓库或境外第三方物流机构直接进行商品配送。

与传统物流模式相比,海外仓这种新兴的物流模式能够缩短物流时间、降低物流配送成本,同时还能有效解决商品检验及退换货等诸多问题。虽然其具有传统物流无可比拟的优势,但由于建设海外仓投资巨大,致使很多跨境电商企业望而生畏。

2. 边境仓

边境仓与海外仓都是新型跨境电商国际物流模式,都是将物流仓库设立在远离国境的地方。二者的区别在于,海外仓位于境外目的地,而边境仓则位于商品输入国的邻国。同时,对于边境仓而言,按仓库的位置可以分为相对边境仓和绝对边境仓两种。相对边境仓就是将仓库设立在与商品输入国不相邻却相近的国家,而绝对边境仓则是将仓库设立在与商品输入国相邻的国家。

在实际运作中,边境仓的优势主要体现在可以有效规避商品目的国的政治、法律、税收等风险,还能够充分利用"自由贸易区"区域物流政策,从而降低物流成本及提高物流效率。

3. 集货物流

集货物流也是跨境电商国际物流常用的一种物流模式,它使得跨境电子商务国际物流配送成本更低、效率更高。目前主要有两种操作方式：建立仓储物流中心及共同构建国际物流中心。

4. 自贸区或保税区物流

自贸区或保税区物流模式也是跨境电子商务的产物,它是通过将货物运输至自贸区或保税区仓库,再由跨境电商企业负责商品销售,同时由自贸区或保税区仓库负责货物分拣、检疫、包装等环节,最后通过自贸区或保税区实现商品集中物流配送的模式。这种模式可以在最大限度上利用自贸区或保税区自身优势,为跨境电子商务国际物流的快速运行提供保障。

第二节 国际货运代理

一、国际货运代理概述

(一) 国际货运代理的概念

国际货运代理的英文为 International Freight Forwarder,各国对之称谓各不相同,如通关代理行、清关代理人、报关代理人等。在我国其名称也不统一,但通常称之为货运代理人、国际货物运输代理企业,或简称为货代。尽管国际货运代理业有较长的发展历史,但到目前为止,国际上并没有公认的统一的定义,但一些权威机构的工具书以及一些标准交易条件中对其都有一定的解释。

国际货运代理协会对其定义是：货运代理是根据客户指示,为保障客户的利益而揽取货物的人,其本身并不是承运人,货运代理可依这些条件从事与运输合同有关的活动,如储货、报关、验收、收款等。

中国最早对货运代理给予明确定义的是外经贸部于 1992 年 7 月 13 日颁布的《关于国际货物运输代理行业管理的若干规定》。此项行政法规对其所下的定义是：国际货物运输代理是介于货主与承运人之间的中间人,是接受货主或承运人的委托,在授权范围内办理国际货物运输业务的企业。

国务院于 1995 年 6 月 29 日批准颁布的《中华人民共和国国际货物运输代理行业管理规定》给予了明确定义：国际货运代理是指接受进出口收货人、发货人的委托,以委托人的名义或以自己的名义,为委托人办理货物运输及相关业务并收取服务报酬的行业。

从上述定义和解释可以看出,货运代理的定义基本上可以分为两类：一类是广泛定义的形式(如中国),即货运代理人不仅以代理人身份出现,同时也以运输合同当事人身份出现；另一类是严格定义的形式(如美国),即货运代理仅作为代理人出现。美国将货运代理严格限制在代理人位置上,是与其独树一帜的无船承运人制度相符的。

拓展阅读 1.3 国际货运代理协会联合会

(二) 国际货运代理的种类

1. 按成立背景分类

（1）以外贸、工贸公司为背景

以外贸、工贸公司为背景成立的货运代理企业如五矿国际货运公司、中粮国际仓储运输公司等。这类货运代理企业跟货主保持长期良好的业务关系，能够保证稳定的货源；并且了解货物特性，可以为货主提供良好的货运代理服务。

（2）以实际承运人企业为背景

以实际承运人企业为背景成立的货运代理企业如中国铁路对外服务总公司、中国外轮代理总公司等。这类货运代理企业与承运人联系紧密、运输信息灵通、能为货主争取到优惠的运价，从而在货运代理市场上具有较强的竞争优势。

（3）以仓储包装企业为背景

以仓储包装企业为背景成立的货运代理企业如中储货运代理有限公司、天津宏达国际货运代理有限公司等。这类货运代理企业具有较强的仓储优势，为提供一体化的货运代理服务奠定了一定的基础，并且在仓储费用方面能给予货主一定优惠。

（4）以港口、航道、机场企业为背景

以港口、航道、机场企业为背景成立的货运代理企业如上海集装箱码头有限公司、天津振华国际货运公司等。这类货运代理企业与港、站、机场业务关系密切，经验丰富，在提供顺畅的物流服务方面具有一定优势。

（5）以其他投资主体为背景

以其他投资主体为背景成立的货运代理企业包括外商投资、外商合资和民营企业等。这类企业的经营规模不同、经营范围不一，以其特色业务在市场上具有特定的客户群；灵活性较强，能够为客户提供满意的货运代理服务。

2. 按法律地位分类

（1）作为代理人型的货运代理

这种货运代理以委托人的名义为其提供传统的货运代理服务，如订舱、保管货物、安排货物运输、报关、报检报验、包装、保险等业务，并代委托人支付运费、保险费、包装费、海关税以及其他相关费用，收取一定的代理费（总费用的百分比）。这种货运代理企业在散杂货运输中应用较多。

(2) 作为当事人型的货运代理

这种货运代理以自己的名义为委托人办理货运代理业务,能够提供除传统货运代理业务之外的其他服务,如签提单、提供仓储和其他物流业务等,其经营收入来源为运费差价。在拼箱货运输和多式联运业务中,货主必须委托这种类型的货运代理企业。

3. 按委托代理人数量分类

(1) 独家代理

它是指委托人委托一个代理人在特定的区域或者以特定的运输方式或服务类型,独家代理其从事国际货物运输业务或相关业务的国际货运代理。

(2) 普通代理

普通代理又称多家代理,是指委托人同时委托多个代理人在特定区域或者以特定运输方式或服务类型,代理其从事国际货物运输业务或相关业务的国际货运代理。

4. 按授予代理人权限范围分类

(1) 全权代理

它是指委托人概括委托代理人办理某项国际货物运输业务或相关业务,并授予其根据委托人的意愿灵活处理相关事宜权利的国际货运代理。

(2) 一般代理

它是指委托人委托代理人办理某项具体国际货物运输业务或相关业务,要求其根据委托人的意愿处理相关事宜的国际货运代理。

5. 按委托办理的事项分类

(1) 综合代理

它是指委托人委托代理人办理某一票或某一批货物的全部国际货物运输事宜,提供相关配套服务的国际货运代理。

(2) 专项代理

它是指委托人委托代理人办理某一票或某一批货物的某一项或某几项国际货物运输事宜,提供规定项目的相关服务的国际货运代理。

6. 按代理人层次分类

(1) 总代理

它是指委托人授权代理人作为在某个特定地区的全权代表,委托其处理委托人在该地区的所有货物运输事宜及相关事宜的国际货运代理。

(2) 分代理

它是指总代理人指定的在总代理区域内的具体区域代理委托人办理货物运输事宜及其他相关事宜的国际货运代理。

7．按代理业务的内容分类

（1）国际货物综合代理

它是指接受进出口货物收发货人的委托，以委托人的名义或者以自己的名义，为委托人办理国际货物运输及相关业务，并收取服务报酬的代理。

（2）国际船舶代理

它是指接受船舶所有人、经营人或承租人的委托，在授权范围内代表委托人办理与在港国家运输船舶及船舶运输有关的业务，提供有关服务，并收取服务报酬的代理。

（3）报关代理

它是指接受进出口货物收发货人或国际运输企业的委托，代为办理进出口货物报关、纳税、结关事宜，并收取服务报酬的代理。

（4）报检代理

它是指接受出口商品生产企业，进出口商品发货人、收货人及其代理人或其他贸易关系人的委托，代为办理进出口商品的卫生检验、动植物检疫事宜，并收取服务报酬的代理。

（5）报验代理

它是指接受出口商品生产企业，进出口商品发货人、收货人及其代理人或其他贸易关系人的委托，代为办理进出口商品质量、数量、包装、价值、运输器具、运输工具等的检验、鉴定事宜，并收取服务报酬的代理。

8．按运输方式分类

根据运输方式不同，国际货运代理分为国际海上货运代理、国际陆空货运代理以及国际多式联运代理。国际海上货运代理的市场覆盖面最广，业务最复杂。国际陆空货运代理包括国际公路货运代理、国际铁路货运代理和国际航空货运代理。

拓展阅读1.4　国际多式联运

二、国际货运代理的业务内容

(一) 代理人型国际货运代理业务内容

代理人型的货运代理分为出口货物发货人的货运代理和进口货物收货人的货运代理，两者分别为货物的出口和进口办理相关的运输代理业务。

1．出口货物发货人代理业务内容

（1）安排货物运输

安排货物运输的工作包括运输信息的查询、运价的确认、运输单证的审核与缮制、订舱、包装仓储以及短途运输。具体体现为：查询及提供车次、船期、航班、运价信息,以及出口货物的报关、报检、报验,装运港、中转港、目的港的装卸及运输规定;根据发货人的货物运输要求,选择运输方式、运输路线和适当的承运人,并争取优惠运价,最终确认运费及其他相关费用;接收、审核发货人提供的货物运输资料、单证,提醒发货人准备货物进出口地所属国家或地区要求的货物运输文件、单证;代为填写、缮制货物运输单据,并向承运人洽谈舱位或车辆;安排货物从发货人到发货车站、港口或机场短途运输,将货物交付承运人或其代理人;办理货物包装、仓储、称重、计量、检尺、标记、刷唛、进站、进港、进场手续。

（2）代理报关、报检、保险

具体体现在：代为填写、缮制报关单及其他相关单证,办理货物出口报关并支付相关费用;代为填写、缮制货物报检、报验单据及其他相关单证,办理出口货物报检、报验并支付相关费用;代为填写、缮制保险单及其他相关单证,办理货运保险手续并支付相关费用。

（3）跟踪货物、查询信息

负责跟踪货物动态,并查询、报告货物信息。具体体现在：查询、掌握货物装卸情况及运输工具离开车站、港口、机场的时间,及时向委托人报告货物出运信息;联系承运人或其在货物起运地、目的地的代理人,掌握运输情况,监管运输过程,及时向发货人报告货物运输有关信息。

（4）领取提单、支付运费

具体业务为：向承运人或其代理领取运单、提单,并及时转交给发货人或按其指示处理;向承运人或其代理人交付结算费、杂费、税金、政府规费等款项。

2. 进口货物收货人代理业务内容

（1）联系与沟通

保持与承运人或其在货物运输目的地代理人的联系,随时查询、及时掌握货物动态和运输工具运抵目的地的信息,并及时通报收货人。

（2）办理报关、报检、保险

具体体现在：代为填写、缮制报关单及其他相关单证,办理货物进口报关并支付相关费用;代为填写、缮制货物报检、报验单据及其他相关单证,办理进口货物报检、报验并支付相关费用;代为填写、缮制保险单及其他相关单证,办理货运保险手续并支付相关费用。

（3）向承运人提货并支付费用

具体内容是：保持与收货人的联系,审核其提供的运输单据,协助其准备提货文件,准备向承运人或其代理人提货;向承运人或其代理人支付运费、杂费。

（4）安排送货运输及交货

办理货物的短倒、仓储、转运、分拨事宜;安排货物从卸货地到收货人处的短途运输;向收货人或其指定的其他人交付货物及有关单据。

（5）做交货记录

记录货物的残损、缺损、灭失情况，收集有关证据，协助收货人向有关责任方、保险公司索赔。

（二）当事人型国际货运代理业务内容

当事人型货运代理能够向委托人签发自己的提单，并且对货物在运输过程中的货损货差负责，其责任期间自接收货物时起至交付货物给收货人止，因此当事人型货运代理一般既作为出口货物发货人的货运代理，又作为进口货物收货人的货运代理。换言之，当事人型的货运代理一般在货物进出口国设有分支机构或其代理，共同为进出口货物发货人和收货人办理货运代理业务。

当事人型货运代理的业务范围涵盖代理人型货运代理的业务内容，并在此基础上拓展了其他业务内容，因此对代理人型货运代理的业务内容不再赘述，而仅介绍拓展的业务内容。作为当事人型货运代理的典范，本节重点介绍无船承运人以及多式联运经营人的业务内容。

1．无船承运人业务内容

无船承运人指以承运人身份接受托运人提供的货物，签发自己的提单或单证，收取运费，履行运输义务的经营人，但其不拥有和经营船舶。《中华人民共和国国际海运条例》第七条第二款规定：无船承运业务是指无船承运业务经营者以承运人身份接受托运人的货载，签发自己的提单或者其他运输单证，向托运人收取运费，通过国际船舶运输经营者完成国际海上货物运输，承担承运人责任的国际海上运输经营活动。

其业务内容包括：作为承运人与货物托运人订立运输合同，签发无船承运人提单，即分提单；根据托运人要求及货物的具体情况，与实际承运人订舱，并以托运人的身份与其签订运输合同，接受实际承运人签发的主提单；在接受地安排其分支结构或其代理人凭主提单向实际承运人提货，并凭分提单向收货人放货；经营拼箱货运，并负责拼箱货的装箱、拆箱业务。

2．多式联运经营人业务内容

所谓多式联运经营人，1980 年颁布的《联合国国际货物多式联运公约》对其定义为："多式联运经营人"是指其本人或通过其代表订立多式联运合同的任何人，他是事主，而不是发货人的代理人或代表或参加多式联运的承运人的代理人或代表，并且负有履行合同的责任。

我国交通部和铁道部于 1997 年发布的《国际集装箱多式联运管理规则》将其定义为："多式联运经营人"是指本人或委托他人以本人的名义与托运人订立一项多式联运合同并以承运人身份承担完成此项合同责任的人。2020 年颁布的《中华人民共和国民法典》第八百三十八条所指的多式联运经营人，是指本人或者委托他人以本人名义与托运人订立多式联运合同的人。他是事主,而不是托运人的代理人或者代表,也不是参加多式联运的各承运人的代理人或者代表。

多式联运合同的运营人既可以为单纯的缔约承运人,亦可以为缔约承运人兼实际承运人。缔约承运人指以本人名义与旅客或托运人,或与旅客或托运人的代理人订立联运合同之人。单纯的缔约承运人是没有运输工具的运输代理人,仅负组织运送之义务。实际承运人指根据缔约承运人授权,履行全部或部分多式联运合同运输的人。多式联运运营人若负责履行时,则为实际承运人。这时其往往为第一承运人,即担任第一阶段运送义务之人。

其业务内容包括:作为承运人与货物托运人订立多式联运合同,并签发多式联运运单;作为总承运人组织货物全程运输,制订全程运输计划,并组织各项活动的实施;作为托运人与分包承运人签订运输合同;对货物全程负责,在转运地安排多式联运经营人分支机构负责与实际承运人的接货与发货,以及向收货人放货。

三、国际货运代理的法律地位与责任

(一) 国际货运代理的法律地位

货运代理法律地位是指作为代理人的法律地位和作为当事人的法律地位。货运代理法律地位不同,其担当的法律责任也不同,因此进行货运代理法律地位的识别非常重要。为了明确货运代理的法律地位,托运人与货运代理的委托合同条款中最好能明确写明,如"委托人要求货运代理从事的一切业务活动均属代理性质"。如果在委托合同中没有明确指明其性质,则可以采用以下方式作为识别依据。

1. 取得收入的方式

货运代理从托运人处获取收入的方式是佣金还是运费差额,是区分货运代理法律地位的重要标志之一。若货运代理获取收入的方式是佣金,则其法律地位是代理人;若获取收入的方式是运费差额,则其法律地位是当事人。

2. 签发提单的方式

若货运代理能签发自己的提单,则其法律代理地位为当事人,比如能够签发无船承运人提单的无船承运人以及能够签发多式联运提单的多式联运经营人。若货运代理不能签发提单,或不能签发自己的提单,则其法律地位为代理人。所谓不能签发自己的提单指承运人授权货运代理签发提单,即尽管货运代理签发了提单,但其不属于自己的提单。

3. 经营运作的方式

若货运代理接受托运人的委托并向托运人收取一定的运费,然后以自己的名义与承运人签订运输合同并向承运人支付一定的(较低的)运费,则此货运代理对于托运人来说被视作承运人,属于当事人身份。接受多个委托人的货物并进行集装箱拼箱、混装业务的货运代理也属于当事人身份。若货运代理接受托运人委托,并以托运人的名义办理相关运输业务,一般被视为代理人。

货运代理究竟是作为代理人还是作为当事人,其身份的确定可依据具体事实,比如货运代理和委托人之间的全部情况,包括合同、电话、来访信件、电子邮件、传真、费率和提单、运单以及以往的业务情况。

(二) 国际货运代理的法律责任

有关国际货运代理的权利、义务及法律责任非常具体,通常体现在有关国际公约、标准交易条件或合同条款之中。本节仅就上述内容进行原则性的阐述。

1. 代理人型货运代理的法律责任

代理人型的货运代理,在其授权范围内,以委托人的名义从事代理行为,所产生的法律后果由委托人承担。委托人和货运代理之间是代理合同关系,货运代理享有代理人的权利,承担代理人的义务。货运代理以委托人名义与承运人签订运输合同,合同当事人为委托人和实际承运人或其他第三人,而货运代理本身并不是运输合同的主体,不享有该运输合同的权利,也不承担该运输合同的义务。

(1) 代理人型货运代理享有的权利

代理人型货运代理有权以委托人名义处理委托事务;有权在授权范围内自主处理委托事务;有权要求委托人提交相关运输单证;有权要求委托人预付、偿还处理委托事务费用;有权要求委托人支付服务报酬;有权要求委托人承担代理行为后果;有权要求委托人赔偿损失(货运代理在处理委托事务时,因不可归责于自己的事由受到损失,或委托人经代理人同意另行委托第三人处理委托事务而给代理人造成损失的情况);有权解除委托代理合同,但应赔偿相关损失。

(2) 代理人型货运代理承担的责任

代理人型货运代理仅对其本人及其雇员的错误和疏忽承担责任,其中出口货物发货人的货运代理责任期间是从接收货物起至将货物交给承运人止,进口货物收货人的货运代理责任期间是从换单接货时起到将货物交给收货人止。

货运代理本人及其雇员的错误和疏忽主要体现在:安排运输时出现错误或疏忽;在办理保险时出现疏忽;在办理报关、报检报验、保险时出现错误和疏忽;未取得收货人的货款而交付货物;在经营过程中造成第三人的财产灭失或损坏或人身伤亡;与第三人串通损害委托人利益的,与第三人承担连带赔偿责任;明知委托事项违法的,与委托人承担连带责任;擅自将委托事项转委托他人,应对转委托的行为向委托人承担责任;无权代理,对委托人不发生效力,自行承担责任。

然而代理人型的货运代理对于货物在运输过程中发生灭失或残损不承担责任,并且在能够证明他对第三人的选择做到了合理的谨慎时,一般不承担因第三人的行为或不行为引起的责任。

2. 当事人型货运代理的法律责任

当事人型的货运代理接受货主的委托,以独立经营人身份,以自己的名义签发提单或其他运输单据,对委托人提供一揽子物流服务,完成货物的单程或全程运输。委托人和货运代理是运输合同关系,货运代理对于委托人来说属于承运人性质,享有承运人的权利,承担承运人的义务。货运代理以自己的名义与实际承运人签订的运输合同,其合同主体是货运代理和实际承运人,货运代理对于实际承运人来说扮演托运人的角色,享有托运人的权利,承担托运人的义务。

(1) 当事人型货运代理享有的权利与义务

针对委托人享有的权利具体体现在:有权检查货物、检查单证;有权拒绝运输;有权收取运费和相关杂费;有权取得赔偿(在与委托人签订的运输合同成立后,但尚未履行或全面履行前,委托人可以单方终止合同或变更合同内容,在此情况下,货运代理有权因其给自己造成的损失要求委托人赔偿);享有货物留置权和提存权。

针对委托人应尽的义务具体体现在:选择合理的运输路线;及时、安全地运送货物;妥善保管货物;发送到货通知。

(2) 当事人型货运代理承担的责任

当事人型的货运代理不仅对本人及其雇员的错误和疏忽负责,还应使货物完好地抵达目的地,这就意味着他应承担承运人的责任和造成第三人损失的责任,其责任期间自接收货物时起至交付货物给收货人止。

当事人型货运代理承担责任的范围更广、时间更长、风险更大,除承担本人及其雇员的错误和疏忽外,还承担其他责任,具体体现在三方面:对货物的灭失或残损负责;因职业过失,尽管既非出于故意,也非由于粗心,但给客户造成了经济损失,也应承担责任;迟延交货,尽管按惯例货运代理一般不确保货物到达日期,也不对迟延交货负责,但目前的趋势是对过分的延误要承担适当的责任。

第三节　国际货运代理的物流化发展

一、国际货运代理的发展趋势

(一) 服务专业化、物流化

1. 服务专业化

从开展集约经营的角度出发,提供专业化服务是货运代理企业的基本要求,是培育和增强企业核心竞争力的重要途径。所谓企业核心竞争力,是指企业最擅长的业务,是企业品牌、主业、实力、创新能力等综合资源优势的体现。货运代理企业只有立足于专业化经营，提升核心竞争力，才能将其特色服务淋漓尽致地表现出来，形成对一定客户范围群的垄断，从而凝聚利润，使其在激烈的市场竞争中立于不败之地。

国际货运代理业务范围非常广泛，专业化服务就是要求货运代理企业明确主业，在市场开发、企业战略、人才选用、管理规范等资源配置方面采用密集性的营销策略，稳扎稳打，滚动发展，最终成为市场领导者，达到制胜的战略意图。

2. 服务物流化

从完善服务功能角度，拓展无船承运人业务、开展多式联运业务，并在此基础上提供全方位、多功能、一体化的物流服务是货运代理企业未来的发展方向。完善的物流设施和先进的物流技术是货运企业实现服务物流化的基础，也是为客户提供一流服务的保证。

货运代理行业应广泛采用条形码技术对货物进行动态管理和跟踪，采用先进的物料搬运设备和识别系统提高搬运效率、降低货损货差等。同时，"以客户为上帝，想客户之所想"的现代物流经营理念是货运代理企业实现服务物流化的关键，进行企业流程优化、组织机构再造是实现服务物流化的必然选择，培养专业化的物流人才并建立有效的奖惩机制是货运代理企业实现服务物流化的重点。

(二) 经营规模化、网络化

1. 经营规模化

经营规模化是货运代理企业合理配置现有资源、推动可持续发展的必由之路，是应对经济全球化挑战的必然选择。经济全球化的本质即优化配置全球资源，其主要特征是世界范围内的产业结构调整和转移，而其突出表现就是企业合并、收购及重组。

随着国际物流市场的进一步开放，实力超群的外资货运代理将大显身手，而相当一批势单力薄的货运代理将面临被淘汰出局的危险。因此，货运代理企业尤其是小规模货运代理必须从实现货源、资金、管理规模化入手，通过联合、重组、战略联盟，走上规模经营之路。

具体做法体现在三方面：一是打破地域、行业、企业等界限，实现货源规模化、集约化；二是通过集中融资，吸纳外资及民间资本，从资金上为推动规模经营提供保障；三是在管理上，通过经理层年薪、职工内部持股、竞聘上岗等机制创新，加大货代横向之间联合、兼并、重组的步伐，推动其发展壮大。

2. 经营网络化

所谓网络化有三层递进含义。

第一层含义是指货运代理企业有形的国内外营运网点的建设。货运代理作为国际运输的一项辅助服务，发展到成熟阶段就必须有一定的网络支撑，否则既缺乏滚动发展的后劲，也会使满足客户需求的理念流于形式。

第二层含义是总部对货运代理企业营运网点的资源能够统一调配,各营运网点之间根据业务和战略发展的需要联成一体,服从总部的集中指挥和管理协调。

第三层含义是货运代理企业分割的有形网点需要利用 Internet、EDI、E-mail 等信息传输方式,构筑无形的信息管理系统,并通过电子商务实现内部资源联结运作。

货运代理企业必须通过网点建设、网点协调管理、信息共享来实现网络化经营。实现经营网络化能够保证货运代理企业在全球拥有顺畅的信息通路,从而提升其在国际物流市场的信誉和收益。

(三) 投资主体多元化

目前,外资公司、国有企业和民营企业已成为三支主力军,在国际货运代理市场激烈角逐。

外国货运代理企业大多数以中外合资形式进入中国市场,有的合资企业现已转变为独资企业。中外合资企业、外方控股企业和外商独资企业将成为中国国际货运代理市场一道亮丽的风景线。

中外运、中远、中海、中铁、中邮等大型国有企业已经抓住市场经济发展机遇,由传统的货运代理企业成功转型为现代国际物流企业,并努力提升国际竞争力,将成为中国国际货物代理业的主力军。同时,中国市场涌现出一大批民营货运代理企业,它们轻装上阵、产权清晰、体制灵活,具有强大的生命力,将是货运代理市场最具有活力的新生力量。

二、货运代理向第三方物流转型的实施战略

(一) 转型的战略目标

国际货运代理企业向第三方物流转型,首先需要结合企业现状及发展要求明确并制定转型的战略目标。结合我国货运代理向第三方物流转型的成功案例,总结为如下三个战略目标。

1. 以拓展服务功能为目标

国际货运代理具有安排运输、代理报关、代理报验等基本物流服务功能。为满足客户一体化服务的需求,可以根据企业自身业务情况有选择地拓展签发提单、仓储、包装、分拨配送、流通加工等服务功能。

2. 以培育新客户群为目标

客户对物流服务的需求呈多样性和特殊性,从而导致物流服务的个性化和差别化。为开发新客户或巩固老客户,需要为客户提供"量体裁衣"式的物流服务,即根据不同客户的需求制定个性化物流服务方案。

3. 以实现产业更新为目标

物流服务体系的最高目标是为客户提供物流方案的策划与设计以及实施供应链管理，即具有专业的物流决策和管理技能。这种服务完全不同于一般货运代理人提供的劳务和基础设施服务，而是采取虚拟经营的方式实现产业更新。

上述战略目标之间存在相互依存、相辅相成的互动关系，在制定战略目标时要系统地分析问题，针对企业资源条件、经营规模和发展阶段，做到以某种战略目标为主，配套其他战略目标，共同推进完成企业战略。

(二) 转型的战略重点

1. 更新营销理念

目前，大多数货运代理企业无论是开发市场还是培育客户，主要依靠价格策略或依靠社会关系和感情投资。随着市场的成熟和竞争环境的改善，要改变单一的营销手段，针对不同的经营战略和发展阶段，灵活运用价格（price）、产品（product）、渠道（place）、促销（promotion）策略，设计出不同的营销组合。

2. 规范经营秩序

货运代理市场经营秩序混乱是制约货运代理企业健康发展的消极因素，只有建立一个公平、有序的市场环境，才能为成功实施战略创造良好条件。作为政府代言人和企业利益维护者的货运代理协会等行业组织，应在规范经营秩序、健全交易规则、加强行业自律以及推广行业标准等方面发挥应有的作用。

3. 开发人力资源

企业的竞争就是人才的竞争。国际货运代理企业开展现代物流服务必须具备一支素质良好的从业队伍。专业的物流人才队伍包括三个层次：一是优秀的物流企业家，即物流企业的领军人物；二是物流职业经理人；三是物流专业管理人员。货运代理企业要适应市场环境的需要，通过研修交流、在职学习、岗位培训等多种方式提高员工的专业素质和语言水平，并运用激励机制设计出合理的薪酬体系，为企业发展吸引人才、留住人才。

4. 实施规模化经营

货运代理企业应该充分发挥"虚拟经营"的能力，通过联合、重组和合并建立战略联盟，整合物流资源，推动其本身发展壮大，实现资源、资金、网络的规模化经营。实现规模化经营是货运代理企业合理配置现有资源、推动其可持续发展的必由之路。

5. 进行网络化经营

国际货运代理企业发展现代物流必须注重信息技术的应用，结合自身实际构筑信息平台，建立国际网络，实现网络化经营。国际货运代理企业通过全球化信息平台可以降低整体运行成本,提高工作效率,增强整体抗风险的能力,提高企业的竞争能力和生存能力,并获得更多的发展和利润空间。

6. 提供专业化服务

专业化是培育货运代理企业核心竞争力的必然要求。国际货运代理的业务范围十分广泛,专业化服务就是要求货代企业以培育和增强企业核心竞争力为目标,在众多业务基础上选择一两项作为主业。走专业化运营之路不仅是货运代理业务的本质要求,也是第三方物流服务核心思想的重要体现。

三、国际货运代理向国际物流发展的有效途径

(一) 提升传统货运代理业务

1. 增加直接客户

增加直接客户,尤其要同关键客户建立直接关系。确定并建立自己的客户群体是货运代理企业开展业务的前提,而直接客户的多与少是关键。只有直接客户多了,才能够确保获取更高的利润率,保持对客户的控制和业务的持续性。同时要进一步发展与客户的关系,有效地在市场中培养忠诚客户,尤其是能够带来利润的客户,必须争取留住他们。

2. 拓展海外客户

应揽取海外买方客户的货物。目前,采取FOB出口的货物已占中国所有出口货物的80%,并已形成海外客户在国内指定货运代理为其提供服务的格局。国内由谁代理,选择权和控制权完全取决于国外买方。这样国内的货运代理要想寻找生意,必须与海外买方建立联系,充当海外买方在国内的指定货运代理。

3. 掌握住承运人

对承运人要有掌控力。只有这样才能使货运代理的客户从承运人处获得更加优惠的费率,确保运力紧张时客户的货物能够获得充足的舱位,而不被拒装或甩货。

4. 利用手中资源

充分利用自己手中已经控制的资源。依托自己手中所控制的关键资产向客户提供全面的货运代理服务,如提供内陆水运码头、内河班轮、保税仓库、集装箱堆场/集运站、集装箱等,以此达到"锁定"客户的目的。

5. 维系与政府部门的良好关系

应同相关政府部门及单位,如海关、商检、港务局等建立与保持密切而良好的关系,以帮助货运代理的客户加快港口货物清关和及时办理其他手续,体现货运代理企业的能力与办事效率。

6. 加强海外运营管理能力

加强海外运营管理能力。管理好海外承运商与代理的运作,确保始发地和目的地门到门的服务质量。

7. 提供增值服务

为客户提供最佳增值服务的解决方案。货运代理企业为客户提供一揽子服务,尤其是针对国内 CIF 出口的客户,要想方设法多争取一些服务环节,这样做一方面方便客户,另一方面货运代理可获取更高的服务费用,增加收入来源,稳定客户。

8. 采用项目管理方式提升市场竞争力

货运代理采用项目管理方式提升市场的竞争能力。通过实施项目管理把部分相关人员临时抽调到同一个组织中,形成矩阵式作业团队,目标一致,直接面向客户开展工作,有效克服传统作业模式的不足,既可提高货运代理企业一般人员的素质,又可提升管理人员的科学管理水平。实践证明,采用项目管理是提升传统货运代理业务能力与增强传统货运代理竞争力的一种很好的方法和途径。

(二) 开展当事人业务

一些较大的国际货运代理可能拥有自己的内陆运输工具(货车)、集装箱堆场及仓库等,在承办货物进口业务时,他们既办理货物进口的有关手续,又负责将货物储存在自己的仓库内,还可以使用汽车将货物转运到内地目的地。在这种情况下,货运代理的性质发生了变化,即在海上运输过程中是纯粹的代理人,在储存过程中是当事人,在内陆汽车运输过程中是实际承运人,甚至有时是签发联运单证的全程承运人。

在承办货物出口业务时,货运代理也常常扮演承运人的角色。以中国外运为例,其以承运人身份从事代运业务的情况可归纳为以下几种:

(1) 以期租船人及船舶经营人的身份出现的承运人;

(2) 以航次租船人或以包轮租船人身份出现的契约承运人;

(3) 以签发中国外运的联运提单或多式联运提单出现的契约承运人。

(三) 发展国际多式联运业务

1. 货运代理业新的增长点

国际多式联运得到世界广大货主的认可和青睐,逐渐显现出强劲的生命力,凭借其带来的良好的经济效益和社会效益,必将在世界各地得到更加广泛的应用和发展。从货运代理拓宽业务的角度出发,它是一个很有发展前途的新的增长点。

2. 降低成本、提高竞争力

货运代理只要参与国际多式联运业务,其经营范围就可以大幅扩展,并且可以有效而灵活地应用自己拥有的各种设施,最大限度地发挥自己现有设备的作用,改善货物流通环节,选择最佳路线,组织合理运输,从而提高运输效率,降低运输成本,提高竞争能力。

3. 开展附加服务,增加经济效益

货运代理在参与国际多式联运过程中,不仅可以在货物运输中获益,还可以在与货物运输相关的服务项目中获取附加价值,例如把少量的货物集中起来,然后与实际承运人交涉,进而获得优惠运价,使货主和货运代理均受益。

(四) 扩展无船承运人业务

1. 传统货运代理的纯粹代理人业务已不能满足客户的需要

随着集装箱运输的发展,中小货主的散装货必然需要有人进行拼箱和集运。无船承运人正是充当了这种角色,将散装货进行拼箱,以整箱货与实际承运人洽定舱位签订运输合同,从而节省中小托运人分别向公共承运人办理托运的时间,降低他们的运输成本,并且降低运输的烦琐性,提高小批量货物的运输速度,极大地促进集装箱运输的开展。这正是无船承运人应运而生和迅速发展的一个历史动因。

2. 传统货运代理业务已不能满足货运代理人赚取利润的需要

货运代理人要生存下去必须开拓业务领域、扩展利润空间。无船承运人赚取的是运费差价,而货运代理人赚取的是代理佣金,在运费差价高于代理佣金的情况下,货运代理人愿意承担更大的风险而充当无船承运人。

例如:目前日韩航线的运费差价较高,因此中国的货运代理在这两个航线上开展的无船承运业务较多,而欧洲航线运费差价较小,做无船承运业务的则较少。因此,无船承运业务的存在也是货运代理人赚取利润,在竞争激烈的今天得以生存下去所必需的。如果禁止货运代理人从事该业务,那么很多货运代理人可能将无法生存。

3. 无船承运人能实现与货主的"双赢"

无船承运人能够将多个货主的货集中起来,以较大的货量与实际承运人签订运输合同。有的无船承运人还可与船公司签订运价协议,货量越大其讨价还价的能力越强,从而取得更为优惠的运价,这不仅对无船承运人有利,对货主也有利,所以很多货主愿意通过无船承运人安排运输。

4. 无船承运人提单被银行接受能用以结汇

跟单信用证对无船承运人提单的接受也是无船承运人得以存在和发展的必要条件和动因。UCP500第30条明确规定,如果单据由运输行作为承运人/多式联运经营人的代理人签字,则与承运人出具的运输单据一样,可以被银行接受,由此扫除了无船承运人提单用以结汇的障碍。

5. 各国法律允许无船承运人这一主体及其业务存在

如前所述,中国和美国法律中均明确规定了无船承运人的概念,其他地区如欧洲一些国家虽然没有将无船承运人作为一个单独的主体从货运代理人中分离出来,但其所规定的作为独立经营人的货运代理人的业务中包括无船承运业务,允许这种业务的存在,并不断促进其发展。

(五) 拓展现代物流业务

现代物流为货运代理指明未来的发展方向。现代物流是生产企业与运输企业利润融合的最佳渠道,是生产企业与运输企业间商业活动有机衔接所必需的系统综合和对总成本的控制,它为货运代理拓展了利润来源,扩大了市场份额,提高了市场竞争力。

货运代理以其自身所拥有的运力、仓储和代理网络为其开展现代物流服务的支持力量,通过为客户提供全程的物流服务,从中获得自身发展所需的商业利润和市场空间。因此,现代物流服务的拓展必将成为货运代理今后发展的一个重要增长点。

本章思考题

一、名词解释

1. 国际物流
2. 国际物流系统
3. 国际货运代理

二、简答题

1. 国际物流的特点是什么?
2. 国际物流系统运作流程包括哪些步骤?
3. 跨境电商环境下国际物流新模式有哪些?
4. 国际货运代理的业务范围是什么?
5. 国际货运代理物流化发展的途径有哪些?

拓展阅读 1.5　2022 年国际货代业呈现五大特征

第二章

国际物流与国际贸易

【学习目标】

1. 了解国际贸易的基本概念；

2. 掌握常用贸易术语和进出口贸易程序；

3. 能运用相关的国际贸易知识处理在国际货运代理中遇到的问题。

【知识要点】

1. 国际贸易的概念及分类；

2. 进出口合同的履行程序；

3. 国际贸易常用术语的基本含义、适用范围、注意事项及区别。

引导案例

海南国际贸易"单一窗口"空港口岸物流服务系统上线

2021年8月，经国家口岸管理办公室同意，海南被列入全国航空物流试点地区。海南省商务厅（口岸办）与海口海关、海口美兰机场等积极协作，于2021年4月完成试点阶段性任务，在海南国际贸易"单一窗口"上线了空港口岸物流服务系统。该系统通过"空港口岸作业电子化""智慧关务"及"区域业务协同管理"等功能应用，实现海口美兰机场航空货运业务的"一次录入、一单多报、一站获取"，提高了企业通关效率。

"智慧关务"功能结合人工智能技术，实现了智能识别制单与数据逻辑校验，企业只需上传合同、发票、箱单、提运单等原始凭证，系统即可自动生成报关所需的各类单证，并自动提交至国际贸易"单一窗口"申报。

"空港口岸作业电子化"功能全面覆盖跨境航空物流日常工作中进出口货物的交货申报、交提货预约、收运核查、安检申报、交货确认、电子提货等核心空港口岸作业业务，在减少托运书、安检申报单、海关查验单、货物放行单、电子运单等10余种空港口岸通关业务纸质单证的同时，可实现航空物流进港四大环节9个节点、出港八大环节15个节点全流程单证电子化流转。

目前,海南省商务厅(口岸办)会同海口海关积极开展空港口岸物流服务系统应用推广和功能复制,争取2021年10月前将"空港口岸作业电子化"复制推广至三亚凤凰国际机场和博鳌机场,实现海南省空港口岸航空物流全流程单证电子化流转,提升空港口岸公共服务和保障能力。

资料来源:http://www.chinawuliu.com.cn/zixun/202205/16/578003.shtml.

思考:

1. 国际物流与国际贸易如何相互促进?

2. 如何提升我国国际物流能力?

国际贸易强调的是各国之间的商品和服务交换,而国际物流则是实现这种交换的物流活动。国际贸易和国际物流是紧密关联且相互促进的两个领域。国际贸易离不开国际物流的支持,国际物流的发展也依赖于国际贸易的需求。它们共同促进了全球经济的发展,加强了各国之间的经济合作与交流,为全球贸易的繁荣作出了积极贡献。

第一节 国际贸易的概念与分类

一、国际贸易的基本概念

1. 对外贸易与国际贸易

国际贸易是指世界各国(或地区)之间所进行的以货币为媒介的商品交换活动,是世界各国经济在国际分工的基础上进行相互联系的主要形式,又称为世界贸易或全球贸易。以一个国家(或地区)为主体对其他一些国家(或地区)进行货物和服务的交换活动则称为这个国家(或地区)的对外贸易,又称为进出口贸易。在一些海岛国家(或地区)如英国、日本等,还将对外贸易称为海外贸易。

包括货物与服务的对外贸易称为广义的对外贸易。如不把服务包括在内,则称为狭义的对外贸易。

2. 贸易额

贸易额又称为贸易值,是指用货币表示的反映贸易规模的指标。它通常分为国际贸易额与对外贸易额。国际贸易额是指以货币表示的世界各国的对外贸易总额。对外贸易额又称为对外贸易值,是指用货币金额表示的一国一定时期内的进出口的规模,是衡量一国对外贸易状况的重要指标。它由一国一定时期内从国外进口的商品总额加上该国同一时期内向国外出口的商品总额构成。

3. 贸易差额

一国在一定时期内商品出口总额与进口总额相比而形成的差额称为对外贸易差额。

当出口商品总额超过进口商品总额时,差额部分称为"贸易顺差",也可称为"贸易出超"。反之,当进口商品总额超过出口商品总额时,差额部分称为"贸易逆差",也可称为"贸易入超",如进出口商品总额相等,则叫作"贸易平衡"。

拓展阅读 2.1　"贸易顺差"与"贸易逆差"的优劣

4. 对外贸易依存度

这是衡量一国国民经济对进出口贸易依赖程度的一个指标。它是指一个国家在一定时期内进出口贸易值与该国同期国民经济生产总值的对比关系。由于各国经济发展水平不同,对外贸易政策的差异,国内市场的大小不同,致使各国的对外贸易依存度有较大的差异。

二、国际贸易的分类

(一) 按商品(含各种劳动)的移动方向划分

1. 出口贸易

将本国所生产或加工的商品(包括劳务)输往国外市场进行销售的商品交换活动称为出口贸易或输出贸易。

2. 进口贸易

购买外国商品(包括劳务)后将其输入本国市场销售的贸易活动称为进口贸易或输入贸易。

3. 转口贸易

转口贸易是指商品生产国与商品消费国不直接买卖商品,而是通过第三国进行商品买卖。交易的货物可以由出口国运往第三国,在第三国经过加工或不经过加工再销往最终进口国;也可以不运往第三国,而由出口国直接将货物运送至最终进口国,但出口国与最终进口国之间并不直接发生买卖关系,交易是通过第三国的转口商进行的。对第三国来说,这是转口贸易。

4. 过境贸易

过境贸易是指商品生产国与消费国之间进行的商品买卖活动,其货物运输过程须要通过第三国的国境。第三国则对此批货物收取一定的费用,这对第三国来说就构成了该国的过境贸易。

5. 复出口贸易

复出口贸易又称为再出口贸易,是指外国商品进口后未经加工又输出到国外的贸易活动。

6. 复进口贸易

复进口贸易又称为再进口贸易,是指本国商品出口后,在国外未经过加工又重新输入本国国内的贸易活动。

(二) 按贸易政策划分

1. 自由贸易

自由贸易一般是指国家的外贸政策中,既不对进出口贸易活动设置种种障碍,也不给予各种优待,而是鼓励提倡市场交易时的自由竞争行为的贸易方式。

2. 保护贸易

保护贸易是指国家的外贸政策中,广泛地使用各种措施保护本国的国内市场免受外国企业和商品的竞争,主要是控制各种外国商品的进口;同时,对本国的出口商所从事的出口本国商品的活动给予各种优惠甚至补贴,鼓励其出口。

(三) 按国境与关境划分

1. 总贸易

总贸易是指以国境为标准划分进口与出口的一种统计方法。总贸易可分为总进口和总出口。凡是进入一国国境的商品一律列入总进口,包括进口后供国内消费的部分和进口后成为转口或过境的部分;凡是离开一国国境的商品一律列入总出口,包括本国产品的出口、外国商品复出口及转口或过境的部分。

总进口额加总出口额构成总贸易额。目前采用总贸易统计方法的国家有美、英、日、加、澳等 90 多个国家和地区。

2. 专门贸易

专门贸易是指以关境作为划分进口和出口标准的统计方法。专门贸易又可分为专门进口和专门出口。外国商品进入关境并向海关缴纳关税,并经海关放行的商品称为专门进口;专门出口是指从国内运出关境的本国产品及进口后未经加工又运出关境的复出口商品。专门进口额和专门出口额构成一国的专门贸易总额。

目前,采用专门贸易统计方法的国家有德国、意大利、瑞士、法国等 80 多个国家和地区。

(四) 按交易对象的性质划分

1. 有形贸易

有形贸易是指在进出口贸易中进行的实物商品的交易,因为这些实物商品看得见、摸得着,故称为有形贸易,也称货物贸易。有形商品的进口和出口都要办理海关手续,并在海关的进出口统计中反映出来,从而构成一个国家一定时期的对外贸易总额。

国际贸易中的有形商品种类繁多,为便于统计,联合国秘书处于1950年起草了《联合国国际贸易标准分类》,分别在1960年和1974年进行了修订。在1974年的修订本中,把国际贸易商品分为10类、63章、233组、786个分组和1924个基本项目。

这10类商品分别为:食品及主要供食用的活动物(0);饮料及烟类(1);燃料以外的非食用粗原料(2);矿物燃料、润滑油及有关原料(3);动植物油脂及油脂(4);未列明化学品及有关产品(5);主要按原料分类的制成品(6);机械及运输设备(7);杂项制品(8);没有分类的其他商品(9)。在国际贸易中,一般把0到4类商品称为初级产品,把5到8类商品称为制成品。

2. 无形贸易

无形贸易是指在国际贸易活动中所进行的所有非物质形态的商品贸易,它是以提供活劳动的形式满足他人需要并获取报酬的一种国际劳务活动。主要包括:

(1) 和商品进出口有关的一切从属费用的收支,如运输费、保险费、商品加工费、装卸费等。

(2) 和商品进出口无关的其他收支,如国际旅游费用、外交人员费用、侨民汇款、使用专利特许权的费用、国外投资汇回的股息和红利、公司或个人在国外服务的收支等。

以上各项中的收入,称为"无形出口";以上各项中的支出,称为"无形进口"。

有形贸易因要结关,故其金额显示在一国的海关统计上;无形贸易不经过海关办理手续,其金额不反映在海关统计上,但显示在一国国际收支表上。

(五) 按贸易关系划分(是否有第三者参与)

1. 直接贸易

商品生产国与商品消费国不通过第三国而直接买卖商品的经营行为称为直接贸易。直接贸易的双方直接谈判、直接签约、直接结算,货物直接运输。

2. 间接贸易

间接贸易是直接贸易的对称,是指商品生产国与商品消费国通过第三国进行买卖商品的行为。其中,生产国是间接出口,消费国是间接进口,第三国是转口。

转口贸易是指生产国与消费国之间通过第三国所进行的贸易。即便商品直接从生产国运到消费国,两者之间并未直接发生交易关系,而由第三国转口商分别同生产国与消费国发生交易关系,仍然属于转口贸易范畴。

(六) 按参与贸易国家的多少划分

1. 双边贸易

双边贸易即生产国与消费国直接进行的交易。但一国的产品往往不能全适应对方的需要,这样就会产生贸易差额,造成贸易不平衡和支付困难,这就需要其他国家的介入。

2. 三角贸易

三角贸易是指在三个国家之间相互出口和相互进口,并进行合理搭配,以实现外汇平衡的一种方式。此方式往往因为双方在交易时出现商品不适销对路,或因为进出口不平衡造成外汇支付困难,而把交易活动扩大到第三个国家,这类方式往往是以三国共同签订的相互贸易来保证其顺利进行的。

3. 多边贸易

多边贸易是三个或三个以上的国家为求相互间的收支在整体上获得平衡,通过协议在多边结算的基础上所进行的贸易,又称多角贸易。其产生往往是由于两国间彼此供应的商品不对路或价格不相当,以致进出口不能平衡,外汇收支发生困难,需要第三国或更多的国家参加协议,建立三国或多国贸易,以使彼此间的进出口达到基本平衡。

例如有甲、乙、丙三国,甲对乙出超 1000 万美元,乙对丙出超 1000 万美元,丙对甲出超 1000 万美元。从双边贸易角度看,任何一国都有 1000 万美元出超,也有 1000 万美元入超,但任何两国之间都不能保持贸易平衡。通过签订多边贸易协定,相互以其出超抵偿入超,则三国的贸易收支都能达到平衡。

(七) 按清偿方式的不同划分

1. 现汇贸易

现汇贸易是指用国际货币进行商品或劳务价款结算的一种贸易方式。买卖双方按国际市场价格水平议价,按国际贸易惯例议定具体交易条件。交货完毕以后,买方按双方商定的国际货币付款。现汇贸易的特点表现为买卖行为是各自独立的单向贸易。它非常方便,是国际贸易中使用最多、最普遍的贸易方式。

2. 记账贸易

记账贸易即按照国家间达成的协议规定开展贸易。其特点是在一定时期内(多为一年),两国间贸易往来不用现汇逐步清算,而是到期一次性结清。通过记账贸易获得的外汇称为记账外汇,一般仅用于协定国之间,不能用于同第三国的结算。

3. 易货贸易

商品直接交换,而不需要使用任何物品充当货币或交易媒介。此种方式比较适用于那些外汇不足或因其他各种原因无法以自由结汇方式进行相互交易的国家。

拓展阅读 2.2 易货在国际贸易实践中的主要表现形式

(八) 按交易方式的性质划分

1. 商品贸易

商品贸易是指以商品买卖为目的的贸易活动。此种性质的交易又包含着一些具体的交易方式,如经销(总经销、独家经销、一般经销)、代理(总代理、独家代理、一般代理)、寄售、拍卖、投标及展卖等。

2. 加工贸易

加工贸易是指利用本国的人力、物力或技术优势,从国外输入原材料、半成品、样品或图纸,在本国内加工制造或装配成成品后再向国外输出的,以生产加工性质为主的一种贸易方式。

3. 补偿贸易

补偿贸易一般是指一方在信贷的基础上,从国外另一方买进机器、设备、技术、原材料或劳务,约定在一定期限内,用其生产的产品、其他商品或劳务分期清偿贷款的一种贸易方式。

目前,补偿贸易有两种形式:

(1) 返销(buy-back),由设备进口方利用对方提供的设备和技术制造的产品,包括直接产品或有关产品(resultant or related product),偿付进口设备的货款。

(2) 互购(counter purchase),即设备进口方支付设备的货款,不是用直接产品,而是用双方商定的其他产品或劳务来偿付。

第二节　国际物流与国际贸易的关系

国际物流是一种跨越国界的物流概念。它是指合理地组织物品在不同国家间流动,也就是发生在不同国家和地区的物流活动。国际物流是随着国际贸易的发展而逐渐发展起来的,同时也是影响国际贸易发展的重要因素。国际物流的飞速发展有效地降低了国际贸易的交易成本,为国际贸易的进行提供了诸多便利。随着国际贸易的进一步发展,对国际物流提出了新的要求。

一、国际贸易对国际物流的促进作用

1. 国际贸易促进国际物流的产生与发展

随着国际贸易的不断发展,世界经济全球化得到了快速发展,全球贸易一体化促使国际物流不断向现代化的国际物流转变。随着越来越多的跨国公司在全球实行集中研发、采购、生产的策略,国际物流已经由原来简单地将货品在不同国家间运输的单一功能转变

为集仓储、包装、运输、信息处理等功能于一身的综合国际物流。

专业的第三方物流和第四方物流公司也应运而生。可以说，国际贸易的不断发展促进了国际物流朝着现代化物流的方向不断发展。

2. 国际贸易促使国际物流系统不断完善

随着国际贸易的不断发展，对于国际物流的需求日益增多，国际物流也逐渐成为一个多行业集成的有机系统。随着国际分工日益细化，很多生产和销售型企业将物流的相关服务不断外包，也使国际物流的服务不断向上和向下延伸，物流咨询、订单处理、库存控制与分析、代收账款和物流培训教育等服务不断地被扩充到现代化国际物流的范畴中。

随着国际贸易竞争日趋激烈，各企业能否很好地控制物流成本对国际贸易的成败起到关键的作用。对物流成本的关注促使生产企业逐渐注重部门整合，越来越多的企业选择了物流外包，也促使物流企业不断优化，降低成本、提高效率，竞争使国际物流系统得到不断完善。

3. 国际贸易的发展促使国际物流不断显现新的需求

世界经济一体化促使国际物流出现了物流无国界的需求。近年来，国际物流在运输上实现了集装箱化的革命性变革，同时也大力推进了集装箱多式联运。物流全球一体化的无国界需求必将促使发展中国家在物流硬件设施的建设上做出更大的努力。

随着国际贸易的发展，物流信息网络化、物流全程可视化等需求已经日益显现出来，这些新需求将推动国际物流不断向前发展。

二、国际物流对国际贸易的发展具有反向带动作用

1. 国际物流成本的改变对国际贸易产生影响

国际物流成本是指为了实现国际贸易，货物自生产完毕到投入销售的国际贸易所需要的整个物流过程所支付的成本总和，包括出口国、国际间运输以及进口国三段。与产品的生产研发成本等一样，为了实现进出口贸易所涉及的所有物流成本是实现国际贸易的重要成本之一。

国际贸易因地区间不同的比较优势而产生。当国际间的物流成本发生变化时，在需求差异不大的消费市场间，贸易地会因为物流成本的变动而发生变动，产品销售会更倾向于物流成本较低的市场。跨国企业为工厂以及采购中心选址时，物流成本是比较重要的考虑因素。因此，如果要吸引外资、扩大出口，有效降低国际物流成本就成为一个关键点。

2. 现代国际物流促进国际贸易的发展

国际物流是伴随着国际贸易的产生而产生的，但从诞生之日起，国际物流就没有停止过自身的独立发展。国际物流的现代化对国际贸易的发展起到了重要的促进作用。随着现代国际物流一体化的不断推进，国际化的专业物流公司不断涌现，为其他跨国公司进行

专业细分、物流外包和降低物流成本提供了很多选择。

高效专业的全球供应链体系使这些跨国公司可以更加自如地整合全球资源。对于中国来说,现代物流对于扩大出口规模和优化物流产业结构起到了非常积极的推动作用。

3. 高效的国际物流是国际贸易发展的保证

为了实现贸易成本最低,很多跨国企业都会在全球范围内寻找原材料成本最低的国家进行集中采购,然后选择生产成本最低的国家开设工厂集中生产,最后销往世界各地。据统计,跨国企业掌握着全球 65% 以上的国际贸易。

在贸易环境日益激烈、产品生命周期日益缩短的情况下,企业不可能孤军奋战,只有与供应商、生产商、贸易商、代理商紧密合作,才能不断满足瞬息万变的市场需求,在竞争中立于不败之地。而这些都需要有一个高效全面的物流和供应链系统作为支撑。

第三节　进出口贸易程序与贸易术语

一、进出口贸易程序

各种贸易都是首先订立合同,然后履行。买卖合同的订立只是表达了双方当事人各自的经济愿望,只有履行了所订立的合同,才能实现双方当事人各自的经济目的。履行合同既是经济行为,又是法律行为,当事人应当严格履行合同规定的义务。

进出口合同的履行,对卖方而言,必须尽到交付符合合同规定的货物、移交一切与货物有关的单据和转移货物的所有权的义务,才能享有按合同规定收取货款的基本权利;对买方而言,必须按照合同规定支付货款和受领货物。

(一) 出口合同的履行

每笔交易在性质、特点上多少有所不同,因此出口合同的履行往往要经过不同的环节。我国出口业务中,最常见的是以信用证为支付方式、以海运为运输方式的 CIF 合同和 CFR 合同。从理论上讲,这类合同往往要经过备货、催证、审证、改证、租船订舱、报验、保险、报关、装船、制单结汇等诸多环节,其基本业务流程大致分为出口前准备、对外洽谈和履约阶段,如图 2-1 所示。

1. 催证

虽然按合同规定及时开立信用证是买方的主要义务之一,但买方往往因市场行情变化或资金周转困难等原因而拖延开证或根本不开证。在这种情况下,出口方应催请买方尽快开证,并在对方仍不开证时声明保留索赔权,或拒绝交货。

2. 审证和改证

信用证的开立以合同为依据,其条款必须与合同条款相符合,但信用证一旦开出,便

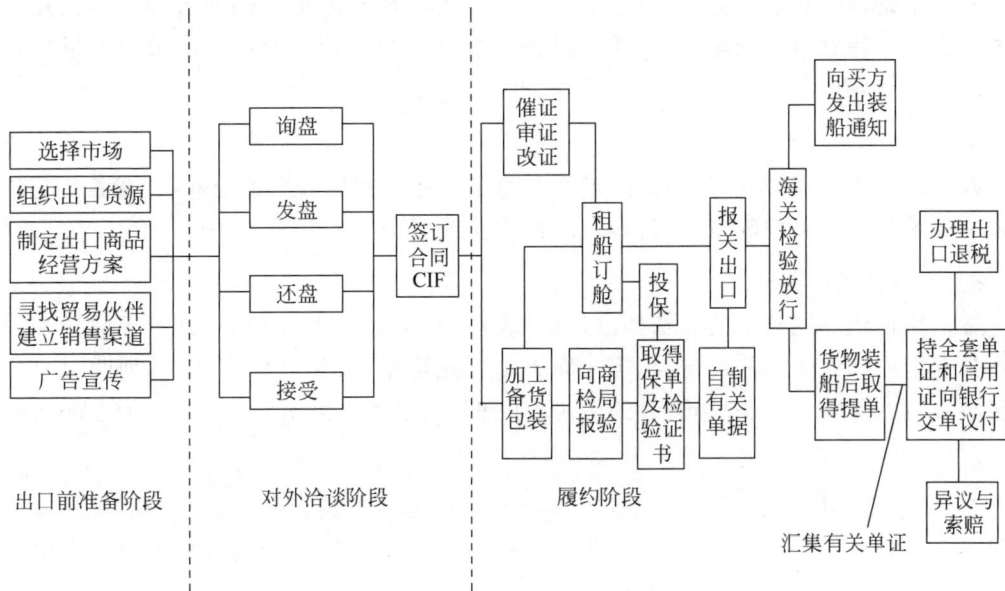

图 2-1　出口合同的履行程序

独立于合同而存在。在实际业务中,由于种种原因,经常出现来证的内容与合同规定不一致的情况,而开证行的付款是以受益人提交符合信用证条款规定的单据为条件的,因此,审证关系到收汇的安全,必须认真细致。

改证有受益人审证后要求开证申请人改证和开证申请人主动改证两种情况:

(1)受益人审证后,如发现内容与合同和惯例规定不一致,应及时向开证申请人提出,要求改证时需要修改的内容应一次性通知开证申请人,以节约对方的改证费用;开证行的改证通知书仍须通过通知行转递,以保真实;对于改证通知书的内容,如发现其中一部分不能接受,则应把改证通知书退回,待全部改妥后才能接受("UCP 500"规定:对改证通知书部分接受无效);受益人审证时,如发现一些条款虽与合同或惯例不符,但经过努力可以达到,一般可以不改,以示合作并减少周折。

(2)开证申请人主动改证应征得受益人的同意。若开证申请人事先未征得受益人同意就单方面改证,则受益人有权决定是否接受。在未表示接受前,原证条款继续有效,受益人并有权保持沉默直至交单为止。若交单时按修改书制单,即表示接受;若按原证制单,则应另出具通知书以示拒绝修改。

3. 备货

在收到信用证(或信用证修改书)后,出口方应根据外销合同和信用证规定的品质、规格、数量、包装等条件准备好货物,以便按质、按量、按时地完成交货任务。如果生产单位与出口方不是同一企业，则出口方与生产方的协议必须与外销合同的各部分相衔接。在备货工作中应注意以下问题：①货物的品质、规格应与合同一致；②货物的数量应符合出口合同的规定。

4. 报验

凡属法定检验或合同、信用证规定必须由某检验机构检验出证的商品，在备货完毕装船以前应及时向有关检验机构报验，以取得检验证书。

5. 租船、订舱、托运

在信用证或合同规定的装货期内提前向有关外运公司办理租船、订舱手续。即出口企业根据合同和信用证的规定，结合船期表填写托运单，又称订舱委托书，列明出口货物的名称、件数、包装、毛重、尺码、目的港（地）和最后装运日期等内容，作为订舱的依据。

6. 投保

在 CIF、CIP 出口合同下，出口企业要在货物装运前根据合同与信用证的有关规定向保险公司办理投保手续，取得保险单据，并在保单背面背书，将受益人的权利（主要是向保险代理提出索赔的权利）转让给进口方。

保险单上的保险条款与投保险别必须与信用证规定的一致。若信用证未规定投保险别，可依据合同规定的险别投保。保险金额通常为发票金额的 110%。如来证要求提高投保比例，可以接受，但超额保险费应由进口方承担，否则应予以拒绝。

7. 报关

出口企业办理出口报关手续时应填写出口货物报关单，一般在装货前 24 小时向海关申报。出口货物报关单是海关对出口货物凭以进行监管、查验、征税和统计的基本单据。申报人必须如实、正确无误地填写报关单上各类项目，并盖上向海关备案的"报关专用章"和报关员的名章，否则海关不予接受。

实务中通常委托外运公司办理报关手续，当然出口企业也可自行报关。经海关审核单证、查验货物、办理纳税手续后，海关在装货单上盖章放行，货物方可出境。

8. 装运

货物应在合同或信用证规定的装期内出运。运输单据的签发日期视作装运日期，不能迟于信用证或合同规定的最迟装期。货物装运后，出口方应立即向进口方发出装运通知（shipping advice），以便对方及时办理投保或做好接货准备工作。

9. 制单结汇

出口货物装运后，出口企业应立即按信用证或合同的规定正确缮制各种单据，并在信用证规定的有效期和交单期内送交银行，办理结汇手续。制单、审单应严格做到"单证一致、单单一致"，出口结汇单据要求做到"正确、完整、及时、简明、整洁"。

10. 出口收汇核销和出口退税

根据国家有关规定,出口企业在制单结汇后应及时办理出口收汇核销和出口退税手续。出口收汇核销是国家为了加强出口收汇管理,保证国家的外汇收入,防止外汇流失,指定外汇管理部门对出口企业贸易项下的外汇收入情况进行事后监督检查的一种制度。

出口企业在规定的期限内,向国家税务机关提交出口货物报关单(出口退税专用联)、出口销售发票、出口购货发票、增值税发票、结汇水单和出口收汇核销单,经国家税务机关审核无误后办理出口退税。

(二) 进口合同的履行

我国的进口交易大多以 FOB 条件成交,以即期信用证支付,并采用海运方式运输货物。一般都要经过开证、租船订舱和催装、办理保险、审单付款、报关提货、检验、拨交等几个主要环节。这些环节的工作是由进出口公司、运输部门、商检部门、银行、保险公司以及用货部门等各有关方面分工负责、紧密配合而共同完成的,基本业务流程大致分为进口前准备、对外洽谈和履约阶段,如图 2-2 所示。

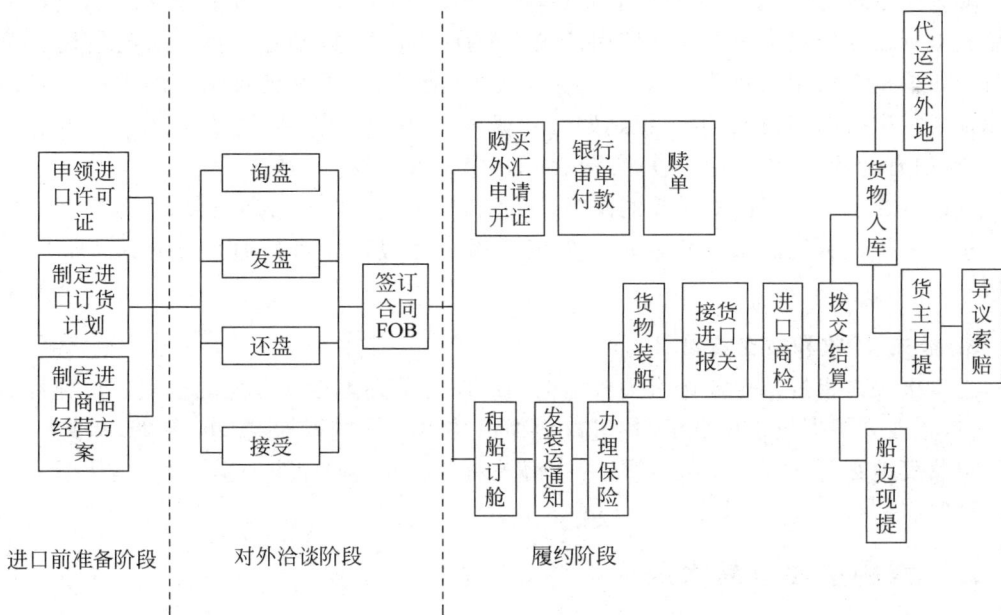

图 2-2　进口合同的履行程序

1. 信用证的开立和修改

进口合同签订以后,进口企业应按合同中的有关规定及时向银行提交开证申请书及进口合同副本,通过银行对外开出信用证。进口企业填写开证申请书时应在其中列明各项交易条件,并应使这些条件与合同中的规定完全一致,以保证银行开出的信用证的内容与合同一致。

2. 租船订舱、接运货物

履行FOB交货条件下的进口合同,应由买方负责派船到对方口岸接运货物。卖方在交货前一定时期内应将预计装船日期通知买方。买方在接到上述通知后,应及时向承运人办理租船订舱手续。在办妥租船订舱手续后,应按规定的期限将船名、船期通知对方,以便对方做好装船准备。

买方还要做好催装工作,特别是对数量、金额较大的重要商品,最好委托出口地的代理督促对方按合同规定履行交货义务,保证船货衔接。卖方在货物装船后应立即向买方发出装船通知,以便买方及时办理保险和接货等工作。

3. 办理保险

按FOB、CFR等条件成交的进口合同,货物运输保险由买方办理。

4. 审单、付款

卖方交单议付后,议付行将全套货运单据寄交开证行,由银行会同有关外贸公司进行审单。银行必须合理谨慎地审核信用证规定的所有单据,以确定单据是否与信用证条款相符。如单据与信用证相符,开证行或保兑行(如有的话)或其他被指定的银行就必须按信用证规定进行即期付款,或承担延期付款责任,或承兑受益人开立的汇票等。开证行或保兑行(如有的话)经审单后付款是终局性的,即无追索权。

开证行在审单无误向外付款的同时,即通知外贸企业向开证行付款赎单(即要求外贸公司按国家外汇牌价购买外汇赎单),外贸公司再凭银行的付款通知书向用货部门结算货款。

5. 报关、验收和拨交货物

进口报关是指进口企业按海关规定的手续向海关办理申报验放的过程。货到目的港后,进口企业要根据进口单据填写"进口货物报关单",连同发票、提单、装箱单或重量单、保险单及其他必要文件向海关申报,并在海关对货物及各种单据查验合格后,按国家规定缴纳税费。

二、六种主要贸易术语

贸易术语(trade terms)又称贸易条件、价格条件,是进出口商品价格的一个重要组成部分,它用三个字母的缩写来说明交货地点、商品的价格和买卖双方有关风险、责任和费用的划分,以确定卖方交货和买方接货过程中应尽的义务。贸易术语是在国际贸易的长期实践中形成的。使用贸易术语可以简化交易磋商的内容,缩短成交的过程,节省业务费用,有利于交易的达成和贸易的发展。

国际商会的《2020 年国际贸易术语解释通则》(Incoterms 2020)(以下简称《2020 通则》)中对 11 种贸易术语进行了解释,按照适用范围分为两类,如表 2-1 所示。第一类包括适用于任何运输方式(包括多式联运)的 7 种术语:EXW、FCA、CPT、CIP、DPU、DAP 和 DDP。这些术语不限定运输方式,适用于海运、陆运、空运或多式联运等多种场景,其核心差异体现在买卖双方责任划分、费用承担及风险转移节点上。第二类包含了比较传统的只适用于海运或内河运输的 4 种术语:FAS、FOB、CFR、CIF。在这类术语条件下,卖方交货点和货物运至买方的地点均是港口,所以"唯海运不可"就是这类术语的标签。

表 2-1　Incoterms 2020 中各种贸易术语介绍

适用方式	术语缩写	英 文 名 称	中 文 名 称
适用于任何运输方式	EXW	Ex Works	工厂交货(……指定地点)
	FCA	Free Carrier	交至承运人(……指定地点)
	CPT	Carriage Paid to	运费付至(……指定目的地)
	CIP	Carriage and Insurance Paid to	运费、保险费付至(……指定目的地)
	DPU	Delivered at Place Unloaded	卸货地交货(……指定目的地)
	DAP	Delivered at Place	目的地交货(……指定目的地)
	DDP	Delivered Duty Paid	完税后交货(……指定目的地)
适用于海运或内河运输	FAS	Free Along Side	船边交货(……指定装运港)
	FOB	Free on Board	船上交货(……指定装运港)
	CFR	Cost and Freight	成本加运费(……指定目的港)
	CIF	Cost, Insurance and Freight	成本、保险加运费付至(……指定目的港)

国际贸易中使用得最多的是装运港交货的 3 种术语,即 FOB、CFR 和 CIF。随着运输方式的进步和集装箱多式联运业务的普及,向承运人交货的贸易术语如 FCA、CPT 和 CIP 也逐渐成为国际贸易中的常用贸易术语。

(一) FOB

FOB 的全称是 Free on Board(…named port of shipment),即装运港船上交货(……指定装运港),又称"船上交货"。FOB 是指卖方必须在合同规定的日期或期限内将货物运到合同规定的装运港口,并交到买方指派的船上,即完成其交货义务。根据《2010 通则》的规定,FOB 术语只适用于海运和内河运输,如果货物装在集装箱里并在集装箱码头交货,则应采用 FCA 贸易术语。

采用 FOB 术语成交时,应注意下列事项:

1. 卖方的主要义务

(1)负责在合同规定的日期或期限内将符合合同规定的货物交至买方指派的船上,并及时通知买方。

(2) 负责取得出口许可证或其他官方批准的证件(商检证、原产地证等),并办理货物出口所需的一切海关手续。

(3) 负担货物在装运港交到买方所派船只上之前的一切费用和风险。在《2000通则》中,FOB术语的风险划分点以货物在指定的装运港、指定的船只"越过船舷"为界。以"船舷"为界表明货物在装上船之前的风险,包括在装船时货物跌落码头或海中所造成的损失,均由卖方承担;但在《2010通则》中,对FOB条件下风险划分的界限做了实质性的变更,即不再规定以"船舷为界",而是规定以货物装到船上为界限,这时风险才由卖方转移至买方。

(4) 负责提供商业发票和证明货物已交至船上的通常单据(已装船海运提单)。如果买卖双方约定采用电子通信,则所有单据均可被具有同等效力的电子数据交换信息(EDI message)代替。

2. 买方的主要义务

(1) 根据买卖合同的规定受领货物并支付货款。

(2) 负责租船或订舱、支付运费,并将船名、装船地点和交货时间及时通知卖方。

(3) 自负风险和费用,取得进口许可证或其他官方批准的证件,并负责办理货物进口所需的一切海关手续。

(4) 负担货物在装运港交到自己所派船只上之后的一切费用和风险。

3. 风险提前转移给买方的情况

通常出现以下五种情况时,风险将提前转移给买方:

(1) 在约定的时间,买方拟派的船只未到,导致码头仓储费用或货物停留造成损失,此时风险应提前转移给买方。

(2) 船只虽按约定的时间到港,但是停靠码头时要排队,此时卖方的风险应提前转移给买方。

(3) 只约定装运期,未约定买方何时派船到装运港,过了装运期船只才到,那么在装运期届满时,货物受损的风险就提前转移给买方,而不管买方所派船只到否。

(4) 买方按时派船,但是由于各种原因(可能是船不适航或不适货)不能装货上船,或者提前结束装船,此时风险应提前转移给买方。

(5) 船按时到港,但是卖方没能及时装船,如果原因在于买方未给卖方留出足够的时间装运货物,则由买方承担责任。

4. 卖方须慎重履行交货与交单义务

《2010通则》明确规定,FOB术语项下卖方必须提供符合买卖合同规定的货物。同时,由于采用FOB条件成交,卖方是在装运港交货,而一般情况下,买方不可能亲临交货地点去接收货物,卖方通常都是凭提交合同要求的单据来履行其交货义务。所以,卖方及时提交合格的单据,包括商业发票、检验证书、运输单据,特别是海运提单或有同等效力的电子单证等,成为其一项基本义务。

5. FOB 术语项下提单托运人的规定

根据我国海商法的解释,托运人是指:①本人或委托他人以本人的名义与承运人订立海上货物运输合同的人;②本人或委托他人以本人的名义将货物交给与海上货物运输合同有关的承运人的人。因此,FOB 合同的买方和卖方都符合条件,但最好以卖方为托运人,否则,如果买方和承运人相互串通,则在没有付清货款的情况下,买方就会以托运人的身份先行将货物提走。

6. 出口通关的办理与美国贸易惯例的差异

《2010 通则》规定,卖方必须自行承担取得任何出口许可证或其他官方核准证件的风险和费用,并办理货物出口所需的一切海关手续(如果该地需要办理这些海关手续)。

根据《美国对外贸易定义》的解释,申领许可证和办理出口通关手续由买方负责,其费用和风险也由买方承担。只有当买方自行办理有困难时,在买方要求并由买方承担费用和风险的情况下,卖方可以协助办理。因此,为了避免由于贸易惯例的不同产生误解,双方最好在合同中明确规定。

7. FOB 合同的风险防范措施

(1) 按照《2010 通则》的规定,FOB 合同的出口商应将货物交给船公司。一般而言,船公司大多信誉良好,即便有时凭担保将货物放给客户后出现问题,其也会凭借信誉与实力妥善地处理纠纷。但是从目前的实际情况来看,买方指定船公司的比较少,绝大部分是指定境外货运代理。众所周知,货运代理公司的信誉度是远远不能和大多数船公司相比的。因此,卖方为了防止买方与货运代理公司联手欺诈,一定要采取预防措施。

例如,通过国际咨询机构对货运代理公司进行资信调查或要求买方配合让境外货运代理公司出具担保,如果不行,最好让对方在发货前预付全部货款。

(2) 采用 FOB 条件成交时,卖方为保障自身利益,一般都会在合同中明确规定买方派船到港装货的时间或期限,以及如果延迟或不能指定船只而引起的额外费用和风险责任均由买方承担。买方须在船只到达指定装运港前若干天通知卖方有关船名和预计到达时间。

(3) 按照 FOB 贸易术语的规定,卖方没有办理货运保险的义务,买方应根据情况自行办理。如果履约时行情对买方不利,买方拒绝接收货物,就有可能不办保险,这样一旦货物在途中出险,卖方就可能钱货两空。如买卖双方已按 FOB 术语成交,而且采用非信用证支付方式,卖方应在当地投保卖方利益险。

8. FOB 的变形

买卖双方最好在合同中就该项事宜及有关的风险和费用的承担做出明确规定,以免

产生贸易纠纷。FOB 有以下变形:

(1) FOB Liner Terms(FOB 班轮条件):装船费用按照班轮的做法处理,即由船方或买方承担,卖方不负担装船的有关费用。

(2) FOB under Tackle(FOB 吊钩下交货):卖方负担将货物交到买方指定船只的吊钩所及之处的费用,而吊装入舱以及其他各项费用均由买方负担。

(3) FOB Stowed(FOB 理舱费在内):卖方负责将货物装入船舱并承担包括理舱费在内的装船费用。理舱费是指货物入舱后进行安置和整理的费用。

(4) FOB Trimmed(FOB 平舱费在内):卖方负责将货物装入船舱并承担包括平舱费在内的装船费用。平舱费是指对装入船舱的散装货物进行平整所需的费用。

(5) FOB Stowed and Trimmed(FOBST):这一变形是指卖方承担包括理舱费和平舱费在内的装船费用。

(二) CIF

CIF 的全称是 Cost,Insurance and Freight(…port of destination),中文意思为成本加保险费加运费(……指定目的港)。CIF 是国际贸易中最常用的贸易术语之一。采用 CIF 术语成交时,卖方也是在装运港将货物装上船完成其交货义务。卖方负责按通常条件租船订舱,支付货物运至指定目的港所需的费用和运费,但是货物交付后的灭失或损坏的风险,以及因货物交付后发生的事件所引起的任何额外费用自交付时起由卖方转移给买方承担。

卖方在规定的装运港和规定的期限内将货物装上船后,要及时通知买方。《2020 通则》中 CIF 保险投保险别变化:在 CIF 价格术语中,卖方的责任仍然是"自费投保符合协会货物保险条款(LMA/IUA)的(C)条款或任何类似条款所规定的货物险"。

采用 CIF 术语成交时,应注意下列事项:

1. 卖方的主要义务

(1) 在合同规定的期限内,在装运港将符合合同的货物交至运往指定目的港的船上,并给予买方装船通知。

(2) 负责办理货物出口手续,取得出口许可证或其他核准证书(原产地、商检证书等)。

(3) 负责租船或订舱并支付到目的港的海运费。

(4) 负责办理货物运输保险,支付保险费。

(5) 负担货物在装运港越过船舷之前的一切费用和风险。

(6) 负责提供货物运往指定目的港的通常运输单据、商业发票和保险单,或具有同等效力的电子信息。

2. 买方的主要义务

(1) 负责办理进口手续,取得进口许可证或其他核准书。

（2）负担货物在装运港越过船舷后的一切费用和风险。

（3）收取卖方按合同规定交付的货物，接收与合同相符的单据。

3．概念上的误区

CIF 和 FOB 术语中交货点及风险点都是在装运港的船上，卖方在装运港将货物安全地装到船上即完成义务，装运后货物可能发生的风险，卖方不再承担责任。卖方将保险单、提单等交由买方，风险索赔等由买方进行办理。

4．订舱配载

CIF 条件下卖方自主订船，选择船公司货代，自付运费、码头费等，一般不接受买方指定的货代/船公司等。实际业务中客户会选择国外服务较好的知名船运公司。

5．办理保险

卖方在装运港办理保险，一般在订立合同时规定具体的保险金额、保险险别和适用保险条款，以及保险责任的起讫期限。

6．卸货费用

码头作业费等，CIF 中一般采用港至港条款，启运港的费用由卖方承担，目的港的费用则由买方承担。

7．租船订舱问题

由于从装运港到目的港的运输合同由卖方负责签订，因此，一般情况下，卖方根据货物的具体情况选择适当的船舶，或者租用整船，或者班轮订舱。这就是所谓的按通常条件（on usual terms）对船龄、船籍、船级、船型以及装运某某航运公司的船只等提出某些限制条件。对于这些要求，卖方应慎重考虑，不论对方是在合同订立之前提出的，还是在合同订立之后提出的，如果卖方认为自己可以办到，又不会增添麻烦和额外开支，就可以接受；否则，可以拒绝。但一旦接受，就必须严格照办。

采用 CIF 条件成交时，作为合同的卖方在办理租船订舱时还应注意所租用的船只是否具有适航性和适货性。所谓适航性（seaworthiness）是指载货的船只在装运港启运时，从船舶的性能和船上人员的配备情况来看，已具备了将货物从装运港运抵目的港的能力。适货性（cargoworthiness）是指从船舶的性能和设备情况来看，适合运输合同所约定的货物。

8．装运港、目的港及航线问题

装运港和目的港在海洋运输中即运输的起点和终点。在合同中规定装运港和目的港时，可以各规定一个，也可以规定两个或两个以上，甚至是选择港（optional ports），这要由交易双方根据需要协商确定。从实际做法来看，采用较多的是各规定一个装运港和目的港。

根据英美法律的有关规定，在 CIF 合同中，目的港属于要件（condition），而装运港不是要件,只属于担保(warranty)。因此,如果合同中明确规定了目的港的名称,双方就必须遵照执行。任何一方要想变更目的港,必须征得对方同意,否则属于违反要件,即构成重大违约。

(三) CFR

CFR 的全称是 Cost and Freight(...named port of destination),即成本加运费(……指定目的港)。按照《2010 通则》的解释,卖方应在合同规定的装运港和规定的期限内将货物装上船,并及时通知买方。货物装上船以后发生的灭失或损害的风险,以及因货物交付后发生的事件所引起的任何额外费用,自交付之日起即由卖方转移给买方。

采用 CFR 术语成交时,应注意下列事项:

1. 卖方的主要义务

(1) 负责在合同规定的时间和装运港将约定的货物装上船,运往指定目的港,并及时通知买方。

(2) 负责办理货物出口手续,取得出口许可证或其他官方批准的证件。

(3) 负责租船或订舱,并支付至目的港的正常运费。

(4) 负担货物在装运港交到自己安排的船只上之前的一切费用和风险。

(5) 负责提供符合合同规定的货物和商业发票,或具有同等效力的电子数据交换信息,以及合同规定的运输单据和其他相关凭证。

2. 买方的主要义务

(1) 负责按合同规定支付价款。

(2) 自负风险和费用,办理货物进口手续,取得进口许可证或其他官方批准的证件。

(3) 负担货物在装运港交到卖方安排的船只上之后的一切费用和风险。

(4) 按合同规定接收货物,接收运输单据。

3. 风险点的转移

当卖方在装运港将货物装到船舱内后,风险点即转移到买方,因此买方必须在此之前向保险公司办妥保险。实际业务中卖方应于装运前和国外买方就如何发装船通知以及何时发装运通知商定办法,贸易合同中也应注明装船通知的发送内容、方式、发送时间等。

4. CFR 术语的变形

由于世界各港的惯例不同,对于卸货费用也有不同的规定,有的港规定由船方负担,有的港规定由收货人负担。如属前者,若是大宗货物,船方如不愿承担卸货费用,势必将卸货费用转移给租船人,这样就会增加卖方的负担。因此,买卖双方必须在贸易合同中明确由谁负担卸货费用。实践中,通常是在 CFR 贸易术语或 CIF 贸易术语后加附加条件来说明,由此便产生了 CFR 或 CIF 的变形。CFR 或 CIF 的变形各有以下四种:

（1）CFR Liner Terms（CFR 班轮条件）或 CIF Liner Terms（CIF 班轮条件）：卸货费用按班轮办法处理，由船方或卖方承担，即买方不负担卸货费用。

（2）CFR Landed（CFR 卸到岸上）或 CIF Landed（CIF 卸到岸上）：由卖方负担卸货费，包括因船不能靠岸，需将货物用驳船卸到岸上支出的驳运费在内的费用。

（3）CFR under Ship's Tackle（CFR 吊钩下交货）或 CIF under Ship's Tackle（CIF 吊钩下交货）：卖方负担将货物从船舶起卸到吊钩所及之处（码头或驳船上）的费用。

（4）CFR Ex Ship's Hold（CFR 舱底交货）或 CIF Ex Ship's Hold（CIF 舱底交货）：货物运到目的港后，由买方自行启舱，并负担货物从舱底卸到码头上的费用。

拓展阅读 2.3　CFR 和 CIF 的变形

（四）FCA

FCA 的全称是 Free Carrier（…named place），即货交承运人（……指定地点 ），是指卖方在指定地点将已经出口清关的货物交付给买方指定的承运人，完成交货。根据商业惯例，当卖方被要求与承运人通过签订合同进行协作时，在买方承担风险和费用的情况下，卖方可以照此办理。

在之前的版本中，货物的交付是在船上装载之前完成的，承运人有义务签发带有船上注解的"已装运"提单或"已收到"提单，仅当货物实际装在船上时才会签发。为了解决这个问题，《2020 通则》提供了一个新的选择：交易双方可以同意，买方将指示其承运人在将货物装上船前向卖方签发并交付提单。船公司和卖方有义务通过银行渠道将提单转交给买方。

采用 FCA 术语成交时，应注意下列事项：

1. 卖方的主要义务

（1）自负风险和费用，取得出口许可证或其他官方批准证件，在需要办理海关手续时，办理货物出口所需的一切海关手续。

（2）在合同规定的时间、地点将货物置交给指定承运人，并及时通知买方。

（3）承担将货物交给承运人之前的一切费用和风险。

（4）自负费用向买方提供交货的通常单据。

2. 买方的主要义务

（1）签订从指定地点承运货物的合同，支付有关的运费，并将承运人名称及有关情况及时通知卖方。

（2）自负风险和费用，取得进口许可证或其他官方批准的证件，并且办理货物进口所需的一切海关手续。

（3）根据买卖合同的规定受领货物并支付货款。

（4）承担受领货物之后所发生的一切费用和风险。

3. 卖方交货义务问题

《2020通则》对FCA贸易术语下卖方的交货义务做了如下规定：

（1）若指定的地点是卖方所在地，则当货物被装上买方指定的承运人或代表买方的其他人提供的运输工具时。

（2）若指定的地点不是（1），而是其他任何地点，则当货物在卖方的运输工具上，尚未卸货而交给买方指定的承运人或其他人或由卖方选定的承运人或其他人处置时。同时又具体规定：若在指定的地点没有约定具体交货点，且有几个具体交货点可供选择时，卖方可以在指定的地点选择最适合其目的地的交货点；若买方没有明确指示，则卖方可以根据运输方式或货物的数量和性质将货物交付运输。

4. 风险转移问题

FCA贸易术语与装运港交货的3种贸易术语不同，其风险转移不是以船舷为界，而是以货交承运人为界，这不仅是在海运以外的其他运输方式下如此，即使在海洋运输方式下，卖方也是在将货物交给海运承运人时即算完成交货，风险就此转移。但是，在FCA贸易术语条件下，由买方负责订立运输契约，并将承运人名称及有关事项及时通知卖方，卖方才能如期完成交货义务，并实现风险的转移。

如果买方未能及时通知卖方，或由于买方的责任使卖方无法按时完成交货，其后的风险是否仍由卖方承担？按《2020通则》的解释，如发生上述情况，则自规定的交付货物的约定日期或期限届满之日起，买方要承担货物灭失或损坏的一切风险。

可见，对于FCA贸易术语下风险转移的界限问题不能简单地理解。一般情况下，是在承运人控制货物后，风险由卖方转移给买方，但是如果由于买方的责任使卖方无法按时完成交货义务，只要"该项货物已正式划归合同项下"，那么风险转移的时间可以前移。

5. 责任和费用问题

FCA贸易术语适用于包括多式联运在内的各种运输方式。卖方的交货地点因采用的运输方式的不同而不同。有时须在出口国的内陆办理交货，如车站、机场或内河港口。不论在何处交货，根据《2020通则》的解释，卖方都要自负风险和费用，取得出口许可证或其他官方批准证件，并办理货物出口所需的一切海关手续。随着我国对外贸易的发展，内地省份的出口货物有些不一定在装运港交货，而采取就地交货和交单结汇，为适应这一需要，FCA贸易术语的使用将逐渐增多。

按照FCA贸易术语成交，一般是由买方自行订立从指定的地点承运货物的合同，但是,如果买方有要求,并在由买方承担风险和费用的情况下,卖方也可代替买方指定承运人并订立运输合同。当然,卖方也可以拒绝订立运输合同,如果拒绝应立即通知买方,以便买方另行安排。

按照 FCA 贸易术语成交,买卖双方承担费用的划分也是以货交承运人为界,即卖方负担货物交给承运人控制之前的有关费用,买方负担货交承运人之后所发生的各项费用。但是买方委托卖方代办一些属于自己义务范围内的事项所产生的费用,以及由于买方的过失所引起的额外费用,均应由买方负担。

(五) CPT

CPT 的全称是 Carriage Paid to(…named place d destination),即运费付至(……指定目的地),指卖方将货物交给其指定的承运人,并且须支付将货物运至指定目的地的运费,买方则承担交货后的一切风险和其他费用。该术语适用于各种运输方式,包括多式联运。

采用 CPT 术语成交时,应注意下列事项。

1. 卖方的主要义务

(1) 在合同规定的时间、地点将合同规定的货物置于买方指定的承运人控制下,并及时通知买方。

(2) 必须提供符合合同规定的货物和商业发票,或具有同等效力的电子数据。

(3) 必须自负费用,按通常条件订立运输合同,经惯常路线、按习惯方式将货物运至指定目的地的约定地点或其他合适的具体地点。

(4) 必须承担将货物交给承运人控制之前的风险。

(5) 自负风险和费用,取得出口许可证或其他官方批准的证件,并办理出口清关手续,支付关税及其他有关费用。

2. 买方的主要义务

(1) 接受卖方提供的有关单据,受领货物,并按合同规定支付货款。

(2) 承担自货物在约定交货地点交给承运人控制之后的风险。

(3) 自负风险和费用,取得进口许可证或其他官方批准的证件,办理货物进口所需的海关手续,支付关税及其他有关费用。

3. 风险转移

国外有使用 Free Border 或 Franco Border 的方法,采用这两种术语时,卖方只负责安排运输并付至边境某地的运费,卖方的交货地点并未延伸至边境指定地点,所以在采用 CPT 术语成交时,交易双方应该明确,卖方承担的风险只有在边境指定地点完成交货时才转移给买方,而不是在此之前。

4. 保单

在进口贸易中使用 CPT 术语时,卖方没有义务提供保单,但是可以协助办理,而费用应该由买方支付。而且银行审单时这个保单不应该在审核范围之内。

5. 交货通知

买方应及时办理货物运输保险和进口手续,及时报关和接货。交货通知的内容通常包括合同号或订单号,信用证号,货物名称、数量、总值,运输标志,启运地,启运日期,运输工具名称及预计到达目的地日期等。如果买方需要卖方提供特殊信息,应在买卖合同中约定或在信用证中作出规定。若卖方未按惯例规定发出或未及时发出交货通知,使买方投保无依据或造成买方漏保,货物在运输过程中一旦发生灭失或损坏,应由卖方承担赔偿责任。

6. 边境交货地点

当边境上有几个可供交货的地点时,双方当事人应该明确商定其中某一地点作为交货地点,并且在 DFA 之后列明,以免在履约时引起争执。如果双方在定约时未能就具体的交货地点作出明确规定,卖方有权自行选择最适宜的边境地点作为交换地点。如果该地点位于进口国的港口,《2000 通则》建议当事人采用 DES(目的港船上交货)或 DEQ(目的港码头交货)。

拓展阅读 2.4 CFR 与 CPT 的区别

(六) CIP

CIP 的全称是 Carriage and Insurance Paid to(…named placed destination),即运费、保险费付至(……指定目的地),指卖方将货物交给其指定的承运人,支付将货物运至指定目的地的运费,为买方办理货物在运输途中的货运保险,买方则承担交货后的一切风险和其他费用。书写形式是"CIP 指定目的地"。CIP 术语适用于各种运输方式,包括多式联运。

《2020 通则》中 CIP 保险投保险别变化:CIP 术语下买方投保要投最高险别(如 CIC 一切险和 ICC(A)险),而 CIF 术语下投保险别要求保持不变,仍投最低险别即可。

采用 CIP 术语成交时,应注意下列事项:

1. 卖方的主要义务

(1) 必须提供符合合同规定的货物和商业发票,或具有同等效力的电子数据,以及合同可能要求的证明货物符合合同的其他证件。

(2) 在合同规定的时间、地点将合同规定的货物置于买方指定的承运人控制下,并及时通知买方。

（3）订立货物运往指定目的地的运输合同，并支付有关运费。

（4）按照买卖合同的约定，自负费用投保货物运输险。

（5）承担货物交给承运人控制之前的风险。

（6）自负风险和费用，取得出口许可证或其他官方批准的证件，并办理出口清关手续，支付关税及其他有关费用。

2．买方的主要义务

（1）接受卖方提供的有关单据，受领货物，并按合同规定支付货款。

（2）承担自货物在约定交货地点交给承运人控制之后的风险。

（3）自负风险和费用，取得进口许可证或其他官方批准的证件，并且办理货物进口所需的海关手续，支付关税及其他有关费用。

3．风险和保险问题

一般情况下，卖方要按双方协商确定的险别投保，如果双方未在合同中规定应投保的险别，则由卖方按惯例投保最低的险别。保险金额一般是在合同价格的基础上加成10%，即 CIF 合同价款的110%，并以合同货币投保。

4．合理确定价格

卖方对外报价时要认真核算成本和价格。在核算时，应考虑运输距离、保险险别、各种运输方式和各类保险的收费情况，并要预计运价和保险费的变动趋势等方面问题。

以上六种贸易术语的区别如表 2-2 所示。

表 2-2　六种常用贸易术语的区别

不　同　点	术　　　语	
	FOB、CFR、CIF	FCA、CPT、CIP
交货地点	装运港口	出口国内地或港口
风险转移界限	装运港船上为界	承运人处置货物后
出口报关的责任	卖方	
进口报关的责任、费用负担	买方	
适合的运输方式	水上运输（海运、内河运输）	任何运输方式

本章思考题

一、简答题

1．什么是国际贸易？国际贸易有哪些分类？

2. 什么是贸易术语？为什么会产生贸易术语？

3. 比较 FOB、CFR、CIF 与 FCA、CPT、CIP 的区别。

4. 简述出口合同的履行程序。

二、判断题

1. 国际贸易术语解释通则的 11 个贸易术语,其中 4 个(FOB、CFR、CIF、FAS)只适用于海洋运输,其余可适用于任何运输方式。　　　　　　　　　　　　　　　（　　）

2. 贸易术语的变形是由于在程租船运输的情况下,FOB 要明确在装运港的装船费用由谁承担的问题。　　　　　　　　　　　　　　　　　　　　　　　（　　）

3. 买方采用 FOB 条件进口一批货物,货物用程租船运输,如买方不愿承担装船费用,可用 FOB Trimmed 贸易术语的变形。　　　　　　　　　　　　　　　（　　）

4. FOB、CIF、CFR 术语中卖方交货的地点是一样的,都是在装运港的船上。（　　）

5. 在租船运输的情况下,如果卖方不想承担在装运港的装船费用,应该采用 FOB Stowed 贸易术语的变形。　　　　　　　　　　　　　　　　　　　　（　　）

6. FCA 贸易术语适用于多式联运,也适用于海运、陆运、空运等运输方式。（　　）

7. 按 FOB、CFR、CIF 三种贸易术语签订的合同,货物在装运港装上船后,风险即转移。因此当货物到达目的港后,买方若发现到货品质、数量、包装有任何与合同不符的情况,卖方概不负责。　　　　　　　　　　　　　　　　　　　　　（　　）

8. FOB Under Tackle 是指卖方承担将货物装入船舱,脱离吊钩为止的一切费用和风险。　　　　　　　　　　　　　　　　　　　　　　　　　　　　　　（　　）

9. 我国是《联合国国际货物销售合同公约》(以下简称《公约》)的缔约国,在合同适用《公约》的情况下,如果合同的规定与《公约》的规定不一致,应当以《公约》为准。（　　）

10. FCA 贸易术语下卖方风险转移的地点比 FOB 提前。　　　　　　　　（　　）

11. 国际贸易惯例不是法律,但是如果援引入合同就具有了法律效力。　（　　）

12. 出口采用 FOB 或 CFR 贸易术语成交,即使买方已向某保险公司投保一切险,该保险公司对从出口企业仓库到装运港码头这一段的风险也不予负责。　　　（　　）

13. 采用 CIF 贸易术语成交,由买方负责租船订舱和投保。　　　　　　（　　）

拓展阅读 2.5　Incoterms 2020 相比 Incoterms 2010 的变化

第 三 章

国际物流运输

【学习目标】

1. 熟悉国际物流运输的概念及特点；
2. 掌握各种国际物流运输方式的特点；
3. 了解展品物流和国际邮政物流的运输方式。

【知识要点】

1. 国际物流运输的含义及各种运输方式的特点；
2. 国际物流运输代理；
3. 国际物流运输的特殊形式。

引导案例

远近结合，提升我国国际供应链物流能力

国际地缘冲突与世纪疫情、百年变局叠加，全球供应链加速进入 VUCA（易变性、不确定性、复杂性、模糊性）时代，造成国际供应链波动甚至中断的风险加大。

中央财经委员会第十一次会议提出，统筹发展和安全，要适度超前，布局有利于引领产业发展和维护国家安全的基础设施。构建国内国际双循环新发展格局，应对跨国制造业回流与近岸外包、跨境贸易便利化与数字化转型等新挑战，需要尽快补齐国际物流短板，打造为我所用的全球供应链物流体系。

(一) "四个不匹配"凸显国际物流能力不足

新冠疫情暴发以来，我国国际供应链物流体系的脆弱性更加凸显，为我国物流链自主可控敲响了警钟。近年来，我国在全球供应链中地位提升，但与国内供应链物流体系的自主可控能力相比，我国国际货运物流的对外依存度高达70%。我国海外供应链物流能力不足的短板突出表现在产业走出

去与物流走出去不匹配、国内物流与国际物流不匹配、国际物流规模与能力不匹配、国际物流硬实力与软实力不匹配等方面。

1. 对国际物流的掌控能力严重不足

我国作为世界最大的产成品出口国和大宗原材料进口国,货物"大进大出"特征明显。但是与贸易大国地位不相匹配的是,我国对于国际货物运输的掌控能力严重不足,出口一般采用FOB(离岸价)贸易形式,出口货物在我国港口进行交割,我国物流企业仅提供国内段基本运输服务,涉及国际运输、保险、海外报关等高附加值服务收益则往往由国外物流企业获取。

国际物流服务难以为产业转型升级和附加值提升提供必要支撑,国际物流成本偏高,话语权和掌控能力不强使得我国国际供应链存在断链或者安全风险。

2. 国际运力与欧美地区及国家仍有差距

由于国际运输的复杂性和专业性,全球海运的实际运力多数掌握在全球货代手中。虽然我国集装箱造箱能力和吞吐规模全球遥遥领先,商船数量、载重能力也处于全球前列,但由我国企业实际控制的运力规模远远滞后。2021年全球海运货代排名前10位中,Kuehne+Nagel(德迅,瑞士)、DHL(敦豪,德国)、DSV(得斯威,丹麦)等欧美地区及国家的货代占据8席,与我国港口在全球集装箱港口中的地位形成鲜明反差。国际航空货代方面差距更明显,全球航空货代前10位中没有一家中国企业。

中外运作为我国规模最大的国际货代企业,其营收规模只有德迅的1/2,市值只有其1/10。我国超过2/3的国际航空物流业务由国外航司完成,拥有70架全货机的顺丰作为我国拥有全货机数量最多的物流企业,与拥有684架全货机的FedEx、拥有595架全货机的UPS等全球航空货运企业差距巨大。

3. 海外物流节点和多式联运疏运服务严重滞后

新加坡国际港务集团(PSA)、迪拜环球(DP World)等国际化港口企业早已基于母港开展全球化码头布局,依托港口物流等主业积极推动多元产业走向海外,以高水平的管理经营能力和资本优势抢占优质码头资源,如2020年PSA集装箱处理量达到8660万标箱(新加坡港集装箱吞吐量3700万标箱)。

近年来,我国积极参与希腊比雷埃夫斯港、巴基斯坦瓜达尔港等海外港口建设和运营,但是与我国庞大的国际贸易和市场需求相比远远不足。此外,与国际物流企业在我国境内发达的揽货服务网络对比,我国物流企业在国外很少有自己的末端服务网络,只能通过委托、转包等形式与境外物流企业合作完成末端集疏运服务,难以提供标准化、一单制的全程多式联运服务。

4. 面向新兴跨境物流模式的规则创新引领能力不强

以跨境电商为代表的国际贸易近年来保持年均30%的高速增长,未来将占到全球贸易总额的 20% 左右,发展空间巨大。但是,我国当前国际物流系统对跨境电商标准、规则、信息、数据等战略要素资源流动的控制力不足,在制定和引领国际物流规则方面的能力有待加强。我国跨境电商企业在积极推进海外仓建设,总量超过 2000 个,但是大多数为企业自用且功能单一,与亚马逊等全球巨头相比毫无话语权,急需国家层面统筹支持。

(二) 对策建议

面对新冠疫情导致的全球供应链剧烈波动、国际物流仓储费用大幅上涨,国际商贸和物流巨头均在加快布局国际物流基础设施建设。国际竞争加剧进一步增强了我国提升国际供应链物流能力的迫切性。

1. 短期应对策略

开展国际供应链物流风险评估工作。面对国际地缘冲突和新冠疫情,美国拜登政府签署了"供应链行政令",并在上台百日之时发布了《建立弹性供应链、振兴美国制造业和促进广泛增长》评估报告,对四种关键产品的供应链进行了全面审查,成立了美国首个供应链中断工作组(SCDTF)来应对供应链风险。2022 年,美国白宫和交通部启动"货运物流优化工程"(FLOW),引导货物运输及供应链各环节的关键数据交换与共享。面对中美在关键产业供应链的激烈竞争,有必要系统开展国际供应链物流风险评估工作,形成全球供应链风险预警评价指标与应对机制,明确主要风险和改进措施。

(1) 尽快建立统一的港口集疏运疫情应对规则

2022 年以来,宁波舟山港、深圳港、上海港所在城市均发生疫情,导致疫情防控政策收紧。但是各港口城市的应对举措不同,相关疫情防控政策对于港口运行以及后方腹地的产业链、供应链影响也不一。

考虑到港口在服务和保障经济发展与疫情防控中的特殊作用,应尽快建立科学统一的港口集疏运工作疫情应对规则,尤其是涉及港口城市防疫政策收紧期间的集疏运保通保畅统筹问题,应重点明确港口分流措施、应急绿色通道和中转场站、闭环管理和无接触作业方式等具体工作预案,保障全国一盘棋,确保供应链产业链安全稳定。

(2) 推进国际物资集采集运工作机制建设

提升我国关键产业国际供应链管理能力,推动有实力的制造企业与国际物流企业以联盟形式联合,建立海外原料保供、集采和直采、集运基地,开展增值服务和国际综合物流业务,扩展在新兴市场地面服务网络,创新防疫物资、大宗商品、跨境电商商品、冷链物流等重点货类的国际物流服务形式。

2. 长期发展策略

(1) 培育具有全球竞争力的世界一流物流企业

以打造全球化的国际多式联运经营人为核心目标,推进中外运、中远海等海运承运企业在现有业务基础上延伸海外物流网络，增强货运代理服务和海外起始端的接取送达配套服务能力，推进海外物流基础设施建设和落地配团队搭建，从国际物流分包商向总包商转型，培育具有全球竞争力的全球海运物流经营人。弥补国际航空货运能力短板，大力发展专业化航空货运机场，提升航空货运装备专业化水平，培育国际化的全球航空物流经营人。

（2）加大海外优质港口机场资源投资和运营力度

以上港集团、招商局集团、北部湾港集团等国内港航龙头企业为主体，以"一带一路"沿线、RCEP国家为重点，加大海外优质港口投资合作力度，建设境外分拨集散中心、海外仓和集装箱还箱点等一批海外锚地，加快发展服务贸易、离岸加工和跨境电商，增加回程固定货源比重，构建国际物流供应链节点网络，推动我国主导的全球物流体系进一步向海外延伸。

（3）完善具有网络韧性的全球物流投送体系

加强国际物流通道安全保障能力建设，与国内供应链龙头企业以及航运企业、航空企业和物流企业共同组建保障战略储备物资运输非常设性机构，构建由全球物流经营人、境外港口或机场、全货机、国际货船、海外物流枢纽（海外仓）、国际产业（贸易）园等组成的全球物资投送体系，实现国际物流资源分布分散化和通道布局多样化，避免重要国际物流咽喉和通道被"卡脖子"，提高国内重点产业供应链的全球物流网络韧性。

（4）引导创新数字经济时代的国际物流规则

以RCEP国家、海南自由贸易港、中马"两国双园"、中国投资的海外港口等区域为先导节点，推动原产地规则、投资负面清单等主要内容与国内自贸区制度相互融合，推动检验检疫标准、经认证的经营者率先实现互认合作，积极开展基于数字化的国际贸易规则探索，实现国际物流数据跨境安全有序流动，加快推动国际供应链全流程的透明化改造，塑造数字经济时代的区域性国际物流贸易新规则。

资料来源：https://www.zgjtb.com/2022-07/21/content_322562.html.

思考：

1. 我国现阶段存在的国际物流短板有哪些？
2. 如何提升我国国际供应链物流能力？

国际物流运输的发展可以追溯到人类社会交往的早期。在历史上，从古代海上丝绸之路到近代铁路、公路、航空运输等，物流运输一直是促进经济交流的必要手段。如今，国际物流运输在贸易中也扮演着重要角色。它在各种市场活动中形成了有序的网络，为全球经济的繁荣和发展发挥着不可替代的作用。随着各种新技术的不断发展和应用，物流运输也在不断进步。

第一节　国际物流运输概述

一、国际物流运输的定义

国际物流运输是指货物在国家与国家、国家与地区之间的运输。国际物流运输是国际物流的一个重要环节。与国内物流运输相比，国际物流运输具有以下几个主要特点。

1. 国际货物运输是中间环节很多的长途运输

国际货物运输是国家与国家、国家与地区之间的运输，一般运距较长，在运输过程中往往需要使用多种运输工具，通过多次装卸搬运，变换不同运输方式，经由不同的国家和地区，中间环节较多。

2. 国际货物运输涉及面广，情况复杂多变

货物在国际间的运输过程中，物流企业需要与不同国家、地区的货主、交通部门、商检机构、保险公司、银行、海关以及各种中间代理人打交道。同时，由于各个国家、地区的政策法律规定不一，金融货币制度不同，贸易运输习惯和经营做法也有差别，再加上各种政治、经济形势和自然条件的变化，都会对国际货物运输产生较大的影响。

3. 国际货物运输的时间性特别强

国际市场竞争十分激烈，商品价格瞬息万变，进出口货物如不能及时运到目的地，很可能会造成重大的经济损失；某些鲜活易腐商品和季节性商品如不能按时送到目的地出售，会造成较大的经济损失。为此，货物的装运期和交货期被列为贸易合同的条件条款，能否按时装运直接关系到信用问题，对贸易、运输的发展都会产生巨大的影响。

4. 国际货物运输的风险较大

国际货物运输由于运距长、中间环节多、涉及面广、情况复杂多变，加之时间性很强，因而风险也非常大。为了转嫁运输过程中的风险损失，各种进出口货物和运输工具都需要办理运输保险。

5. 国际货物运输涉及国际关系问题

在组织国际货物运输过程中，需要经常同其他国家产生广泛的联系，这种联系不仅仅是经济上的，也会牵涉到国际政治问题。对于各种运输业务问题的处理，常常会涉及国际关系问题，这是一项政策性很强的工作。因此，从事国际货物运输的人员不仅要有经济观念，而且要有国家政策观念。

二、国际物流运输方式

根据使用运输工具的不同，国际物流运输可分为如下几种方式。

(一) 国际海上货物运输

国际海上货物运输是指使用船舶通过海上航道在不同国家和地区的港口之间运送货物的一种方式。由于它具有通过能力大、运量大、运费低廉以及对货物适应性强等优点,加上全球特有的地理条件,因此成为国际贸易中最主要的运输方式。

国际海上货物运输的特点有:①通过能力大;②运输量大;③运费低廉;④对货物的适应性强;⑤速度较低;⑥风险较大。

(二) 国际铁路货物运输

我国出口货物由内地向港口集中、进口货物从港口向内地疏运,以及省与省间、省内各地区间的外贸物资的调拨主要是靠铁路运输来完成的。通过铁路将欧、亚大陆连成一片,它对发展我国与亚洲、欧洲各国之间的经济贸易起着重要作用。

铁路货物运输的特点有:①运输的准确性和连续性强;②运输速度较快;③运输量较大;④运输安全可靠;⑤运输成本较低;⑥初期投资大。

拓展阅读 3.1　我国国际铁路运输种类

(三) 国际公路货物运输

公路运输(一般指汽车运输)是陆上运输的两种基本方式之一,也是现代运输的主要方式之一。在国际物流运输中,它是不可缺少的一个重要组成部分。

1. 公路运输的特点

(1) 机动灵活、简捷方便、应急性强。

(2) 投资少、收效快。

(3) 随着公路建设的现代化、汽车生产的大型化,汽车也能够适应集装箱货运方式发展的需要,可以载运集装箱。

2. 公路运输的不足之处

(1) 载重量小。

(2) 车辆运行时震动较大,易造成货损事故。

(3) 费用较水运和铁路运输高。

公路运输的特点决定了它最适合于短途运输。它可以将两种或多种运输方式串联起来,实现多种运输方式的联合运输(多式联运),提供进出口货物运输的"门到门"服务。

（四）国际航空货物运输

航空货物运输是指采用商业飞机运输货物的商业活动。航空货物运输具有速度快，安全准确，手续简便，节省包装，保险、利息和储存等费用较低，运价较高等特点。

当今国际贸易大多是洲际市场，商品竞争激烈，时间就是金钱，争取时间至关重要。易腐、鲜活商品对时间要求极为严格，采用航空运输可保鲜，并有利于开辟较远的市场。航空运输还适用于季节性商品及其他应急物品的运送。航空运输虽然运量小、运价高，但由于速度快，商品周转期短，存货可相应降低，资金可迅速回收，从而大大节省储存和利息费用；货损货差少，可简化包装，节省包装费用；运输安全准确，保险费也较低。

（五）国际集装箱货物运输

集装箱运输是以集装箱为集合包装和运输单位，适合门到门交货的成组运输方式，也是成组运输的高级形态。集装箱运输的特点有：
（1）提高装卸效率，加速车船周转。
（2）提高运输质量，减少货损货差。
（3）便利货物运输，简化货运手续。
（4）节省包装用料，减少运杂费。
（5）节约劳动力，改善劳动条件。

我国的集装箱运输始于1956年，到1973年才开辟了由上海、天津至日本的第一条国际集装箱运输航线，不久陆续开辟了澳大利亚、美国、加拿大、中国香港、新加坡和西欧航线。目前已基本上形成了连接世界各主要港口的海上集装箱运输网。

（六）国际多式联合运输及其他运输方式

1. 国际多式联合运输

国际多式联合运输（international multimodal transport）简称国际多式联运或多式联运。它是在集装箱运输的基础上产生并发展起来的，一般以集装箱为媒介，把海上运输、铁路运输、公路运输、航空运输和内河运输等传统的单一运输方式有机地结合起来，构成一种连贯的过程来完成国际间的货物运输。因而，它除了具有集装箱运输的优点之外，还将其他各种运输方式的特点融于一体，加以扬长避短的综合利用，具有传统单一的运输方式无可比拟的优越性。

国际多式联运是当前国际贸易运输发展的方向。我国地域辽阔，更有发展多式联运的潜力。可以预计，随着我国内陆交通运输条件的改善，我国国际多式联运必将蓬勃地发展起来。

拓展阅读 3.2　进行国际多式联运应具备的条件

2. 内河运输

内河运输是水上运输的一个重要组成部分,也是连接内陆腹地和沿海地区的纽带。它具有运量大、投资少、成本低、耗能少的特点,对于国家的国民经济和工业布局起着重要的作用,因此世界各国都很重视内河运输系统的建设。

3. 邮政运输

国际邮政运输具有广泛的国际性,并具有国际多式联运和"门到门"运输的性质。它的手续简单、操作方便,发货人只需将邮包交到邮局,付清邮费并取得邮政收据(即邮单),然后将邮政收据交给收货人即完成交货任务。

4. 管道运输

管道运输是随着石油的生产、运输而产生、发展的,是运输通道和运输工具合二为一的一种运输方式。这种运输方式具有安全、迅速、不污染环境的优点;缺点是铺设管道技术较为复杂、成本高,而且要求有长期稳定的油源。

三、运输代理

(一) 运输代理的种类

20 世纪 90 年代中后期,提高核心竞争力的意识日益成为企业竞争文化的一部分。随着作业成本法(activity-based costing)和经济附加值(economic value-added)等更复杂的金融工具进入企业的主流活动,管理层开始考虑外包非核心职能并专注于核心竞争力和顾客。外包物流和运输这类非核心的职能使公司具有更灵活的优势。例如,安海斯-布希公司(Anheuser-Busch)控制其供应链的主要功能,包括农产品供应、酿造和分销,但将仓储等物流功能外包给第三方供应商。

与此同时,承运商可能会发现在现货市场上的定价没有吸引力。然而,他们缺乏准确的需求预测、有效的信息系统和人员来把握这些市场动态。为了避免以大幅的折扣来销售货运量,承运商寻求与第三方物流商在大型货运上的合作。大容量装载的费率可能会低于小容量装载,但大容量装载的要求更高,需要更多的员工、更多的时间和先进的信息技术。

因此,中介机构提供诸如装运整合、市场营销、信息收集以及匹配承运商和托运商的供需等服务。一般来说,中介机构作出运输决策基于两个层面的考虑:买卖承载能力和运输服务。运输系统由大量的中介服务商提供支持,这些中间服务商包括托运商协会、经纪人、托运商的代理商、业主运营商和快递公司等。据估计，超过 60% 的财富 500 强公司都借助不同的形式使用了一些第三方物流服务。

1. 货运代理

货运代理（freight forwarder）专门代表客户安排商品的提货、储存和运输。他们通常提供一系列完整的物流解决方案，包括准备运输和出口的文件、洽谈具有竞争力的运费、预订货仓、合并小批量货物、获取货物保险、申请保险索赔、仓储、跟踪国内运输、清关进口货物、提供物流服务咨询等。货运代理通常根据他们自己的提单装运货物。提单（bill of lading）是代表承运商签发的文件，是一种海上运输合同。该文件包括以下内容：①经正式授权人代表承运商签署的货物发票；②对其中所述货物的所有权文件；③双方同意的证据条款和运输条件。

2. 运输经纪人

运输经纪人（transportation broker）是合法授权的托运方或承运方的代理人。作为托运方和承运方的联络桥梁，运输经纪人是在保险、金融、合规等特殊领域持牌的专业人士。因此，运输经纪人在运输货物方面起着重要的作用，并为货物运输的托运方和承运方的联络提供专门的服务。运输经纪人利用他们在运输业的专业知识和技术资源来帮助托运双方实现他们的目标。由运输经纪人提供的物流服务能帮助托运方降低运输成本，提高运输效率和速度以及客户服务水平。

3. 托运商协会

托运商协会（shippers' associations）通常是非营利性的、所有权属于会员的组织，旨在向会员提供世界范围内日常用品运输的最低价格和最佳服务。例如，国际托运商协会（International Shippers' Association，ISA）是一个非营利性的协会，负责运送会员的货物和整合小批量的货物以获得数量折扣。国际托运商协会成员包括国际航运商、商业代理、军用和民用物品代理、托运行李代理和普通商品代理等。

同时也存在行业性的托运商协会。例如，北美食品托运商协会（Food Shippers Association of North America，FSANA）成立于 1996 年。该协会在 1996 年以出口冷藏及冷冻食品的公司为核心小组而组建，目标就是帮助其成员保持在全球市场的竞争力。北美食品托运商协会通过集中资源和群策群力，使其成员能够获得具有竞争性的海运费和服务。北美食品托运商协会与覆盖所有主要贸易通道的主要承运商都具有合同关系，并继续发展壮大。

4. 多式联运营销公司

多式联运营销公司（inter-modal marketing companies）作为联营铁路承运方和托运方之间的中介，结合铁路、公路和海运的能力与卡车运输的可得性来运送集装箱、挂车和其他货物。他们还处理私人拥有的集装箱，并安排所需的货车来运送货物。该行业所面临的主要挑战是协调问题和渠道领导权。提供合适的设备也是一个挑战，因为需要各种尺寸的集装箱、挂车及底盘。

(二) 运输路线选择和调度

选择合适的运输方式可以为公司赢得具有竞争力的成本优势，因为运输成本通常占物流总成本的 1/3～2/3。运输中至关重要的是找到车辆可以实现的最小化距离或最短时间的最佳运送路线。

在确定汽车的路线和调度时有许多因素是需要考虑的。这些因素包括在每个站点的装卸、使用在容量和载重量上有类似或不同能力的多种货车、最大的驾驶时限（例如 8 小时轮班制），以及装载和运送时使用同一交货时间窗口以避免交通高峰，或满足一天内企业最迫切需求的时间要求（如晚饭前给餐厅运送啤酒）。

在车辆运输管理中最重要的决策之一就是路线选择和配送调度。路线是指货车必须遵循的装载点和运送点的顺序。调度是一系列为指定路线上的装载点和运送点作详细说明的到达和发车时间。

当需要在现有道路的设施上指定到达时间时，是一个调度问题；当没有指定到达时间时，就是一个路径问题。当时间窗口和优先关系存在时，则同时履行路径选择和时间调度职能。

1. 公路运输服务

公路运输服务的目的是最小化路线选择成本，最小化固定和可变成本之和，提供最优质的服务。当一个汽车承运商提供汽车运输服务时，以下因素是需要考虑的。

（1）需求。需求是稳定或不稳定的，而交货时间可以提前确定或不指定。

（2）设施和设备。有各种各样的设施和设备可供选择。例如，可以有一个或几个枢纽；货车可以是相同型号的或不同型号的；车辆装载能力的限制可以在某段时间不变或一直不变；路线可以是直接的、间接的，甚至是混合的。

（3）成本。在提供服务时会产生大量的成本，例如，购买或租赁车辆费用，终端费和机场费等固定运作成本，人工成本和燃料费用等在途相关成本，装卸费用等与数量相关的成本以及间接成本。

（4）服务类型。所提供的服务类型有像 UPS 服务那样的只收取和只发送形式。另外，也可以有混合接送的服务形式，如邮局的邮递员取走我们放在发信邮箱的邮件，同时把邮件送进收信邮箱。

影响托运方决策的因素很多。例如，与运输相关的成本包括与运输方式相关的成本、与装载相关的库存成本、设施成本、订单处理成本和与服务水平有关的成本。

2. 铁路运输服务

随着世界经济全球化和自由贸易区的诞生，铁路货运服务在亚洲、欧洲和很多其他国家的现代交通网络发展中发挥了重要作用。在太平洋沿岸国家采购的境外货物更多地使用水路、铁路、公路联运服务。使用铁路服务的好处是,可进行大容量、低价值货物的长距离、低成本运输。随着供应链管理的进步,铁路运输已将其运营范围扩大到了联运服务,导致装载量不断增长。铁路货运量测度的基本单位是车载量。因此,装载和路线选择是确保托运商获得可靠服务的两大运营问题。总体目标是最大限度地利用货运车辆和最小化运输距离。

在铁路运输服务中,通常有一个派发货运列车的起始站,一个完成货运列车运行的终点站,以及一些作为仓库、涵盖站内网络节点的转运站。来自普通站点或其他转运站的小批量货物将被运到中转站进行整合和装卸。铁路运输大宗商品的能力已重新得到国际社会的重视。

货运装车通常使用一些优先权规则。装载优先权是一种与商品属性、交付到期日、交货时间窗口、交货优先日期、核心装运地位和商品重量有关的指标。可能优先装载的商品种类包括生鲜商品、煤炭、化工及相关产品、农产品、汽车、仪器设备、军事物资、食品及同类产品、非金属矿物和其他商品。大量的化学品及有关产品被列为危险品。

核心装运是对大件商品的装运。铁路部门规定,装运的货物超过 5 吨则属于核心装运。确定核心装运是为了实现火车的多载少停。一个核心装运可能只包含一种商品,几个小批量的装运可以合并成一个核心装运。核心装运的商品将被运到同一个停车站点或中转站。利用核心装运优先方法,铁路仓储利用率和运输效率都将得到提高。

安排货运装载和调度时需要的输入信息包括商品的属性、商品重量和体积、商品在铁路站场的天数、装载优先等级、邻里距离、转移范围(从一个中转站到每个车站的距离)和装运路径(即两个中转站之间的最短路径)等。货运列车调度的输出信息包括货运列车的商品装载顺序、主要路线、备选路线和每辆货列车每天的载重利用率等。

第二节　国际物流运输的特殊形式

一、展品物流

(一) 展览

展览会(traditional exhibition)是一种综合运用各种媒介、手段,推广产品、宣传企业形象和建立良好公共关系的大型活动。从广义上讲,它可以包括所有形式的展览会;从狭义上讲,展览会仅指贸易和宣传性质的展览,包括交易会、贸易洽谈会、展销会、看样订货会、成就展览等。

其特点为:是一种复合性、直观、形象和生动的传播方式;提供了与公众进行直接双向沟通的机会；是一种高度集中和高效率的沟通方式；是一种综合性的大型公共关系专题活动，是新闻报道的好题材；带有娱乐的性质，可吸引大量公众。

在实际应用中，展览会名称相当繁杂，有博览会、展览会、交易会、贸易洽谈会，等等。展览会名称虽然繁多，但其基本词是有限的，比如集市、庙会、展览会、博览会等，其他名称都是这些基本词派生出来的。

从字面上理解，展览会就是陈列、观看的聚会，只是表示了形式，而未体现出内容。它是在集市、庙会形式上发展起来的层次更高的展览形式。在内容上，展览会不再局限于集市的贸易或庙会的贸易和娱乐，而扩大到科学技术、文化艺术等人类活动的各个领域；在形式上，展览会具有正规的展览场地、现代的管理组织等特点。

展览的分类主要考虑两个方面：一是展览的内容，即展览的本质特征，包括展览的性质、内容、所属行业等；二是展览形式，即属性，包括展览规模、时间、地点等。

1. 按照展览性质分

按展览性质分为贸易展览和消费展览两种。贸易性质的展览是为产业即制造业、商业等行业举办的展览。消费性质的展览基本上都展出消费品，目的主要是直接销售。展览的性质由展览组织者决定，可以通过参观者的构成反映出来：对工商业开放的展览是贸易性质的展览，对公众开放的展览是消费性质的展览。

具有贸易和消费两种性质的展览称作综合性展览。经济越不发达的国家，展览的综合性倾向越重；反之，经济越发达的国家，展览的贸易和消费性质分得越清。

2. 按照展览内容分

按展览内容分为综合展览和专业展览两类。综合展览指包括全行业或数个行业的展览会，也称作横向型展览会，比如工业展、轻工业展；专业展览指展示某一行业甚至某一种产品的展览会，比如钟表展。专业展览会的突出特征之一是常常同时举办讨论会、报告会，用以介绍新产品、新技术等。

3. 按照展会规模分

按展会规模分为国际展、国家展、地区展、地方展，以及单个公司的独家展。这里的规模是指展出者和参观者所代表的区域规模，而不是展览场地的规模。不同规模的展览有不同的特色和优势。

4. 按照展览时间分

展览时间的划分标准比较多：定期和不定期，定期的有一年四次、一年两次、一年一次、两年一次等，不定期展览则视需要而定；长期和短期，长期可以是三个月、半年甚至常设，短期展一般不超过一个月。在发达国家，专业展览会一般是三天。

5. 按照展览场地分

大部分展览会是在专用展览场馆举办的。展览场馆最简单的划分是室内场馆和室外场馆。室内场馆多用于展示常规展品,比如纺织展、电子展等;室外场馆多用于展示超大超重展品,比如航空展、矿山设备展。在几个地方轮流举办的展览会称作巡回展。比较特殊的是流动展,即利用飞机、轮船、火车、汽车作为展场的展览会。

(二)展品运输

展品物流,即参展物品与其他辅助用品从参展商处至展览场馆,然后再返回至参展商或直接流向展品购买者处的物理运动过程。展品物流的研究主体是展品的流动。其目的是为满足商品展览的特殊需要,将展品及时准确地从参展商所在地转移到参展目的地,展览结束后再将展品从展览地运回,因此展品物流的基本活动包括海关检验、装载、运输、搬卸、仓储和配送。现代物流信息及服务技术和物流装备自动化技术为便捷的通关、高效的装卸、安全快速的运输、经济合理的仓储服务和及时高效的配送提供了有力的信息和技术支持。

在整个展览流程中,展览运输是一个打前哨的工作。尤其是国际展览中,展会运输更是展览流程中至关重要的环节,运输不发达,可能出现未运到、途中损坏、丢失等情况,都可能导致很严重的后果。其业务范围主要包括:制定展品运输工作方案,确定展品类别、数量,安排展品的征集、制作、购买,安排展品、道具、宣传品、行政用品的运输,协调安排展品等货物的装箱、开箱、清点、保管。协作的效率和效果对国际展览起着直接的、重要的影响和作用。

展览运输大致可分为三个阶段:运输筹划、去程运输和回程运输。

1.运输筹划

运输工作需要统筹策划。运输筹划的内容涉及运输方式、运输路线、运输日程、运输费用、运输公司和代理等因素。

(1)调研

运输筹划之前首先要掌握各方面的情况,这就需要进行调查研究。调研的范围主要根据工作需要安排,可以包括:运输公司,报关代理,交通航运条件,可能的运输路线和方式,发运地和目的地,车船运输设施,港口设备的效率、安全状况,运输周期和班轮、班车,航班时间及费用标准,发运地和展出地对展品和道具的单证及手续要求与规定。

(2)路线与方式

运输路线与运输方式有着密切的关系,常常互为决定因素。

运输路线最简单的是门到门运输,即将卡车开到展出者所在地装货,然后直接开到展场卸货的运输方式。国际运输最常使用的路线可以分为三段:第一段,从展出者所在地将展品陆运到港口;第二段,从港口将展品海运到展览会举办国的港口;第三段,从港口将展品陆运到展览会所在地。运输费用通常也是这样计算的。

(3)展品运输的日程安排

要尽早安排好一系列工作,包括展品、道具、资料等展览用品的筹备,使展品及其他展览用品能在恰当的时间运抵目的地。

（4）费用

展会费用通常分为展品费和运输费。展品费大多体现在正常的经营管理费用中，因此，大多不反映到展览中。但是，展品运输经理和展览项目经理应当心中有数，在确切地计算展览成本效益时需要考虑展品的开支。其中，运输费在开支中比较突出，通常分为运费（陆运、海运等）和杂费（装卸、仓储等）两大类，统称运杂费。

（5）集体运输和单独运输

集体展出通常由组织者统一安排运输。统一运输有许多好处：一是可以节省参展者的时间和费用；二是可以避免混乱；三是可以保证将展品按时运到展地，并可以使用集装箱方式运输，安全、快捷。如果是单独展出，或者集体展出却不统一安排集体运输，那么展出者就需要自己安排运输事宜。单独安排运输的程序与统一安排运输基本相同。

（6）运输过程问题

运输工作安排不周到以及野蛮的装卸搬运会产生许多额外的问题，常见的如全部或部分展品、道具未及时运到；展品、道具因包装不好而破损；包装尺寸、重量不合适，给运输、装卸带来麻烦，并可能导致额外费用（作特殊安排）以及延误时间；缺少单证，比如产地证、检疫证等，导致额外费用甚至导致扣货、付款等麻烦和损失；运输标记不明确，造成运输延误；野蛮拆箱，造成包装箱破损，回运时再使用困难；包装箱储存不善，造成丢失；等等。

2. 去程运输

去程运输是指展品自展出者所在地至展台之间的运输。一个比较完整的集体安排的去程运输过程可以大致分为以下几个阶段。

（1）展品集中

指参展者将各自的展品、道具运到指定的集中地点。首先要安排一个合理的展品集中日期，即考虑到参展者准备展品的时间和运输所需时间而决定日期。展品集中后，由集体展出的组织或受委托人理货，根据展品量安排运输箱及运输事宜，然后将展品箱拼装装入运输箱内。

（2）装车

装车是指在展品集中地将运输箱装上卡车，运往港口、机场或车站。装车日期与下一程的长途发运日期应衔接好。装车要做好现场记录，核对箱数、监督装车、办理手续。发车后立即通知装货港口、机场或车站的运输代理准备接货。

（3）长途运输

这是运输的中心环节，包括水运（海运和内陆水运）、空运和陆运（火车运输和卡车运输），还可能包括中途的转运。其中，海运手续最为复杂，卡车运输最为简单。

（4）交接

安排运输的人员可能不参加展览会，因此要将有关情况交代给指定的展台人员。由于运输环节多,因此要交代仔细,有关工作和情况可以列成表。

（5）接运

接运是指在目的地接收展品,办理有关手续,并将展品安排到展馆。

展品发运后,应委托或派人在目的地接运,要了解展品到达情况,如有延误,立即采取措施,与运输公司、运输代理、港务局、展览会组织者等有关单位联系,商量办法,争取提前靠港卸货并尽快运到展场。另外也要了解装卸设备、办事效率、手续环节等情况,提前做好卸货及运抵展场的安排。

（6）掏箱

掏箱是指将展品箱从运输箱中掏出或卸下,并搬运到指定的展台位置,可以委托运输代理安排,也可以安排展台人员来做。如果委托运输代理安排,展台人员也应予以协助;要事先安排好掏箱的时间和设备,并考虑开箱、走动、搬运、布置等工作,确定道具、展品箱的卸放位置。

（7）开箱

开箱指开展品箱。开箱工作一般由展台人员自己做,特殊展品可以安排专业人员开箱。开箱次序要根据展台布置进度和展场情况事先安排好,道具箱先开,其次开大件展品箱,贵重物品和小件物品箱后开。

3．回程运输

回程运输是指将展品运回至展出者所在地的运输,简称"回运"。但是对于安排统一运输的集体展出组织者而言,将展品自展台运至原展品集中地的运输称作"回运",将展品自展品集中地分别运回给参展者所在地的运输称作"分运"。还有一种情况是将展品运至下一个展览地,传统上称作"调运"。

（1）回运

回运与去程运输基本相同,只是运输方向相反,除了包装、装箱、装车要抓紧时间外,其他时间一般要求不严。

（2）分运

展品回运到原先的展品集中地后,由集体展出的组织者或委托的运输代理将展品箱再分别运还给参展者。分运工作也需要认真做,如果不是原负责人做,就需要做工作交接。展品发运后,要及时通知参展者接货,清点、装车、发运等工作都要有记录存档,以备将来查询。

（3）调运

调运也称作转运或调拨,有关安排和手续与去程运输相似。如果紧接着有一个展览会,展品自然需要调运到新展地。如果下一个展览会日期还比较遥远,则会产生回运和调运的问题,需要权衡工作需要,比较运费、仓储费以及占用流动资金等情况再作决定。如果是国际间的调运,可能会有比较复杂的海关手续。

4．相关手续

展品运输过程中需要办理一些手续,如果只是参加国内展览,有关手续和单证要简单一些。若是参加国际展览,运输展品,则有关手续复杂得多,不仅要办理单证,还要办理海关手续以及办理货物运输保险等。各国、各地对单证的具体要求可能不一样,海关和保险手续的具体种类、具体程序也不尽相同,因此使得整个过程显得更加复杂。

（1）单证

单证是展品和运输有关单据、证明、文件的统称。单证可以大致分为展品单证和运输单证。

① 展品单证

展品单证是有关展品的证明和文件,出国展览需要办理的单证多一些。展品单证包括展品清册、普惠制原产地证书、原产地证明书、领事认证、商品检验证书、动植物检疫证书、濒危物种再出口证书、熏蒸证明、配额证等。

② 运输单证

运输单证是办理运输所需的单据、证明、文件。运输环节越多,尤其是国际运输,单证的要求一般也就越多。例如,发货人办理运输需要填发一些委托通知,包括委托租船通知书、委托装船通知书、空运托运书,等等;装货时需要办理一些单证,包括货载衡量单、装箱单、集装箱配箱明细表等;运输方收到展品后,出具提货单证,包括提单（海运提单、空运提单等）、铁路货运单等;回运展品后的委托分运通知单等;运费结算单证,包括运费清单、运杂费结算证明等。

运输工作每一事项一般都有一份书面单证,主要运输单证有:委托装船通知书、货载衡量单(cargo measurement and weight sheet)、装箱单(container load plan,CLP)、集装箱配箱明细表、提单。

（2）海关报关

如果是出国展览,则需要办理海关手续,程序如下:

① 出国前在本国海关办理出关报关手续;

② 在展出地海关办理进关报关手续;

③ 展后回国前,在展出地海关办理出关结关手续,也称再出口报关;

④ 回国展品运回后在本国海关办理进关结关手续,也称再进口报关。

其中,①和④项是在本国海关办理手续,②和③项是在展览会所在地海关办理手续。海关报、结关手续是随展览货物流向办理的。海关报关手续可以由展出者办理,也可以委托给运输报关代理办理。但是,也有些国家和地区海关规定必须由报关代理办理。

（3）保险

组织展览需要办理保险。展览会组织者一般不负责展出者展品的丢失、损坏和人员的伤亡事故,以及在展台内发生的第三者伤亡事故。因此,展出者需要自行安排保险。保险涉及投保险别、投保金额、投保期限等问题。保险不仅涉及展品和运输,还涉及展台人员、参观者等。

总而言之,展品的运输工作是一项比较烦琐、复杂的工作,只有掌握展品的运输过程中所涉及的全面情况,对整个流程进行指挥、协调、监督以及配合有关方面保质保量地做好展品和运输工作,才能保证展览活动的顺利进行。

拓展阅读 3.3 展品各运输方式的优势与劣势

二、国际邮政物流运输

国际邮政物流是指通过各国邮政运输办理的包裹、函件等。每年全世界通过国际邮政所完成的包裹、函件、特快专递等数量相当庞大,因此它成为国际物流的一个重要组成部分。

(一) 国际邮政运输概述

世界各国的邮政业务均由该国邮政服务供应商办理,而且均兼办邮包运输业务。各国邮政之间订有协定和公约,通过这些协定和公约,使邮件包裹的传递畅通无阻,四通八达,形成全球性的邮政运输网,从而使国际邮政运输成为国际贸易中普遍采用的运输方式之一。

1. 国际邮政运输的特点

(1) 具有广泛的国际性

国际邮政物流运输是在国与国之间进行的,在多数情况下,国际邮件需要经过一个或几个国家经转。各国相互经转对方的国际邮件,是在平等互利、相互协作配合的基础上,遵照万国邮政公约和协定的规定进行的。为确保邮政运输安全、迅速、准确地传送,在办理邮政运输时,必须熟悉并严格遵守本国和国际间的邮政各项规定和制度。

(2) 具有国际多式联运性质

国际邮政运输过程一般需要经过两个或两个以上国家的邮政服务供应商和两种或两种以上不同的运输方式的联合作业才能完成。但从邮政托运人角度来说,只要向邮政服务供应商照章办理一次托运,一次付清足额邮资,并取得一张包裹收据,全部手续即告完备。至于邮件运送、交接、保管、传递等一切事宜均由各国邮政服务供应商负责办理。

邮件运抵目的地,收件人凭邮政服务供应商到件通知和收据向邮政服务供应商提取邮件。所以,国际邮政运输具有国际多式联合运输性质。

（3）具有"门到门"（door to door）运输的性质

各国的邮政服务供应商如星斗密布于全国各地，邮件一般可在当地就近向邮政服务供应商办理，邮件到达目的地后，收件人也可在当地就近邮政服务供应商提取邮件。所以邮政运输基本上可以说是"门到门"运输。

2. 国际邮政运输的有关规定

为了执行国家政策法令、保证邮政运输的顺利进行，邮政服务供应商对邮件的禁寄、限寄和其他要求都有明确、严格的规定。

（1）禁寄限寄范围。国际邮件的寄送除必须遵照国际间一般禁止或限制寄递的规定外，还必须遵照本国禁止和限制出口的规定，以及寄达国禁止和限制进口和经转国禁止和限制过境的规定。根据我国海关对进出口邮递物品监督办法和国家法令规定，武器、弹药、爆炸品，受管制的无线电器材，中国货币、票据和证券，外国货币、票据和证券，黄金、白银、白金，珍贵文化古玩，内容涉及国家机密和不准出口的印刷品、手稿等，均属于禁止出口的物品。

限制出口的物品是指有规章数量或经批准方可向外寄递的物品，如粮食、油料等，每次每件以一公斤为限。对商业性行为的邮件，则按进出口贸易管理条例规定的办法，如规定需要附许可证邮递的物品，寄件人必须向当地有关对外贸易管理机构申请领取许可证，以便海关凭此放行。有些物品，如肉类、种子、昆虫标本等按规定须附卫生检疫证书。

（2）有关重量、尺寸、封装和封面书写要求规定。按照国际和我国邮政规定，每件邮包重量不得超过 20 公斤，长度不得超过一公尺。之所以有这样的规定，是基于国际邮件交换的需要，邮政业务和交通运输业的分工所致。如不加以限制，邮政业务就无异于货运业务。邮件封装视邮件内所装物品性质的不同，要求亦有所不同，对封装总的要求以邮递方便、安全并保护邮件不受损坏、丢失为原则。对封面书写则要求清楚、正确、完整，以利准确、迅速和安全地邮递。

3. 万国邮政联盟组织

万国邮政联盟，简称邮联。邮联组织法规定，邮联的宗旨是：组成一个国际间邮政领域，相互交换邮件，组织和改善国际邮政业务，促进国际合作的发展；推广先进经验，给予会员国邮政技术援助。我国于 1972 年加入邮联组织。现邮联将每年 10 月 9 日定为世界邮政纪念日，届时各国邮政组织均组织宣传纪念活动。邮联的组织机构有：

（1）大会是邮联的最高权力机构，每五年举行一次；

（2）执行理事会是大会休会期间的执行机构；

（3）邮政研究咨询理事会研究邮政技术和合作方面的问题，并就此问题提出改进建议以及推广邮政经验和成就；

（4）国际局是邮联的中央办事机构，设在瑞士伯尔尼，其主要任务是对各国邮政进行联络、情报咨询,负责大会筹备工作和准备各项年度工作报告。

4. 邮包的种类

国际邮件按运输方式分为陆路邮件和航空邮件,按内容性质和经营方式分为函件和包裹两大类。按我国邮政部规定,邮包分为普通包裹、脆弱包裹和保价包裹。

(1) 普通包裹

凡适于邮递的物品,除违反规定禁寄和限寄的以外,都可以作为包裹寄送。

(2) 脆弱包裹

指容易破损和需要小心处理的包裹,如玻璃器皿、古玩等。

(3) 保价包裹

指邮局按寄件人申明价值承担补偿责任的包裹。一般适于邮递贵重物品,如金银首饰、珠宝、工艺品等。此外,国际上还有快递包裹、代收货价包裹、收件人免付费用包裹等,目前我国邮政暂不办理这些项目。

以上包裹如以航空方式邮递,即分别称为航空普通包裹、航空脆弱包裹和航空保价包裹。

(二) 国际邮政物流的运营方式

目前,国际邮政物流服务的运营方式主要分为三类。

1. 收购整合物流公司网络资源,邮政物流自成体系

以德国邮政、荷兰邮政为典型的物流战略是,国家邮政在进行市场化改造的过程中,斥资收购物流公司部分可控股份额或全部股份,以独立、成熟运营的物流公司为基础,整合其他购入公司物流部门的网络资源,向用户提供完整的第三方物流服务。但这需要有强大的融资能力以及成熟的市场经济为依托。

德国邮政1994年成立物流部门,以开展制造商和分销商的包裹储存、分装、运输和投递业务为主。受到传统邮政业务和条件的局限,其物流业务在发展之初并不顺利。此后德国邮政调整战略,实施了一系列收购计划:从1997年底收购瑞士第二大包裹投递公司的主要股份起,先后进行了十几次并购。其中,以整体购入DANZAS和完全收购DHL股份取得控股权最为重要。德国邮政借此迅速建立起一个全球物流网络,在欧洲B2B物流业务中的大件整车和零担运输业务全球航空速递及货运上取得了重要的战略地位。

德国邮政以DANZAS公司为基础,将购入的其他公司的物流部门并入该公司。针对一些特定的行业,通过对行业知识的深入了解和行业物流服务经验的积累,运用先进的物流理念和技术手段,为客户量身定制物流与供应链解决方案,在世界范围提供真正的"一站式"服务,使客户和业务范围迅速扩大,成为德国邮政独立运行的物流业务板块。德国邮政收购整合、独立运行的物流战略已取得初步成功,为企业的发展带来新的收入和利润增长点。

2. 与包裹、速递业务集合在一起

法国邮政把业务分为三大板块：函件、包裹与物流和金融服务。在包裹与物流板块中，除邮政传统窗口业务，另设 GEOPOST 控股公司，它是欧洲这一领域的第三大公司，包括负责法国及欧洲包裹业务的 CHRONOPOST 国际公司、专业服务 B2B 业务的 TAT 速递公司、GEOPOST 物流公司等。但法国邮政的物流业务类似德国邮政初期开展业务的情况，没有形成周密的网络，在整个集团中所占收入和利润比例较小。

3. 采用邮政传统部门形式，但完全以商业化形式运营

以澳大利亚"邮政物流"为例，2000 年 8 月澳大利亚邮政正式成立邮政物流部门，由于澳大利亚邮政自 20 世纪 90 年代以来力行商业化运营模式，并已形成稳步盈利的良性循环的局面，邮政物流成为公司努力深化和推进的目标。

"邮政物流"也同时申报了商标品牌，并严格地按商业化模式进行运营。在制定商业战略、确定目标客户群和明确市场辐射区后，澳大利亚邮政物流利用信息化技术应用广泛这一特点，在为客户提供周到细致的"量身定制"服务方面下大功夫，随时了解客户需求，灵活跟进提供令客户满意的第三方物流。

本章思考题

一、名词解释

1. 国际物流运输
2. 国际多式联合运输
3. 货运代理

二、简答题

1. 简述运输代理的类型。
2. 国际物流运输方式包括哪几种？各自的特点是什么？
3. 简述国际邮政物流的运营方式。

拓展阅读3.4　拓宽"邮路"，连通"丝路"，中国邮政"一带一路"贸易额超 1657 亿元

第 四 章

国际物流保险

【学习目标】

1. 了解国际物流保险的分类及基本原则；

2. 掌握国际海上货物运输保险、国际陆空货物运输保险、国际货运代理责任保险。

【知识要点】

1. 保险的基本原则；

2. 实际全损、推定全损、共同海损、单独海损；

3. 救助费用和施救费用的区别；

4. 平安险、水渍险、一切险。

引导案例

现代物流中货物运输保险的作用

目前物流行业正面对着大浪淘沙般的激烈竞争，如何规避风险无疑是每一家物流企业必须解决的棘手问题。现代物流业实际运营中的环节特别多、增值服务多、供应链因素多、质量难以控制，因而营运风险大，而且这种风险已经大大不同于传统货运业所面临的风险。各种自然灾害、意外事故和经营管理的疏忽都有可能给物流企业造成重大损失。

中国物流业急切呼唤着适合行业发展的保险产品。目前物流企业迫切需要一种专业的货物运输险种，为其分担在物流运作过程中所承担的系列风险，同时也希望能有一种针对长途、短途及固定区域等不同情况的更为细化的保险模式出现。

一、货物运输保险对现代物流业的促进作用

(一) 填补了我国物流企业综合责任保险的空白

物流责任保险是广大物流企业迫切需要的一种综合责任保险，由于世

界范围内对于"物流"活动缺乏统一定义,物流服务内容有所不同,缺乏承保物流企业责任保险的经验,所以国内外保险公司对于物流企业综合责任保险都仍处于探索阶段。中国人保公司适应我国现代物流发展需求,吸收发达国家经验,结合我国实际,率先推出物流责任保险条款,填补了我国物流企业综合责任保险的空白,为现代物流业的持续繁荣发展奠定了保险基础。

(二) 初步满足了我国物流企业的基本责任保险需求

该条款沿用了国家标准《物流术语》关于"物流"的定义,涉及运输、储存、装卸、搬运、包装、流通加工、配送、信息处理等各个物流服务环节,与现阶段我国物流服务企业提供的主要物流服务内容相一致,覆盖了我国物流企业实现服务基本功能过程中因过失而依法应当承担的绝大部分货物损失赔偿责任,初步满足了现阶段我国物流服务企业的基本责任保险需求。

(三) 简化了物流企业投保责任保险的手续,节约了保险费用

过去,我国物流企业要想通过保险方式分散、转嫁责任风险,必须根据其所从事的业务活动内容,分别投保承运人责任险、仓储保管人(受托人)责任险、货运代理责任险、公众责任险等责任险种,并按各险种分别确定保险责任限额,交纳保险费用。不仅各险种衔接困难,难以覆盖主要业务责任风险,而且按各险种计算的保险责任限额较低,累计保险费用高昂,手续复杂。该条款的出台基本解决了这些问题。

(四) 丰富了保险产品品种,拓展了物流保险市场

中国人保公司在推出物流货物保险条款的同时,推出了物流责任保险条款,分别满足了物流货物所有人和物流服务企业的保险需求,丰富了自身的保险产品品种,拓展了物流保险市场,不仅扩大该公司的责任保险市场份额,而且会增加其保险费用收入,增强其市场竞争能力。

二、目前针对物流的保险险种

(一) 传统的物流保险

目前,我国保险公司为物流业提供的传统保险险种主要有三大类,分别是财产保险、货物运输保险、责任和信用保险。财产保险承保的标的物对应于物流系统中的财产,可以包括在线的产品、在库的成品、半成品和原材料(统称为"库存物"),用于在厂内对物料进行生产加工、包装、仓储、搬运的设施和设备。

这种保险都是采用签订年保单的形式,在签订保单的时候就需要将所有承保的仓库

地址和财产金额明细基本确定,只有在保单上列明的地址和相应的金额才能得到保障,因此比较适合于固定资产的投保。但是实际的物流仓库中,库存情况总是有一定的波动,很明显,在这种波动风险中,货物难以得到很好的保障。

货物运输保险是以各种运输货物作为保险标的,承保在运输过程中可能遭受各种自然灾害或意外事故造成的损失,由保险人承担赔偿责任的保险。货物运输保险虽然从属于财产保险的范畴,但由于其承保空间范围广泛、保险标的多样化以及承保的责任、致损因素和涉及赔偿处理的复杂性,它和普通财产险相比有其特殊性,是对物流货物保障的不可或缺的保险产品。

除了以上两种保险,物流企业还会针对自己的特点投保几种责任保险。主要有雇主责任保险、雇员忠诚保险和机动车辆保险。目前,我国的雇员忠诚保证条款承保雇员在赔偿期内、不中断的雇佣期间以及雇员在有关的职业和职责中,因欺骗或不忠实行为而导致的直接经济损失。

(二) 新兴的物流专业保险

目前,出现了刚刚起步的物流专业险种——物流综合保险。物流综合保险是适应现代物流发展的理想险种,是一种物流专业险种。在中国,由于物流业起步较晚,物流业本身的不规范和经营者的陈旧观念等其他因素的影响,物流综合保险还未被广泛地接受和推行。

物流综合保险在我国的发展还处于起步阶段,还存在许多的盲区和不合理之处。因此,相关的保险公司必须密切关注物流企业的发展状况,与时俱进地完善和创新现有的物流综合保险条款,这样才能更好地促进现代物流业的发展。

资料来源:https://www.sohu.com/a/285524196_100051157.

思考:

1. 货物运输保险对现代物流业有哪些促进作用?
2. 物流保险的种类有哪些?

在全球经济一体化的大背景下,物流保险市场的重要性和发展趋势日益凸显。物流行业作为全球贸易的动脉与血液,其顺畅运作对于保障全球经济的稳定与发展具有举足轻重的作用。而物流保险作为物流过程中的重要风险保障机制,其市场需求随着全球贸易的不断增长而持续扩大。

第一节　国际物流保险概述

国际物流的开展需要经过多个国家,涉及多种运输方式,经历长距离运输,因此国际物流具有风险大的特点。作为国际物流的市场主体,如货物进出口商、承运人以及国际货运代理等,都不希望自己的财产因不明的原因遭受损失,因此他们会选择通过投保的方式来转移风险。

与国际物流相关的保险种类很多,主要包括货物进出口商投保的国际货物运输保险,承运人投保的集装箱保险、船舶保险、船舶保赔保险,国际货运代理企业投保的国际货运代理责任险以及保险人为分散风险而投保的再保险等。

一、保险概述

(一) 保险的概念及相关术语

1. 保险的概念

《中华人民共和国保险法》(以下简称《保险法》)对保险的定义:投保人根据保险合同约定向保险人支付保险费,保险人对于保险合同约定的可能发生的事故因其发生所造成的财产损失承担补偿保险金责任,或者当被保险人死亡、伤残、疾病或者达到合同约定的年龄、期限时承担给付保险金责任的商业保险行为。

2. 保险相关术语

(1) 保险合同

保险合同(insurance contract)指投保人与保险人约定保险权利义务关系的协议。

(2) 保险人、投保人、被保险人

保险人(insurer)指与投保人订立保险合同,并按照合同约定承担赔偿或者给付保险金责任的保险公司。

投保人(insurance applicant)指与保险人订立保险合同,并按照合同约定负有支付保险费义务的人。

被保险人(insured)指当保险标的发生损失后,经济利益受到损失时,有权向保险人要求损失赔偿的人。

(3) 保险标的、保险事故、保险责任、除外责任

保险标的(subject-matter insured)指作为保险对象的财产及其有关利益。

保险事故(peril insured)指保险合同约定的保险责任范围内的事故。

保险责任(risks covered)指保险公司承担赔偿或者给付保险金责任的项目。

除外责任(exclusions)指保险公司不予理赔的项目。

(4) 保险期限

保险期限(period of insurance)指根据保险合同,保险公司在约定的时间内对约定的保险事故负保险责任,这一约定时间就称为保险期限。

（5）保险费、保险价值、保险金额、保险金

保险费（premium）简称保费，指投保人交付给保险公司的费用。

保险价值（insured value）指投保人与保险人订立保险合同时，作为确定保险金额基础的保险标的价值。

保险金额（insured amount）指一个保险合同下保险公司承担赔偿或给付保险金责任的最高限额，即投保人对保险标的的实际投保金额，是保险公司收取保险费的计算基础。

保险金（insurance proceeds）指保险事故发生后被保险人从保险公司领取的赔偿款项。

（6）理赔与索赔期限

理赔（claim settlement）指保险人对发生保险事故进行调查、处理、赔付的行为。

索赔期限（period of claim）又称保险索赔时效，是指被保险货物发生保险责任范围的风险造成损失时，被保险人向保险人提出索赔的有效期限。

（二）保险的分类

1. 按保险标的分类

（1）财产保险

财产保险是指以各种有形财产及其相关利益为保险标的的保险，当因保险事故的发生导致财产损失时，保险人以金钱或实物对被保险人进行补偿。财产保险的种类繁多，如货物运输保险、运输工具保险等。

（2）责任保险

责任保险是以被保险人依法应对第三者承担的民事损害赔偿责任或经过特别约定的合同责任为保险标的的一种保险。投保责任保险后，凡根据法律或合同规定，由于被保险人的疏忽或过失造成他人的财产损失或人身伤害所应负的经济责任，由保险人负责赔偿。常见的责任保险如汽车责任保险、国际货运代理责任保险等。

（3）信用保证保险

信用保证保险是一种担保性质的保险，它是以被保证人的信用风险作为保险标的的保险。按照投保人的不同，信用保证保险可分为信用保险和保证保险两种。信用保险是债权人要求保险人担保债务人（被保证人）的信用的一种保险。信用保险的投保人为信用关系中的债权人，由其投保债务人的信用。

例如国际贸易中的出口信用保险，卖方担心买方不付款或不能如期付款而向保险人投保，保证其在遇到上述情况而受到损失时，保险人给予赔偿。

保证保险则是债务人（被保证人）根据债权人的要求，请求保险人担保自己的信用的一种保险。保证保险的保险人代被保证人向债权人提供担保，如果由于被保证人不履行合同义务或者有犯罪行为，致使债权人受到经济损失，由其负赔偿责任。

（4）人身保险

人身保险是以人的身体或生命为保险标的的保险。人身保险以疾病、伤残、死亡等人身风险为保险事故,被保险人在保险期间因保险事故的发生或生存到保险期满,保险人依照保险合同规定对被保险人给付保险金。因为人的价值无法用货币衡量,所以具体的保险金额是根据被保险人的生活需要和投保人所支付的保险费由投保人与保险人协商确定。根据保障范围的不同,人身保险可以分为人寿保险、意外伤害保险和健康保险。

2. 按风险转嫁方式分类

（1）原保险

原保险是投保人与保险人之间直接签订保险合同而建立保险关系的一种保险。在原保险关系中,保险需求者将其风险转嫁给保险人,当保险标的遭受保险责任范围内的损失时,保险人直接对被保险人承担损失赔偿责任。

（2）再保险

再保险也称分保,是保险人将其所承保风险和责任的一部分或全部转移给其他保险人的一种保险。转让业务的是原保险人,接受分保业务的是再保险人。这种风险转嫁一般是因为原保险人承担的风险责任超过了自己的承保能力,所以选择将风险二次转嫁。

（3）共同保险

共同保险也称共保,是由几个保险人联合直接承保同一标的或同一风险而保险金额不超过保险标的价值的保险,其赔偿责任按照保险人各自承保的金额比例分摊。

（4）重复保险

重复保险是指投保人以同一保险标的、同一保险利益、同一保险事故分别与两个或两个以上保险人订立保险合同的一种保险。在大多数情况下,重复保险的保险金额总和超过保险价值。

3. 按实施方式分类

（1）强制保险

强制保险又称法定保险,是由国家(政府)通过法律或行政手段强制投保的一种保险。强制保险的保险关系不是产生于投保人与保险人之间的合同行为,而是产生于法律或行政法规的效力,如机动车交强险。

（2）自愿保险

自愿保险是投保人与保险人双方在平等自愿原则的基础上,通过订立保险合同而建立的保险关系。

(三) 保险的基本原则

在规定和维护保险当事人权益关系时,保险合同坚持和贯彻四条重要原则,即可保利益原则、最大诚信原则、近因原则和补偿原则,它们是人们进行保险活动的准则,是处理保险合同双方权利义务关系的基本出发点。这些原则在保险发展过程中逐渐形成并被国际保险业所公认,现已被各国有关法律所吸收。

1. 可保利益原则

可保利益(insurable interest)又称保险利益,指投保人或被保险人对保险标的所拥有的某种法律承认的经济利益。如果保险标的安全,投保人或被保险人的利益可以保全;一旦保险标的受损,被保险人必然会蒙受经济损失。例如国际货物运输中的货主拥有货物的所有权,其对货物的利益是法律承认的利益,所以货主对货物具有可保利益。

投保人对保险标的具有可保利益是保险合同成立的必要条件,即在签订和履行保险合同的过程中,投保人和被保险人对保险标的必须具有可保利益,否则保险合同无效。各国保险法中规定可保利益的意义在于防止将保险变成赌博、限制保险赔付的额度以及防止诱发道德风险。

2. 最大诚信原则

最大诚信原则(principle of utmost good faith)又称诚实信用原则,是指投保人或被保险人与保险人在签订和履行保险合同时,必须以最大的诚意履行自己应尽的义务,互不欺骗和隐瞒,恪守合同的认定与承诺,否则导致保险合同无效。

最大诚信原则主要体现在订立合同时的告知义务和在履行合同时的保证义务上。告知义务一方面体现在保险人应以最大诚信来向投保人说明保险合同条款的内容,特别是免责条款;另一方面体现在投保人在保险合同订立前应将其知道的或在通常业务中应当知道的有关影响保险人据以确定保险费率或确定是否承保的重要情况如实告知保险人。

保证义务是指被保险人对保险人做出的在保险期限内对某种特定事项的作为或不作为,或某种状态存在或不存在的担保。如有违反,保险人可宣告保险合同无效。从表现形式上看,保证可分为明示保证和默示保证。明示保证是指在保险合同中记载的保证事项,如货物不装在船舶甲板上,载货船舶不得驶入某些海域等;默示保证是指习惯上认为投保人、被保险人应该保证的某一事项,无须事前明确作出承诺,如载货船舶必须适航、载货船舶不进行非法营运等。

3. 近因原则

由于国际运输复杂多变,风险遍布,保险人出于其商业利益的需要,不会将所有可能导致货物损失的原因全部承保,而是设立不同的保险险别,并确定各险别所承保的风险范围。损失发生后,保险人认定直接造成损失或最接近损失后果的原因是否属于其承保范围,进而判断是否承担赔偿责任。

近因是指导致损害发生的最直接、最有效、起决定作用的原因,一般是直接原因和主要原因,而不包括间接原因和次要原因。近因原则是当保险标的发生损失时认定保险人保险责任的基本原则。

然而在实际业务中造成损失的原因多种多样,近因认定相对复杂,一般分为两种情况。第一种情况:由单一原因造成保险标的损害。这是最简单的一种情况,造成损害的原因只有一个,这个原因就是近因。若这个近因属于承保风险,保险人就对损失予以赔偿;若该近因属于未保风险或除外责任,则保险人不必赔偿。第二种情况:由多个原因造成的损害。

若致损各原因都属于保险责任范围内风险,则保险人必然承担赔偿责任。若致损各原因有的属于保险责任之内风险,有的不属于保险责任内风险,则应当判断其作用的主次。若致损最直接、作用最大原因在保险责任之内构成近因,则保险人应当承担保险责任;若最直接、作用最大原因为非保险责任,则保险人不必承担保险责任。

4. 补偿原则

补偿原则(principle of indemnity)又称损失补偿原则,是指当保险事故发生时,保险人给予被保险人的经济赔偿恰好弥补被保险人遭受保险事故的经济损失,即保险人给予被保险人的赔偿数额不能超过被保险人所遭受的经济损失,被保险人不能通过保险赔偿得到额外利益。损失补偿的限度按三个标准确定:一是以实际损失为限;二是以保险金额为限;三是以被保险人对保险标的的可保利益为限。当三者不一致时,以最低的为限。补偿原则主要适用于财产保险合同,它体现了保险的经济补偿职能,维护保险双方的正当利益。

损失补偿原则的派生原则是代位追偿原则和分摊原则。代位追偿权(subrogation)是指当保险标的发生了保险责任范围内的由第三方责任造成的损失时,保险人向被保险人履行损失赔偿责任后,有权取得被保险人在该项损失中向第三责任方索赔的权利,保险人取得该项权利后,即可站在被保险人的地位上向责任方进行追偿。代位追偿原则可以避免被保险人就同一损失分别向第三责任方和保险公司进行追偿,得到双份赔偿,从中获得额外利益。

分摊原则又称重复保险分摊原则(principle of contribution of double insurance),指在重复保险的情况下,被保险人所能得到的赔偿金由各保险人采用适当的方法进行分摊,从而使被保险人所得到的总赔偿金不超过实际损失额。重复保险分摊原则同样也是为了防止被保险人就同一损失从多个保险人那里得到超出保险标的实际损失的赔偿,从而获得额外利益。

拓展阅读 4.1 重复保险的分摊方式

二、国际物流保险分类

1. 国际货物运输保险

国际货物运输保险是以运输过程中的各种货物作为保险标的的财产保险。被保险人（贸易中的买方或卖方）向保险人按一定金额投保一定的险别，并交纳保险费，保险人对保险货物在运输过程中发生保险责任范围内的保险事故而造成的损失承担赔偿责任的财产保险。

根据现代运输业的发展和运输方式的分类，国际货物运输保险分为海上货物运输保险、陆上货物运输保险、航空货物运输保险和邮政包裹保险四种。其中，海上货物运输保险历史最悠久，经过百年发展，已日臻完善。陆上、航空、邮包等货物运输保险都是在海上货物运输保险的基础上发展起来的，基本保持了海上货物运输保险的运行原理，只是在承保责任范围等方面有不同之处。

2. 国际货运代理责任保险

国际货运代理责任保险通常是为了弥补国际货物运输方面所带来的风险，这种风险不仅来源于运输本身，而且来源于完成运输的许多环节，如运输合同、仓储合同、保险合同的签订，报关、报检报验、订舱、管货、签发单证、付款及向承运人索赔等。

上述这些经营项目一般都是由国际货运代理来履行的，一个错误的指示、一个错误的地址，往往都会给国际货运代理带来非常严重的后果和巨大的经济损失。因此，国际货运代理有必要投保自己的责任险。另外，当国际货运代理以当事人身份出现时，不仅有权要求合理的责任限制，而且其经营风险还可通过投保责任险而获得赔偿。

第二节　国际海上货物运输保险

国际海上货物运输遭遇各种自然灾害和意外事故的可能性较大，不可避免地会造成货物损失。然而为了鼓励海运业发展，我国《海商法》及《海牙规则》都规定了一系列的承运人免责条款，即承运人可以对多种风险造成的货损不负赔偿责任。这就意味着，在海上运输过程中，一旦由于承运人可以免责的原因造成货物损毁或灭失，货主将得不到任何赔偿。

为了保障在遭受货损后能够及时得到经济补偿，货主应该在货物装运前为货物办理海上货物运输保险。国际海上货物运输保险是国际海上运输投保人按约定向保险人交纳一定保险费，保险人对被保险人遭受保险事故而造成的保险标的损失承担约定的经济补偿责任的一种货物运输保险。

一、国际海上货物运输承保风险

海上货物运输保险中保险人所承保的风险是特定范围内的风险,而不是所有发生在海上的风险。海上货物运输保险承保的风险是列明风险,分为海上风险和外来风险。

(一) 海上风险

海上风险(perils of the sea)又称海难,是指被保险货物及船舶在海上运输过程中所发生的风险。但它不是仅仅局限于航海过程中的风险,还包括发生在与海上航运相关联的内陆、内河、内湖运输过程中的一些风险。海上风险包括自然灾害和意外事故,它们均有特定解释。

1. 自然灾害

自然灾害(natural calamities)是指自然界力量所造成的灾害,是人力无法抗拒的。我国《海洋货物运输保险条款》规定:自然灾害仅包括恶劣气候、雷电、海啸、地震或火山爆发、洪水等五种灾害。1982 年伦敦保险人协会《协会货物条款》规定:自然灾害包括雷电、地震、火山爆发、浪击落海,以及海水、湖水、河水进入船舶、驳船、运输工具、集装箱、大型海运箱或贮存处所。

恶劣气候造成的损失一般指海上飓风、大浪引起船舶颠簸、倾斜,并由此造成船舶的船体、机器设备的损坏或由此而引起的船上所载货物相互挤压、碰撞所导致的破碎、渗漏和凹瘪等损失。

雷电造成的损失指被保险货物在海上或陆上运输过程中,由雷电所直接造成的或由于雷电引起火灾所造成的损害。海啸造成的损失指由于海底地壳发生变异,引起剧烈振荡而产生巨大波浪,致使被保险货物遭受损害或灭失。地震或火山爆发造成的损失指直接或归因于陆上的地震或火山爆发所引起的被保险货物损失。洪水造成的损失指洪水暴发、江河泛滥、潮水上岸及倒灌、暴雨积水使被保险货物被浸泡、冲散、冲毁的损失。浪击落海造成的损失指舱面货物受海浪冲击落海而造成的损失,但不包括在恶劣气候下船身晃动而造成货物落海的损失。

海水、湖水、河水进入船舶等运输工具或储存处所造成的损失,储存处所可以理解为包括陆上一切永久性的或临时性的、有顶篷或露天的贮存处所。

2. 意外事故

意外事故(accident)是指由于外来的、偶然的、非意料中的原因所造成的事故。我国《海洋货物运输保险条款》规定:意外事故仅包括运输工具搁浅、触礁、沉没、互撞、与流冰或其他物体碰撞以及失火、爆炸等。1982 年伦敦保险人协会《协会货物条款》规定:意外事故包括船舶、驳船的触礁、搁浅、沉没、倾覆、火灾、爆炸,以及陆上运输工具的倾覆或出轨。

火灾(fire)指在航海中因意外起火失去控制造成船舶及其所载货物被火焚毁、烧焦、烟熏、烧裂等的经济损失,以及由于搬移货物、消防灌水等救火行为造成水渍所致的损失或其他损失。

爆炸(explosion)指物体内部发生急剧的分解或燃烧,迸发出大量的气体和热力,致使物体本身及周围其他物体遭受猛烈破坏的现象。

倾覆(overturn)指船舶由于遭受灾害事故而导致船身倾斜,处于非正常状态而不能继续航行。

搁浅(grounding)指船舶在航行中,由于意外或异常的原因,船底与水下障碍物紧密接触,牢牢被搁住,并且持续一定时间失去进退自由的状态。

触礁(stranding)指船舶在航行中触及海中岩礁或其他障碍物如木桩、渔栅等造成船体破漏或不能移动。

沉没(sunk)指船舶全部没入水面以下,完全失去了继续航行的能力。

碰撞(collision)指载货船舶同水以外的外界物体,如码头、船舶、灯塔、流冰等,发生猛力接触,所造成船上货物的损失。

3. 其他海上风险

除了上述自然灾害和意外事故之外,海上风险还包括海盗(pirates),抛弃(jettison)、船长、船员的恶意损害(barratry)以及吊索损害(sling loss)等风险。

(二) 外来风险

外来风险(extraneous risks)是指海上风险以外的其他外来原因所造成的风险,货物的自然损失和本质缺陷不属于外来风险。

1. 一般外来风险

我国《海洋运输货物保险条款》规定:外来风险通常包括偷窃(theft,pilferage)、短少和提货不着(short-delivery and non-delivery)、渗漏(leakage)、短量(shortage in weight)、碰损(clashing)、破碎(breakage)、钩损(hook damage)、淡水雨淋(fresh and/or rain water damage)、生锈(rusting)、玷污(contamination)、受潮受热(sweating and/or heating)和串味(taint of odor)。

2. 特殊外来风险

特殊外来风险是指由社会、政治、国家政策法令以及行政措施等特殊外来原因所引起的风险和损失。常规的特殊外来风险有战争(war)、罢工(strike)、因船舶中途被扣而导致交货不到(failure of delivery),以及货物被有关当局拒绝进口或没收而导致拒收(rejection)和进口关税(import duty)损失等风险。

二、国际海上货物运输承保损失

损失指保险人承保的损失,根据承保风险不同分为海上损失和其他损失。其中海上损失又称海损(average),一般是指海运保险货物在海洋运输中由于海上风险所造成的损失和灭失;其他损失主要是由于外来风险造成的货物的损失和灭失。海上损失按损失的程度不同,分为全部损失和部分损失。

(一) 全部损失

全部损失(total loss)简称全损,指海上保险货物遭受承保风险而全部损失。全部损失按照损失的性质不同,可分为实际全损和推定全损。

1. 实际全损

实际全损(actual total loss)是指保险标的物在运输途中全部灭失或等同于全部灭失,或者货物实际上已不可能归还被保险人的损失。

构成实际全损主要有四种情况:一是保险标的完全灭失,如船舶触礁,船货全部沉入深海,或船上着火,货物全部被烧焦;二是保险标的的丧失已无法挽回,在这种情况下,保险标的仍然存在甚至可能完好,但是被保险人失去了对它的有效占有,如载货船舶被海盗劫走;三是保险标的已丧失商业价值或失去原有用途,如水泥遭到海水浸泡;四是载货船舶失踪达到一定合理期限(一般为6个月)仍没有获知其下落,则船上所载货物被视为实际全损。

2. 推定全损

推定全损(constructive total loss)又称商业全损,是指保险标的虽然尚未达到全部灭失状态,但是完全灭失将是不可避免的,或者为避免实际全损,抢救、修复、继续运送货物到原定目的地所耗费用将超过其实际价值。

如果发生了推定全损,被保险人要办理委付(notice of abandonment),即指被保险人在获悉受损情况后,以书面或口头方式向保险人发出委付通知书,声明愿意将保险标的的一切权益,包括财产权及一切由此产生的权利与义务转让给保险人,而要求保险人按全损给予赔偿的一种行为。如果被保险人决定索赔推定全损,则应在合理的时间内及时发出委付通知,明确委付或放弃的意图。

(二) 部分损失

部分损失(partial loss)是指保险标的损失没有达到全部损失程度的一种损失,即凡不构成全损的海损均是部分损失。部分损失按其性质可分为单独海损和共同海损。

1. 共同海损

共同海损(general average)是指在同一海上航程中,当船、货及其他利益方处于共同危险时,为了共同的利益,由船方有意识地、合理地采取措施所引起的特殊的牺牲和额外的费用。由于牺牲和费用等损失都是为了船货的共同安全而做出的,显然完全由做出牺牲的货主来负担不公平,所以应由得到保全利益的一切船货所有者按其财产价值比例进行分摊。

拓展阅读 4.2　构成共同海损的条件

2. 单独海损

单独海损(particular average)是指除共同海损以外的、由于承保范围内的风险所直接导致的船舶或货物的部分损失。单独海损只涉及船舶和货物各自利益的损失(如由于驾驶人员的疏忽致使船舶搁浅、船底受损;货物被窃、焚毁等),由各自利益方承担,如已投保,由承保人代替对造成损失有责任的一方承担(只涉及标的物的灭失或损害,不包括任何费用)。单独海损包括船舶的单独海损、货物的单独海损、运费的单独海损。单独海损和共同海损的区别如表 4-1 所示。

表 4-1　单独海损和共同海损的区别

项　　目	单 独 海 损	共 同 海 损
造成损失的原因	由承保风险直接导致的船、货损失	为了解除船、货共同危险,船方有意采取措施而造成的损失
损失的承担责任	由受损方单独承担	由船舶、货物等各受益方按照获救价值的比例共同分摊,即"共同海损分摊"

三、国际海上货物运输承保费用

保险人承保的费用,不仅指保险人对承保风险所造成的货物自身损失给予赔偿,还对为了避免损失扩大而产生的费用给予赔偿,如施救费用和救助费用。救助费用和施救费用的区别如表 4-2 所示。

1. 施救费用

施救费用(sue and labor expenses)是指保险标的在遭受保险责任范围内的灾害事故时,被保险人(或其代理人、雇佣人员、受让人)为了避免或减少损失,采取各种抢救与防护措施所支付的合理费用。保险人对施救费用赔偿的条件有:一是施救费用必须是合理的和必要的;二是施救费用必须是为防止或减少承保风险造成的损失所采取的措施而支出的费用;三是施救费用是由被保险人及其代理人、雇佣人采取措施而支出的费用;四是施救费用的赔偿与措施是否成功无关。

2. 救助费用

救助费用(salvage charge)是指船舶或货物遭遇海上危险事故时,对于自愿救助的第三者采取的使船舶或货物有效地避免或减少损失的救助行为所支付的酬金。救助费用产生须具备以下条件:一是救助必须是第三人的行为;二是救助必须是自愿的;三是救助必须有实际效果。

表 4-2 救助费用和施救费用的区别

项 目	施 救 费 用	救 助 费 用
采取行动的主体	被保险人自己(或其雇佣人员、代理人或受让人)	被保险人和保险人以外的第三者
保险人赔偿的前提	不管施救行为是否取得成效	救助行为应取得成效
保险人的赔偿限度	以另一个保险金额为限,即在对被保险货物本身损失赔偿的那个保险金额之外,再给一个保险金额赔偿施救费用	对救助费用的赔偿与对被保险货物本身损失的赔偿合在一起,以一个保险金额为限
是否是共同海损费用	因被保险人为减少自己的货物损失采取施救措施而产生的,与共同海损没有关系	多数情况下是由于作为救助人的其他过往船舶为船货获得共同安全而前来救助并取得成效而产生的,因此,多数可列入共同海损费用项目

四、国际海上货物运输保险险种

为满足投保人对保险的不同要求,各国保险组织或保险公司将其承保的风险按范围的不同划分为不同的险别,并以条款的形式分别予以明确。

(一) 我国海洋货物运输保险险种

我国海洋货物运输保险主要采用修订于 1981 年 1 月 1 日的中国人民保险公司的"中国保险条款"中的《海洋运输货物保险条款》。

我国海洋运输货物保险险种分为基本险和附加险,其中基本险分为平安险、水渍险和一切险,附加险分为一般附加险和特殊附加险。基本险可以单独投保,而附加险不能单独投保,只有在投保某一种基本险的基础上才能加保附加险。

1. 基本险

(1) 平安险

平安险(free from particular average,FPA)规定的责任范围包括以下七项:

① 被保险货物在运输途中由于恶劣气候、雷电、海啸、地震、洪水等自然灾害造成整批货物的全部损失或推定全损;

② 由于运输工具遭受搁浅、触礁、沉没、互撞、与流冰或其他物体碰撞以及失火、爆炸等意外事故造成货物的全部或部分损失;

③ 在装卸或转运时,由于一件或数件整件货物落海造成的全部或部分损失;

④ 被保险人对遭受承保责任内危险的货物采取抢救、防止或减少货损的措施而支付的合理费用,但以不超过该批被救货物的保险金额为限;

⑤ 运输工具遭遇海难后,在避难港由于卸货所引起的损失,以及在中途港、避难港由于卸货、存仓以及运送货物所产生的特别费用;

⑥ 共同海损的牺牲、分摊和救助费用;

⑦ 运输契约订有"船舶互撞责任"条款,根据该条款规定应由货方偿还船方的损失。

(2) 水渍险

水渍险(with average or with particular average,WA or WPA)的责任范围包括:

① 平安险承保的全部责任;

② 被保险货物在运输途中,由于恶劣气候、雷电、海啸、地震、洪水等自然灾害所造成的部分损失。

(3) 一切险

一切险(all risks)规定的责任范围包括:

① 水渍险承保的全部责任;

② 被保险货物在运输途中由于一般外来风险所致的全部或部分损失。

可见,一切险是水渍险和一般附加险的总和。

(4) 除外责任

保险人对下列损失不负赔偿责任:

① 被保险人的故意行为或过失所造成的损失,如被保险人参与海运欺诈,故意装运走私货物;

② 属于发货人责任所引起的损失,如货物包装本身不符合海运要求;

③ 在保险责任开始前,被保险货物已存在的品质不良或数量短差所造成的损失;

④ 被保险货物的自然损耗、本质缺陷、特性以及市价跌落、运输迟延所引起的损失或费用,如豆类含水量减少而导致货物自然短重;

⑤ 海洋运输货物战争险条款和货物运输罢工险条款规定的责任范围和除外责任。

2. 附加险

(1) 一般附加险

一般附加险(general additional risks)指承保一般外来风险所造成的全部和部分损失。当投保险别为平安险或水渍险时,可加保一种或多种一般附加险;如已投保了一切

险,就不需要再加保一般附加险。保险公司承保的一般附加险有以下十一种:

① 偷窃、提货不着险(theft,pilferage and non-delivery),指被保险货物被偷走或窃取以及货物抵达目的地后整件未交的损失。

② 淡水雨淋险(fresh water and/or rain damage),指由于淡水、雨淋以及冰雪融化所造成的损失。

③ 短量险(risk of shortage),指货物数量短缺或重量短少的损失。

④ 混杂、沾污险(risk of intermixture and contamination),指混进了杂质或被沾污所造成的损失。

⑤ 渗漏险(risk of leakage),主要承保流质、半流质、油类等货物因为容器损坏而引起的渗漏损失,或用液体储藏的货物因液体的渗漏而引起的货物腐败等损失。

⑥ 碰损和破碎险(risk of clash and breakage),指由于震动、碰撞、挤压等造成货物本身碰损或破碎的损失。

⑦ 串味险(risk of odor),指受其他物品影响串味造成的损失,如把茶叶与樟脑堆放在一起,樟脑串味使茶叶造成的损失。

⑧ 受潮受热险(damage caused by sweating and heating),指因气温突然变化或由于船上通风设备失灵致使船舱内水汽凝结、发潮或发热所造成的损失。

⑨ 钩损险(hook damage),承保袋装、捆装货物在装卸或搬运过程中,由于装卸或搬运人员操作不当、使用钩子将包装钩坏而造成货物的损失,以及对包装进行修补或调换所支付的费用。

⑩ 包装破裂险(breakage of packing),承保装卸、搬运货物过程中因包装破裂造成货物的短少或沾污等损失,以及为继续运输需要对包装进行修补或调换所支付的费用。

⑪ 锈损险(risk of rust),承保金属或金属制品等货物在运输过程中发生的锈损。

(2) 特别附加险

特别附加险(special additional risks),承保特殊外来风险所造成的全部和部分损失。保险公司承保的特别附加险有以下八种:

① 交货不到险(failure to delivery risk),从被保险货物装上船开始,如果在预定抵达日期起满6个月仍不能运到原定目的地交货,则不论何种原因,保险人均按全部损失来赔付。

② 进口关税险(import duty risk),是针对有些国家和地区对某些货物征收很高的进口关税,而且不论货物抵达时是否完好,一律按发票上载明的价值征收这一情况而设立的特别附加险。如果货物发生保险责任范围内的损失,而被保险人仍须按完好货物完税时,保险人对受损货物所缴纳的关税负赔偿责任。

③ 舱面险(on deck risk),承保装载于舱面的货物因被抛弃或被风浪冲击落水所造成的损失。

④ 拒收险(rejection risk),承保货物在进口时,不论何种原因在进口港被进口国政府或有关当局拒绝进口或没收所造成的损失。保险人一般按货物的保险价值进行赔偿。

⑤ 黄曲霉毒素险(aflatoxin risk),黄曲霉素是一种致癌物质,如果被保险货物在进口地经当地卫生当局检验证明,因含黄曲霉素超标而被拒绝进口、没收或强制改变用途时,保险人按照被拒绝进口或被没收部分货物价值或改变用途所造成损失负责赔偿。

⑥ 出口货物到香港或澳门存仓火险责任扩展条款(fire risk extension clause for storage of cargo at destination Hongkong,including Kowloon,or Macao),承保我国内地出口到港澳地区的货物,如果直接卸到保险单载明的过户银行所指定的仓库时,在延长存仓期间的火险责任。

⑦ 战争险(war risk),负责赔偿由于战争、类似战争行为和敌对行为、武装冲突或海盗行为所致的损失,以及由此引起的捕获、拘留、扣留、禁制、扣押所造成的损失;各种常规武器,包括水雷、鱼雷、炸弹所致的损失以及由此引起的共同海损的牺牲、分摊和救助费用。

⑧ 罢工险(strikes risk),对被保险货物由于罢工者,被迫停工工人,参加工潮、暴动、民动、民众斗争的人员的行动,或任何人的恶意行为所造成的直接损失,保险公司负责赔偿。

拓展阅读4.3　特殊附加险与一般附加险的异同

(二) 伦敦保险人协会海上货物保险险种

在国际保险市场上,英国伦敦保险人协会制定的《协会货物条款》(Institute Cargo Clauses,ICC)对世界各国影响颇大。现在大多数国家办理海上保险业务时都使用《协会货物条款》,在我国的实际业务中,一般也可以接受。《协会货物条款》包括六种险别,即ICC(A)、ICC(B)、ICC(C)、战争险、罢工险及恶意损害险。前三种为基本险,但只有恶意损害险不能单独投保。

1. ICC(A)

ICC(A)采用"一切风险加除外责任"的方法,其承保一切风险,保险责任范围最大。其除外责任包括如下几点:

(1) 一般除外责任

一般除外责任包括归因于被保险人故意的不法行为造成的损失或费用;自然渗漏、自然损耗、自然磨损、包装不足或不当所造成的损失或费用;保险标的内在缺陷或特性所造成的损失或费用;直接由于延迟所引起的损失或费用;由于船舶所有人、租船人经营破产或不履行债务所造成的损失或费用;由于使用任何原子或核武器所造成的损失或费用。

（2）不适航、不适货除外责任

不适航、不适货除外责任,指保险标的在装船时,如被保险人或其受雇人已经知道船舶不适航,以及船舶、装运工具、集装箱等不适货,保险人不负赔偿责任。

（3）战争除外责任

战争除外责任,指由于战争、内战、敌对行为等造成的损失或费用,由于捕获、拘留、扣留等(海盗除外)造成的损失或费用,由于漂流水雷、鱼雷等造成的损失或费用。

（4）罢工除外责任

罢工除外责任,指罢工工人、被迫停工工人造成的损失或费用,以及由于罢工、被迫停工所造成的损失或费用等。

2. ICC（B）

ICC（B）采用"列明风险"的方法,其责任范围比 ICC（A）小,大体相当于"水渍险"。

其承保范围主要包括:①火灾、爆炸;②船舶或驳船触礁、搁浅、沉没或倾覆;③陆上运输工具倾覆或出轨;④船舶、驳船或运输工具同水以外的外界物体碰撞;⑤在避难港卸货;⑥地震、火山爆发、雷电;⑦共同海损牺牲;⑧抛货;⑨浪击落海;⑩海水、湖水或河水进入船舶、驳船、运输工具、集装箱、大型海运箱或贮存处所;⑪货物在装卸时落海或摔落造成整件的全损。ICC（B）的除外责任是 ICC（A）的除外责任再加上 ICC（A）承保的"海盗行为"与"恶意损害险"。

3. ICC（C）

ICC（C）采用"列明风险"的方法,其责任范围比 ICC（B）小得多,它只承保"重大意外事故",而不承保"自然灾害及非重大意外事故"。

其承保范围包括:①火灾、爆炸;②船舶或驳船触礁、搁浅、沉没或倾覆;③陆上运输工具倾覆或出轨;④船舶、驳船或运输工具同水以外的外界物体碰撞;⑤在避难港卸货;⑥共同海损牺牲;⑦抛货。ICC（C）的除外责任与 ICC（B）相同。

4. 协会战争险条款

承保范围包括:①由于战争、内战、敌对行为等造成的损失或费用;②由于上述原因引起的捕获、拘留、扣留等所造成的损失或费用;③由于漂流水雷、鱼雷等常规武器造成的损失或费用。

其除外责任包括:①ICC（A）的除外责任之外;②基于航程或冒险的损失或受阻的任何索赔;③由于敌对行为使用核武器等所造成的损失。

5. 协会罢工险条款

承保范围包括：①由于罢工工人、被迫停工工人等造成的损失或费用；②由于罢工、被迫停工等所造成的损失或费用；③由于恐怖分子或出于政治动机所造成的人为损失或损害。

其除外责任包括：①ICC(A)的除外责任之外；②因罢工、关厂等原因造成的各种劳动力流失、短缺或抵制引起的损失或费用；③基于航程或冒险的损失或受阻的任何索赔；④由于战争、内战、敌对行为等造成的损失或费用。

6. 恶意损害险条款

恶意损害险是一种附加险别，承保被保险人以外的其他人（如船长、船员等）的故意破坏行动所致的被保险货物的灭失或损害。这种风险仅在 ICC(A)险中被列为承保风险的范畴，而在 ICC(B)和 ICC(C)险中均列为"除外责任"。

第三节　国际陆空货物运输保险

我国进出口货物运输最常用的保险条款是中国保险条款，该条款按运输方式来分包括海洋运输货物保险条款、陆上运输货物保险条款、航空运输货物保险条款和邮政包裹运输保险条款四大类；对某些特殊商品，还配备有海运冷藏货物、陆运冷藏货物、海运散装桐油及活牲畜、家禽的海陆空运输保险条款。以上八种条款，投保人可按自己货物运输特点选择投保。

陆运、空运、邮运货物保险是在海运货物保险的基础上发展起来的。但由于陆运、空运与邮运货物同海运货物可能遭到的风险不尽相同，所以陆、空、邮货运保险与海上货运保险的险种及其承保责任范围也有所不同。

一、国际陆上货物运输保险

陆上货物运输保险是以火车和汽车运输过程中的各种货物为保险标的的货物运输险。陆运货物运输保险的基本险别有陆运险和陆运一切险两种。被保险货物在投保陆运险或陆运一切险的基础上，还可以加保一种或若干种附加险，如陆运战争险等。

(一) 基本险

1. 陆运险

陆运险(overland transportation risks)与海运保险中的"水渍险"相似。保险公司负责赔偿被保险货物在运输途中发生的下列损失或费用：①遭受暴风、雷电、洪水、地震等自然灾害所造成的全部或部分损失；②陆上运输工具火车、汽车等遭受碰撞、倾覆、出轨，或在驳运过程中驳船遭受搁浅、触礁、沉没、碰撞,或遭受隧道坍塌、崖崩或失火、爆炸等意外事故所造成的全部或部分损失;③被保险人对遭受承保风险的货物采取抢救措施,在不超过该批被救助货物保险金额的条件下,防止或减少货损而支付的合理费用。

2. 陆运一切险

陆运一切险(overland transportation all risks)与海运保险中的"一切险"相似。除包括上述陆运险的责任外,保险公司还负责赔偿被保险货物在运输途中由于一般外来原因造成的短少、短量、偷窃、渗漏、碰损、破碎、钩损、雨淋、生锈、受潮、受热、发霉、串味、沾污等全部或部分损失。

3. 除外责任

上述两个险别的除外责任与海洋运输货物保险的除外责任相同。

(二) 保险期限

陆运基本险也采用"仓至仓"条款。保险人负责自被保险货物运离保险单所载明的起运地仓库或储存处所开始运输时生效,包括正常运输过程中的陆上和与其有关的水上驳运在内,直至该项货物运达保险单所载目的地收货人的最后仓库或储存处所或被保险人用作分配、分派的其他储存处所为止,如未运抵上述仓库或储存处所,则以被保险货物运抵最后卸载的车站满 60 天为止。

(三) 陆运战争险

陆运战争险(overland transportation cargo war risks)目前仅限于铁路运输,负责范围与海运战争险基本上是一致的,即直接由于战争、类似战争行为和敌对行为、武装冲突所致的损失和各种常规武器包括地雷、炸弹所致的损失。陆运战争险属于附加险,不能单独投保。陆运战争险的保险期限不采用"仓至仓"条款,而是以货物置于运输工具上为限,这与海运战争险类似。

二、国际航空货物运输保险

航空货物运输保险是以航空运输过程中的各类货物为保险标的的货物运输险。航空运输货物保险是以飞机为运输工具的货物运输保险,空运货物保险的基本险别有航空运输险和航空运输一切险。此外,在投保航空运输险和航空运输一切险的基础上,还可以加保航空运输货物战争险(air transportation cargo war risks)等附加险。

(一) 基本险

1. 航空运输险

航空运输险(air transportation risks)与海运保险中的"水渍险"大致相同。保险公司负责赔偿被保险货物在运输途中发生的下列损失或费用：①被保险货物在运输途中遭受雷电、火灾、爆炸或由于飞机遭受恶劣气候或其他危难事故而被抛弃，或由于飞机遭受碰撞、倾覆、坠落或失踪意外事故所造成的全部或部分损失；②被保险人对遭受承保风险的货物采取抢救，防止或减少货损的措施而支付的合理费用，但以不超过该批被救货物的保险金额为限。

2. 航空运输一切险

航空运输一切险（air transportation all risks）与海运保险中的"一切险"相似，其承保责任范围，除包括上述航空运输险的全部责任外，还对被保险货物在运输途中由于一般外来原因造成的全部或部分损失负赔偿责任。

3. 除外责任

上述两个险别的除外责任与海洋运输货物保险的除外责任相同。

（二）保险期限

航空货运险的基本险也采用"仓至仓"条款，即自被保险货物运离保险单所载明的起运地仓库或储存处所开始运输时生效，在正常运输过程中继续有效，直至该项货物运达保险单所载目的地收货人的最后仓库或储存处所或被保险人用作分配、分派或非正常运输的其他储存处所为止。

如未运抵上述仓库储存处所，则以被保险货物在最后卸离飞机后满30天为止。如在上述30天内被保险的货物需转送到非保险单所载明的目的地时，则以该项货物开始转运时终止。航空运输货物战争险的保险期限自货物装上飞机时开始，到卸离飞机为止。

三、国际邮政包裹运输保险

邮政包裹保险承保通过邮包邮寄的货物，不管是海运、陆运或空运方式都包括在内，在运输过程中因自然灾害、意外事故和外来原因造成的损失。包裹运输保险主要承保通过邮局邮包方式递运的货物在邮递过程中遭到自然灾害、意外事故或外来原因造成的损失。邮包保险基本险分为邮包险和邮包一切险两种基本险别。此外还有邮包战争险（parcel post war risks）等附加险。

（一）基本险

1. 邮包险

邮包险（parcel post risks）的承保责任范围：①被保险邮包在运输途中由于恶劣气候、雷电、海啸、地震、洪水自然灾害，或由于运输工具遭受搁浅、触礁、沉没、碰撞、出轨、坠落、失踪，或由于失火、爆炸意外事故所造成的全部或部分损失；②被保险人对遭受承保风险的货物采取抢救，防止或减少货损的措施而支付的合理费用，但以不超过该批被救货物的保险金额为限。

2. 邮包一切险

邮包一切险（parcel post all risks）的责任范围，除包括上述邮包险的全部责任外，还对被保险货物在运输途中由于一般外来原因造成的全部或部分损失负赔偿责任。

3. 除外责任

上述两个险别的除外责任与海洋运输货物保险的除外责任相同。

（二）保险期限

邮包保险责任期间：自被保险邮包离开保险单所载起运地点寄件人的处所运往邮局时开始生效，直至被保险邮包运达保险单所载明的目的地邮局，自邮局签发"到货通知书"当日午夜起算满15天为止，但在此期限内邮包一经递交至收件人的处所时，保险责任即告终止。邮包险的保险责任自被保险邮包经邮政机构收讫后自储存处所开始运送时生效，直至该项邮包运达本保险单所载目的地邮局送交收件人为止。

第四节　国际货运代理责任保险

国际货运代理企业的经营风险是客观存在的，必要的防范手段只能在一定程度上减少风险发生的概率，但不能完全避免它的发生。实践中，投保货运代理责任险是转移经营风险较为行之有效的方法，通过这种方式可以转化一些无法预料和无法规避的经营风险，减少重大或突发风险事件给企业带来的冲击和影响。

国际货运代理责任保险是指国际货运代理人在业务经营过程中，对他人承担的赔偿责任由保险公司代为承担的一种责任保险。在西方发达国家，国际货运代理责任保险运用广泛，被称为货运代理企业的"护身符"，但在我国却长期处于停滞状态。

一、国际货运代理责任险承保风险

1. 国际货运代理本身的过失

国际货运代理未能履行代理义务，或在使用自有运输工具进行运输出现事故的情况下，无权向任何其他人追索，如货代员单证缮制错误等。

2. 分包人的过失

在"背对背"签约的情况下，责任的产生往往是由于分包人的行为或遗漏，而国际货运代理没有任何过错。在这种情况下，从理论上讲国际货运代理有充分的追索权，但常常由于复杂的实际情况使其无法全部甚至部分地从责任人处得到补偿。例如，国际货运代理将报关业务委托给报关行，由于报关行的原因货物无法通关造成损失，货代有权向报关行索赔；但是如果报关行破产,货代将得不到补偿。

3. 责任限制不同

货运代理发现某分包人的责任小于自己的责任或者没有责任,这就意味着当分包人因为可免责的原因造成货物损失时,货运代理的对外赔付得不到补偿。

二、国际货运代理责任险承保内容

国际货运代理责任险主要承保因国际货运代理的过失或疏忽所导致的风险和损失。具体来说,国际货运代理责任险的承保范围主要包括以下几个方面。

1. 错误与遗漏

该项包括：虽有指示但未能投保或投保类别有误；迟延报关或报关单内容缮制有误；发运到错误的目的地；选择运输工具有误,选择承运人有误；再次出口未办理退还关税和其他税务的必要手续；保留向船方、港方、国内储运部门、承运单位及有关部门追偿权的遗漏；不顾保单有关说明而产生的遗漏；所交货物违反保单说明等。

2. 仓库保管中的疏忽

该项是指在港口或外地中转库(包括货运代理自己拥有的仓库或租用、委托暂存其他单位的仓库、场地)监卸、监装和储存保管工作中的疏忽与过失。

3. 货损货差责任不清

该项是指在与港口储运部门或内地收货单位各方交接货物时,数量短少、残损责任不清,最后由国际货运代理承担的责任。

4. 迟延或未授权发货

如部分货物未发运；港口提货不及时；未及时通知收货人提货；违反指示交货或未经授权发货；以付款交货条件成交时,交货但未收取货款等。

三、国际货运代理责任险除外责任

国际货运代理责任险只是企业在完善自身风险防范机制基础上的补充,不能将防范和规避风险的全部希望都寄托在保险公司上,因为保险公司也是以盈利为目的,为了降低和减少其承担的赔付责任,会制定出相应免赔条款。

下列风险一般不在承保范围：

(1) 在承保期间以外发生的危险或事故；

(2) 索赔时间超过承保条例或法律规定的时效；

(3) 保险合同或保险公司条例中所规定的除外条款及不在承保范围内的国际货运代理的损失；

（4）违法行为造成的后果，如出口仿牌货物被海关没收的损失；

（5）蓄意或故意行为引起的损失；

（6）战争、外敌入侵、敌对行为（不论是否宣战）、内战、反叛、革命、起义、军事或武装侵占、罢工、停业、暴动、骚乱、戒严和没收、充公、征购等的任何后果，以及为执行任何政府、公众或地方权威的指令而造成的任何损失或损害；

（7）任何由核燃料或核燃料爆炸所致核废料产生的离子辐射或放射性污染所导致、引起或可归咎于此的任何财产灭失、摧毁、毁坏或损失及费用，不论直接或间接，还是作为其后果损失；

（8）超出保险合同关于赔偿限额规定的部分；

（9）事先未征求保险公司的意见，擅自赔付对方，亦可能从保险公司得不到赔偿或得不到全部赔偿。

四、国际货运代理责任险的保险条款

国际货运代理责任保险一直以来就是国际货运代理企业所关注的一项内容。许多货代企业具有强烈的保险意识，有部分企业在香港投保，也有的与联运保赔协会签订了多年的保险业务合同。但国内的保险公司以往却没有针对国际货运行业推出相应的保险业务。经过几年的努力，内地的人保公司、太平洋保险公司和平安保险公司等已经开始承保货运代理责任险。

为减少、化解国际货物运输代理企业的经营风险，2008年修订的《国际货物运输代理业管理规定实施细则》规定，国际货物运输代理企业应投保国际货运代理企业责任险，责任范围包括企业从事货代业务应承担的法律及错误、疏忽遗漏等责任。

《实施细则》的出台，明确了国际货运代理企业投保责任险的强制性以及实行集体投保和管理制度，即国家商务部委托中国国际货运代理协会负责国际货运代理责任保险制度的实施，由中国国际货运代理协会代表行业对外谈判保险价格和条款，落实投保、索赔等服务，对保险公司、保险经纪公司、保险合同范本、保险费率等进行评估。

目前，国内有两种国际货运代理责任保险，国际货代企业可根据企业需求，投保"国际货运代理人责任保险条款"或"国际货运代理提单责任保险条款"。凡中华人民共和国境内（不包括香港、澳门地区和台湾省）依据《中华人民共和国国际货物运输代理业管理规定》及其他相关法律法规设立并独立经营的国际货物运输代理企业及纳入国际货物运输代理备案管理的企业可以成为该保险的被保险人。"国际货运代理人责任保险条款"和"国际货运代理提单责任保险条款"适用于不同的货运代理企业。

国际货运代理企业既可以作为进出口货物收货人、发货人的代理人，也可以作为独立经营人从事国际货运代理业务。国际货运代理企业以独立经营人身份签发提单的，应投保最低限额为100万元人民币的国际货运代理提单责任险，如果提单责任险范围涵盖企业责任险，可不投保企业责任险。

本章思考题

一、判断题

1. 根据我国《海洋货物运输保险条款》的规定,承保范围最小的基本险别是水渍险。
（　　）

2. 载货船舶遇险,由于急于抛弃货物使船货脱险,在船边或舱面开凿洞口,使船身、甲板等遭受的损失,属于共同海损。
（　　）

3. 我国进口货物大多采用预约保险的办法,进口商和保险公司事先签订预约保险合同,在承保范围内的被保险货物一经启运,保险公司即自动承保。
（　　）

4. 由于载货船船长过失致使船舶发生碰撞造成货损,货物保险人在赔偿货主后,可以向本船承运人进行代位追偿。
（　　）

5. 我国《海洋运输货物保险条款》规定,海洋运输货物保险索赔期限为两年,自被保险货物发生货损之日起计算。
（　　）

6. 国际货运保险中的被保险人应在保险事故发生要求赔偿时具有可保利益。
（　　）

二、简答题

1. 保险标的、除外责任是什么？
2. 保险的基本原则有哪些？
3. 共同海损与单独海损的区别是什么？
4. 施救费用与救助费用的区别是什么？
5. 叙述国际货运代理责任保险的概念。

拓展阅读 4.4　保险代理的业务和作用

第五章

国际货物报关

【学习目标】

1. 了解报关的基本概念；
2. 掌握基本的报关程序。

【知识要点】

1. 不同报关单位的主营业务；
2. 直接代理报关和间接代理报关的区别；
3. 进出口货物的基本报关程序。

引导案例

"家门口"直接报关"出海"！贵州贵阳国际陆港即将开港

日前，记者从贵阳综保区商务局了解到，贵州贵阳国际陆港（无水港）将于近期在贵阳综保区"开港"，届时，出口货物将由贵阳直接运往沿海港口，装船出海。

（1）何谓国际陆港？一言以蔽之，具备除装船作业外基本港口功能的大型物流中心。

国际陆港是在内陆地区建立的具有报关报检、签发提单、集装箱提还箱周转等港口服务功能的物流港，是沿海港口功能内迁的重要据点，以铁路货运为主，实现海铁联运，能极大提升内陆地区货物进出港的流通效率，从而降低企业物流成本。

（2）国际陆港如何运转？多方协作齐发力。

国际陆港的建设运营需要政府、海关、港口、铁路、企业等部门的通力合作，进行信息发布、企业磋商、资源调配、海关监管、货物运输等工作。

据了解，贵州贵阳国际陆港建设包含贵阳都拉营国际陆海通物流港功能完善、贵阳综保区海关监管场所建设、与沿海港口建立合作、建设海运箱提还箱点等内容，贵阳综合保税区以其保税加工、保税物流、保税仓储三大核心功能，为国际陆港提供加工、仓储基础支撑及关、检、汇、税服务。

海关监管作业场所提供海关监管作业、检疫处理、货物集拼和集装箱中转等功能，有助于通过区港一体实现港务、关务、船务、车务等服务联通，推动粤黔大通道、西部陆海新通道、中欧班列、中老铁路的联通。都拉营物流港主要以高铁快运、集装箱货运，开展行包快件、农特产品、冷链物资、进出口货物运输等业务。

国际陆港建成后由物流平台公司协同船舶公司、港口、货代运转，这些企业为进出口商提供订舱、报关、签发多式提运联单等一站式港口服务，当货物完成通关手续后，通过海铁联运将货物运送到沿海港口。目前，贵州铁投集团已与广州港、盐田港签订战略协议。

（3）建设国际陆港意义何在？构建贵州外贸发展新格局，为口岸建设和自贸区建设打下核心基础。

国际陆港的建设将进一步提高黔粤大通道、中欧班列、中老班列、西部陆海新通道等通道运行效率，货物在海关监管场所检验完毕后将直接"出海"或"入关"，实现商品快进快出。该港的建设将为企业提供包括物流、仓储、外贸在内的综合一站式服务，培育壮大外贸市场主体，实现商品优进优出。同时，将形成市场集聚效应，促进商品大进大出，带动贵州外向型经济发展，逐渐融入国际市场。

"通过市场集聚推动商品大进大出，平台建设促进商品优进优出，通道建设助力商品快进快出，来形成综保区＋物流港＋海关＋外贸综合服务平台的发展模式，为贵州以后建设铁路口岸打下基础，再以口岸建设为基础，为申建贵州自由贸易试验区做好准备。"贵阳综保区商务局局长杨昌明说。

（4）国际陆港将为企业带来什么利好？家门口做外贸，减成本增时效。

不少本地企业不了解外贸流程，不懂外贸，外贸综合服务平台将为他们提供订单获取、报关报检、融资、退税等一站式服务，让他们在家门口就能做外贸。

"在没有国际陆港之前，企业出口还需在沿海再次开箱检查，遇上没有船期还需要装卸、仓储，既耽误订单又增加了企业成本。进口货物遇上港口拥堵，也需要卸货、仓储等待检验。开港后，企业只需定好船期，出口货物在综保区海关监管场所检验完毕，可直接运往港口装船出海。"

杨昌明表示，国际陆港将得到财政专项资金支持以及铁路总公司的支持，港口、口岸功能内移，到区即抵港，为企业节省公、铁、海转运时的交易成本，以及在港口、内陆港场站之间的仓储、装卸及门对门产生的多余费用。此外，通过引进外贸综合服务平台及企业、争取集装箱混装资质、海运箱提还点等落地，也将为企业节省订船、订舱、报关、退税、国际结算等交易成本。

据悉，2022年7月，贵阳国际陆港至合作沿海港口专线双向班列将开行，届时将逐步与沿海合作港口实现"三同"，即进境货物同价到港，出境货物同价起运，通关服务同样效率。

资料来源：https://baijiahao.baidu.com/s?id=17366030356138747668&wfr=spider&for=pc.

思考：

1. 何谓国际陆港，它是如何运转的？
2. 国际陆港建设对国内企业有哪些好处？

进出口报关是国际贸易中不可或缺的一环，是保障贸易顺利进行的重要步骤。报关工作包括提供相关单证、申报报关、海关审核等多个环节，需要专业人员熟悉各种规定，以确保货物合法合规地进出口。它的重要性在于保障货物的合法性和安全性，遵守国家法规和标准，促进国际贸易的发展。在全球化和经济一体化的背景下，深入了解并熟悉报关清关的流程和要求，对于从事国际贸易的企业和个人来说至关重要。

第一节　报　关

一、报关的含义

报关是指进出境运输工具负责人、进出口货物收发货人、进出境物品的所有人或者其他的代理人向海关办理运输工具、货物、物品进出境手续及相关手续的全过程。

其中，进出境运输工具负责人、进出口货物收发货人、进出境物品的所有人报关行为的承担者是报关的主体，即报关人。所以，报关人既包括法人和其他组织，也包括自然人。比如，进出口企业、报关企业即属于报关法人；物品的所有人即是报关自然人。报关的对象是进出境运输工具、货物和物品。报关的内容是办理运输工具、货物、物品进出境手续及相关手续。

二、报关的范围

按照法律规定，所有进出境运输工具、货物、物品都需要办理报关手续。报关的具体范围如下：

1. 进出境运输工具

进出境运输工具是指用以载运人员、货物、物品进出境，并在国际间运营的各种境内或境外船舶、车辆、航空器和驮畜等。

2. 进出境货物

进出境货物是指一般进出口货物，保税货物、暂准进出境货物、特定减免税货物，过境、转运和通运货物及其他进出境货物。另外，还包括一些特殊货物，如通过电缆、管道输送进出境的水、电之类，以及无形的货物，如附着在货品载体上的软件等也属于需要报关的范围。

3. 进出境物品

进出境物品是指进出境的行李物品、邮递物品和其他物品。以进出境人员携带、托运等方式进出境的物品为行李物品,以邮递方式进出境的物品为邮资物品,其他物品主要包括:享有外交特权和豁免权的外国机构或者人员的公务用品或自用物品,以及通过国际速递进出境的部分快件等。

三、报关的分类

(一) 按照报关的对象分类

按照报关的对象分类,可以分为运输工具报关、货物报关和物品报关。

(1) 进出境运输工具作为货物、人员及其携带物品进出境的载体,其报关主要是向海关直接交验随附的、符合国际商业运输惯例、能反映运输工具进出境合法性及其所承运货物、物品情况的合法证件、清单和其他运输单证,报关手续较为简单。

(2) 进出境物品因其非贸易性质,且一般限于自用、数量小,报关手续比较简单。

(3) 进出境货物的报关就较为复杂,为此,海关根据对进出境货物的监管要求制定了一系列报关管理规范,并要求必须由具备一定专业知识和技能且经海关注册的专业人员代表报关单位专门办理。

(二) 按照报关的目的分类

按照报关的目的分类,主要可以分为进境报关和出境报关。

由于海关对运输工具、货物、物品的进境和出境有不同的管理要求,运输工具、货物、物品根据进境或出境的目的分别形成了一套进境报关和出境报关手续。

另外,由于运输或其他方面的需要,有些海关监管货物需要办理从一设关地点至另一设关地点的海关手续,在实践中产生了"转关"的需要,转关货物也需办理相关的报关手续。

(三) 按照报关的行为性质分类

按照报关的行为性质进行分类,可以分为自理报关和代理报关。

我国《海关法》第九条规定:"进出口货物,除另有规定的外,可以由进出口货物收发货人自行办理报关纳税手续,也可以由进出口货物收发货人委托海关准予注册登记的报关企业办理报关纳税手续。"根据这一规定,进出口货物的报关又可分为自理报关和代理报关两类。

1. 自理报关

进出口货物收发货人自行办理报关业务称为自理报关。根据我国海关目前的规定,进出口货物收发货人必须依法向海关注册登记后方能办理报关业务。

2. 代理报关

代理报关是指接受进出口货物收发货人的委托,代理其办理报关手续的行为。我国海关法律把有权接受他人委托办理报关纳税手续的企业称为报关企业。报关企业从事代理报关业务必须依法取得报关企业注册登记许可,并向海关注册登记。

不同报关单位的主营业务及报关范围如表 5-1 所示。

根据代理报关法律行为责任承担的不同,代理报关又分为直接代理报关和间接代理报关。直接代理报关是指报关企业接受委托人(即进出口货物收发货人)的委托,以委托人的名义办理报关纳税手续的行为。间接代理报关是指报关企业接受委托人的委托以报关企业自身的名义向海关办理报关纳税手续的行为。

表 5-1　不同报关单位的主营业务及报关范围

报关类别	报关单位	主营业务	报关范围
自理报关	自理报关单位(进出口货物收发货人)	对外贸易经营	办理自营进出口货物的报关手续
代理报关	专业报关企业	报关纳税服务	受各进出口收发货人的委托办理报关手续
	代理报关企业	国际货物运输代理或国际运输工具代理	在本企业承揽的承运范围内受各进出口收发货人的委托办理报关手续

在直接代理报关中,代理人代理行为的法律后果直接作用于被代理人;而在间接代理报关中,报关企业应当承担进出口货物收发货人自己报关时所应承担的相同的法律责任。直接代理报关与间接代理报关的区别如表 5-2 所示。

表 5-2　直接代理报关与间接代理报关的区别

报关类别	行为方式	法律责任
直接代理	接受委托人(即进出口货物收发货人)的委托,以委托人的名义办理报关手续	法律后果直接作用于被代理人,报关企业承担相应的法律责任
间接代理	接受委托人的委托,以报关企业自身的名义向海关办理报关手续	法律后果直接作用于代理人,即报关企业;报关企业承担进出口货物收发货人自己报关时所应承担的相同的法律责任

目前,我国报关企业大都采取直接代理形式代理报关。间接代理报关只适用于经营快件业务的国际货物运输代理企业。

四、报关的基本内容

(一) 进出境运输工具报关的基本内容

根据《中华人民共和国海关法》(以下简称《海关法》)的有关规定,所有进出我国关境的运输工具必须经由设有海关的港口、空港、车站、国界孔道、国际邮件互换局(站)及其他可办理海关业务的场所申报进出境。进出境申报是运输工具报关的主要内容。根据海关监管的要求,进出境运输工具负责人或其代理人在运输工具进入或驶离我国关境时应如实向海关申报运输工具所载旅客人数、进出口货物数量、装卸时间等基本情况。

进出境运输工具负责人或其代理人就以上情况向海关申报后,有时还需应海关的要求配合海关查验,经海关审核确认符合海关监管要求的,可以上下旅客、装卸货物。

(二) 进出境货物报关的基本内容

根据海关规定,进出境货物的报关业务应由报关单位所属的已在海关备案,专门负责报关业务的人员办理。进出境货物的报关业务包括:按照规定填制报关单,如实申报进出口货物的商品编码、实际成交价格、原产地及相应优惠贸易协定代码,并办理提交报关单证等与申报有关的事宜;申请办理缴纳税费和退税、补税事宜;申请办理加工贸易合同备案、变更和核销及保税监管等事宜;申请办理进出口货物减税、免税等事宜;办理进出口货物的查验、结关等事宜;办理应当由报关单位办理的其他事宜。

(三) 进出境物品报关的基本内容

《海关法》规定,个人携带进出境的行李物品、邮寄进出境的物品,应当以自用合理数量为限。所谓自用合理数量,对于行李物品而言,"自用"指的是进出境旅客本人自用、馈赠亲友而非为出售或出租,合理数量是指海关根据进出境旅客旅行目的和居留时间所规定的正常数量;对于邮递物品,则指的是海关对进出境邮递物品规定的征、免税限值。自用合理数量原则是海关对进出境物品监管的基本原则,也是对进出境物品报关的基本要求。

1. 进出境行李物品的报关

我国海关规定,进出境旅客在向海关申报时,可以在两种分别以红色和绿色作为标记的通道中进行选择。带有绿色标志的通道适用于携运物品在数量和价值上均不超过免税限额,且无国家限制或禁止进出境物品的旅客;带有红色标志的通道则适用于携运有上述绿色通道运用物品以外的其他物品的旅客。

选择红色通道的旅客必须填写"进出境旅客行李物品申报单"或海关规定的其他申报单证,在进出境地向海关做出书面申报。

2. 进出境邮递物品的报关

进出境邮递物品的申报方式由其特殊的邮递运输方式决定。我国是《万国邮政公约》的签约国,根据《万国邮政公约》的规定,进出口邮包必须由寄件人填写"报税单"(小包邮件填写绿色标签),列明所寄物品的名称、价值、数量,向邮包寄达国家的海关申报。进出境邮递物品的"报税单"和"绿色标签"随同物品通过邮政企业呈递给海关。

第二节 一般进出口货物的基本报关程序

海关的监管分为前期管理阶段、进出境管理阶段和后续管理阶段。一般进出口货物报关程序没有前期管理阶段和后续管理阶段,只有进出口阶段,由四个环节构成,即进出口申报、配合查验、缴纳税费、提取或装运货物。

所有的进出境货物报关程序都有进出口阶段,因此一般进出口货物的报关程序除缴纳税费环节外也适用其他所有进出境货物的报关。

一、进出口申报

(一) 概述

1. 申报的含义

申报,也可以理解为狭义的报关,是指货物、运输工具和物品的所有人或其代理人在货物、运输工具、物品进出境时,向海关呈送规定的单证(可以书面或者电子数据交换方式)并申请查验、放行的手续。《海关法》规定,进出口货物,除另有规定外,可以由进出口货物收发货人自行办理报关及纳税手续,也可以由进出口货物收发货人委托海关准予注册登记的报关企业办理报关及纳税手续。

申报与否,包括是否如实申报,是区别走私与非走私的重要界限之一。因此,海关法律对货物、运输工具的申报,包括申报的单证、申报时间、申报内容都作了明确的规定,把申报制度以法律的形式固定下来。

2. 申报前的准备工作

(1) 进口须接到进口提货通知,出口须备齐出口货物。

(2) 委托报关者须办理报关委托,代理报关者须接受报关委托。

(3) 准备报关单证,包括基本单证、特殊单证、预备单证。

(4) 填制报关单及其他报关单证。

(5) 报关单预录入。

报关单预录入是指在实行报关自动化系统处理"进(出)口货物报关单"的海关,报关单位或报关人将报关单上申报的数据、内容录入电子计算机,并将数据、内容传送到海关报关自动化系统的工作。

以上工作办妥后,便可向海关递交报关单证,开始报关工作。

(二) 进出口货物申报的时间、地点与期限

1. 申报地点

进口货物应当由收货人或其代理人在货物的进境地海关申报,出口货物应当由发货人或其代理人在货物的出境地海关申报。

经收发货人申请,海关同意,进口货物的收货人或其代理人可以在设有海关的货物指运地申报,出口货物的发货人或其代理人可以在设有海关的货物起运地申报。

以保税货物、特定减免税货物和暂准进境货物申报进境的货物,因故改变使用目的从而改变货物性质转为一般进口时,进口货物的收货人或其代理人应当在货物所在地的主管海关申报。

2. 申报日期

进出口货物收发货人或其代理人的申报数据自被海关接受之日起,其申报的数据就产生法律效力,即进出口货物收发货人或其代理人应当向海关承担"如实申报""如期申报"等的法律责任。因此,海关接受申报数据的日期非常重要。

申报日期是指申报数据被海关接受的日期。不论以电子数据报关单方式申报或以纸质报关单方式申报,海关接受申报数据的日期即为接受申报的日期。采用先电子数据报关单申报,后提交纸质报关单,或者仅以电子数据报关单方式申报的,申报日期为海关计算机系统接受申报数据时记录的日期,该日期将反馈给原数据发送单位,或公布于海关业务现场,或通过公共信息系统发布。

电子数据报关单经过海关计算机检查被退回的,视为海关不接受申报,进出口货物收发货人或其代理人应当按照要求修改后重新申报,申报日期为海关接受重新申报的日期。海关已接受申报的报关单电子数据,送人工审核后,需要对部分内容修改的,进出口货物收发货人或其代理人应当按照海关规定进行修改并重新发送,申报日期仍为海关原接受申报的日期。

先纸质报关单申报,后补报电子数据,或只提供纸质报关单申报的,海关工作人员在报关单上作登记处理的日期,为海关接受申报的日期。

3. 申报期限

进口货物的申报期限为自装载货物的运输工具申报进境之日起 14 日内。申报期限的最后一天是法定节假日或休息日的,顺延至法定节假日或休息日后的第一个工作日。进口货物自装载货物的运输工具申报进境之日起超过 3 个月仍未向海关申报的,

货物由海关提取并依法变卖。对属于不宜长期保存的货物,海关可以根据实际情况提前处理。

出口货物的申报期限为货物运抵海关监管区后、装货的 24 小时以前。

经海关批准准予集中申报的,进口货物自装载货物的运输工具申报进境之日起 14 日内,出口货物在运抵海关监管区后、装货的 24 小时前,按"中华人民共和国海关进出口货物集中申报清单"(以下简称"集中申报清单")格式录入数据向海关申报,自海关审结"集中申报清单"电子数据之日起 3 日内,持"集中申报清单"及随附单证到货物所在地海关办理交单验放手续,在次月 10 日(保税货物在次月底)之前,对一个月内以"集中申报清单"申报的数据进行归并,填制进出口货物报关单到海关办理集中申报手续。

经电缆、管道或其他特殊方式进出境的货物,进出口货物收发货人或其代理人应当按照海关的规定定期申报。

4．滞报金

进口货物收货人未按规定期限向海关申报产生滞报的,由海关按规定征收滞报金。

进口货物滞报金应当按日计征。起始日和截止日均计入滞报期间。

进口货物收货人在向海关传送报关单电子数据申报后,未在规定期限或核准的期限内提交纸质报关单,海关予以撤销电子数据报关单处理,进口货物收货人重新向海关申报;产生滞报的,滞报金的征收,以自运输工具申报进境之日起第 15 日为起始日,以海关重新接受申报之日为截止日。

进口货物收货人申报并经海关依法审核,必须撤销原电子数据报关单重新申报,产生滞报的,经进口货物收货人申请并经海关审核同意,滞报金的征收,以撤销原电子数据报关单之日起第 15 日为起始日,以海关重新接受申报之日为截止日。

进口货物因收货人在运输工具申报进境之日起超过 3 个月未向海关申报,被海关提取作变卖处理后,收货人申请发还余款的,滞报金的征收,以自运输工具申报进境之口起第 15 日为起始日,以该 3 个月期限的最后一日为截止日。滞报金的日征收金额为进口货物完税价格的 0.05％,以人民币"元"为计征单位,不足人民币 1 元的部分免征。

征收滞报金的计算公式为:

$$进口货物完税价格×0.05％×滞报期间(滞报天数)$$

滞报金的起征点为人民币 50 元。

滞报金的计征起始日如遇法定节假日,则顺延至其后第一个工作日。

根据海关规定,因不可抗力等特殊情况产生的滞报可以向海关申请减免滞报金。

拓展阅读 5.1　案例分析

(三)申报程序

1. 准备申报单证

准备申报单证是报关员开始进行申报工作的第一步,是整个报关工作能否顺利进行的关键一步。申报单证可以分为主要单证和随附单证两大类,其中随附单证包括基本单证和特殊单证,如图 5-1 所示。

报关单是由报关员按照海关规定格式填制的申报单(证),是指进出口货物报关单或者带有进出口货物报关单性质的单或证,比如保税区、出口加工区进出境备案清单,ATA 单证册,过境货物报关单,转关运输申报单,快件报关单等。任何货物的申报都必须有报关单(证)。

图 5-1 申报单证

拓展阅读 5.2 ATA 单证册

基本单证是指进出口货物的货运单据和商业单据,主要有进口提货单据、出口装货单据、商业发票、装箱单等。一般来说,任何货物的申报都必须有基本单证。

特殊单证主要有进出口许可证件、加工贸易登记手册(包括纸质手册、电子手册和电子账册)、特定减免税证明、作为有些货物进出境证明的原进出口货物报关单证、出口收汇核销单、原产地证明书、贸易合同等。

某些货物的申报必须有特殊单证,比如租赁贸易货物进口申报必须有租赁合同,别的货物进口申报则不一定需要贸易合同。所以贸易合同对于租赁贸易货物申报来说是一种特殊单证。

进出口货物收发货人或其代理人应向报关员提供基本单证、特殊单证,报关员审核这些单证后据此填制报关单。

准备申报单证的原则是:基本单证、特殊单证必须齐全、有效、合法;填制报关单(证)必须真实、准确、完整;报关单(证)与随附单证数据必须一致。

2. 申报前看货取样

《海关法》规定,进口货物的收货人经海关同意,可以在申报前查看货物或者提取货样。需要依法检验的货物,应当在检验合格后提取货样。

收货人申报前向海关提出查看货物、提取货物样品的申请应具备一定的条件,如果货物进境已有走私违法嫌疑并被海关发现,海关将不予同意。同时,只有在通过外观无法确定货物的归类等情况下,海关才会同意收货人提取货样。法律对收货人借查看货物或提取货物样品之机进行违法活动也有严厉的规定。

涉及动植物及其产品以及其他须依法提供检疫证明的货物,如需提取货样,应当按照国家的有关法律规定,事先取得主管部门签发的书面批准证明。提取货样后,到场监管的海关工作人员与进口货物的收货人在海关开具的取样记录和取样清单上签字确认。

3. 如实申报

《海关法》规定,进口货物的收货人、出口货物的发货人应当向海关如实申报。

所谓"如实申报",是指进出口货物收发货人在向海关申请办理货物通关手续时,按规定的格式(报关单),真实、准确地填报与货物有关的各项内容。

从法律意义上说,申报对收发货人意味着向海关报告进出口货物的情况,申请按其填报的内容办理相关的通关手续,并承诺履行该项海关手续对货物及收发货人所规定的一切义务。收发货人在申报时必须向海关提供一切辨认货物及货物适用的管理法规所必需的法律要件,并对这些法律要件的真实性、完整性和准确性负全部责任。

4. 选择申报的方式

办理进出口货物的海关申报手续,应当采用纸质报关单或电子数据报关单的形式。电子数据报关单与纸质报关单具有相同的法律效力。随着我国电子通关工程的不断完善,电子数据报关已成为主要的申报方式。

拓展阅读 5.3　电子报关

进出口货物收发货人或其代理人将报关单内容录入海关电子计算机系统,生成电子数据报关单。进出口货物收发货人或其代理人在委托录入或自行录入报关单数据的计算机上接收到海关发送的接受申报信息,即表示电子申报成功;接收到海关发送的不接受申报信息后,则应当根据信息提示修改报关单内容后重新申报。

海关审结电子数据报关单后,进出口货物收发货人或其代理人应当自接到海关"现场交单"或"放行交单"通知之日起 10 日内,持打印的纸质报关单,备齐规定的随附单证并签名盖章,到货物所在地海关提交书面单证,办理相关海关手续。

对采用电子数据报关单向海关申报的报关单位来说,更应注意因数据申报不实而引起的有关法律责任。因此,报关单位在报关数据发送前,应认真核查所申报的内容是否规范、准确,随附的单据、资料是否与所申报的内容相符,交验的各种单证是否正确、齐全、有效。

5. 修改申报内容或撤销申报

海关接受进出口货物申报后,电子数据和纸质的进出口货物报关单不得修改或者撤销；确有正当理由的，经海关审核批准，可以修改或撤销。

修改和撤销申报有两种情况：

第一种情况是进出口货物收发货人要求修改或撤销。进出口货物收发货人或其代理人确有如下正当理由的，可以向原接受申报的海关申请修改或者撤销进出口货物报关单。

（1）由于报关人员操作或书写失误造成所申报的报关单内容有误，并且未发现有走私违规或者其他违法嫌疑的。

（2）出口货物放行后，由于装运、配载等原因造成原申报货物部分或全部退关、变更运输工具的。

（3）进出口货物在装载、运输、存储过程中因溢短装、不可抗力的灭失、残损等原因造成原申报数据与实际货物不符的。

（4）根据贸易惯例先行采用暂时价格成交、实际结算时按商检品质认定或国际市场实际价格付款方式需要修改申报内容的。

（5）由于计算机、网络系统等方面的原因导致电子数据申报错误的。

（6）其他特殊情况经海关核准同意的。

海关已经决定布控、查验的，以及涉及有关案件的进出口货物的报关单在"办结"前不得修改或者撤销。

进出口货物收发货人或其代理人申请修改或者撤销进出口货物报关单的，应当向海关提交"进出口货物报关单修改/撤销申请表"，并相应提交可以证明进出口实际情况的合同、发票、装箱单等相关单证，外汇管理、国税、检验检疫、银行等有关部门出具的单证，应税货物的"海关专用缴款书"、用于办理收付汇和出口退税的进出口货物报关单证明联等海关出具的相关单证。

因修改或者撤销进出口货物报关单导致需要变更、补办进出口许可证件的，进出口货物收发货人或其代理人应当向海关提交相应的进出口许可证件。

第二种情况是海关发现报关单需要进行修改和撤销。海关发现进出口货物报关单需要进行修改或者撤销，但进出口货物收发货人或者其代理人未提出申请的，海关应当通知进出口货物的收发货人或者其代理人。海关在进出口货物收发货人或者其代理人填写的"进出口货物报关单修改/撤销确认书"上对进出口货物报关单修改或者撤销的内容进行确认后，对进出口货物报关单进行修改或者撤销。

同样，因修改或者撤销进出口货物报关单导致需要变更、补办进出口许可证件的，进出口货物收发货人或其代理人应当向海关提交相应的进出口许可证件。

二、配合查验

(一) 海关查验

1. 海关查验的含义

进出口货物在通过申报环节后，即进入查验环节。海关查验（inspection）也称验关，是指海关接受报关员的申报后，对进口或出口的货物进行实际的核对和检查，以确定货物的自然属性，货物的数量、规格、价格、金额、标记唛码、包装式样以及原产地是否与报关单所列一致，对货物进行实际检查的行政执法行为。

海关通过查验，核实有无伪报、瞒报和申报不实等走私违法情况，为今后的征税、统计和后续管理提供可靠的监管依据。海关查验是海关为完成国家赋予的职责而应具备的一种权力，任何国家的海关都有查验权。海关查验货物时，进口货物的收货人、出口货物的发货人应当到场，并负责搬移货物，开拆和重封货物的包装。

海关通过查验，检查报关单位是否伪报、瞒报、申报不实，同时也为海关的征税、统计、后续管理提供可靠的资料。

2. 查验地点

查验应当在海关监管区内实施。

因货物易受温度、静电、粉尘等自然因素影响，不宜在海关监管区内实施查验，或者因其他特殊原因，需要在海关监管区外查验的，经进出口货物收发货人或其代理人书面申请，海关可以派员到海关监管区外实施查验。

3. 查验时间

当海关决定查验时，即将查验的决定以书面通知的形式通知进出口货物收发货人或其代理人，约定查验的时间。查验时间一般约定在海关正常工作时间内。

在一些进出口业务繁忙的口岸，海关也可接受进出口货物收发货人或其代理人的请求，在海关正常工作时间以外安排实施查验。对于危险品或者鲜活、易腐、易烂、易失效、易变质等不宜长期保存的货物，以及因其他特殊情况需要"紧急验放"的货物，经进出口货物收发货人或其代理人申请，海关可以优先实施查验。

4. 查验方法

海关实施查验可以彻底查验，也可以抽查。彻底查验是指对一票货物逐件开拆包装、验核货物实际状况，抽查是指按照一定比例有选择地对一票货物中的部分货物验核实际状况。查验操作可以分为人工查验和设备查验。

（1）人工查验

人工查验包括外形查验、开箱查验。外形查验是指对外部特征直观、易于判断基本属性的货物的包装、运输标志和外观等状况进行验核，开箱查验是指将货物从集装箱、货柜车箱等箱体中取出并拆除外包装后对货物实际状况进行验核。

（2）设备查验

设备查验是指以技术检查设备为主对货物实际状况进行验核。

海关可以根据货物情况以及实际执法需要，确定具体的查验方式。

5. 复验

海关可以对已查验货物进行复验。有下列情形之一的,海关可以复验。

(1) 经初次查验未能查明货物的真实属性,需要对已查验货物的某些性状作进一步确认的。

(2) 货物涉嫌走私违规,需要重新查验的。

(3) 进出口货物收发货人对海关查验结论有异议,提出复验要求并经海关同意的。

(4) 其他海关认为必要的情形。

已经参加过查验的查验人员不得参加对同一票货物的复验。

6. 径行开验

径行开验即指海关在进出口货物收发货人或其代理人不在场的情况下,对进出口货物进行开拆包装查验。

有下列情形之一的,海关可以径行开验。

(1) 进出口货物有违法嫌疑的。

(2) 经海关通知查验,进出口货物收发货人或其代理人届时未到场的。

海关径行开验时,存放货物的海关监管场所经营人、运输工具负责人应当到场协助,并在查验记录下签名确认。

(二) 配合查验

海关查验货物时,进出口货物收发货人或其代理人应当到场,配合海关查验。

进出口货物收发货人或其代理人配合海关查验应当做好如下工作。

(1) 负责按照海关要求搬移货物,开拆包装,以及重新封装货物。

(2) 预先了解和熟悉所申报货物的情况,如实回答查验人员的询问以及提供必要的资料。

(3) 协助海关提取需要作进一步检验、化验或鉴定的货样,收取海关出具的取样清单。

(4) 查验结束后,认真阅读查验人员填写的"海关进出境货物查验记录单"。

(三) 货物损坏赔偿

因进出口货物所具有的特殊属性,容易因开启、搬运不当等原因导致货物损毁,需要海关查验人员在查验过程中予以特别注意的,进出口货物收发货人或其代理人应当在海关实施查验前申明。

在查验过程中,或者证实海关在径行开验过程中,因为海关查验人员的责任造成被查验货物损坏的,进出口货物的收发货人或其代理人可以要求海关赔偿。海关赔偿的范围仅限于在实施查验过程中,由于查验人员的责任造成被查验货物损坏的直接经济损失。

直接经济损失的金额根据被损坏货物及其部件的受损程度确定,或者根据修理费确定。

1. 要求海关赔偿查验中被损坏货物的具体操作

(1) 要求海关出具"中华人民共和国海关查验货物、物品损坏报关书",以确认货物损坏情况。

(2) 持"中华人民共和国海关查验货物、物品损坏报告书"向海关提出赔偿的请求,并确定赔偿的金额。

(3) 在规定的期限内向海关领取赔偿金。

2. 不属于海关赔偿范围的情况

(1) 进出口货物的收发货人或其代理人搬移、开拆、封装货物或保管不善造成的损失。

(2) 易腐、易失效货物在海关正常工作程序所需时间内(含扣留或代管期间)所发生的变质或失效。

(3) 海关正常查验时产生的不可避免的磨损。

(4) 在海关查验之前已发生的损坏和海关查验之后发生的损坏。

(5) 由于不可抗拒的原因造成货物的损坏、损失。

进出口货物的收发货人或其代理人在海关查验时对货物是否受损坏未提出异议,事后发现货物有损坏的,海关不负赔偿的责任。

三、缴纳税费

缴纳税费的具体操作步骤如下:

(1) 进出口货物收发货人或其代理人将报关单及随附单证提交给货物进出境地指定海关,海关对报关单进行审核,对需要查验的货物先由海关查验,然后核对计算机计算的税费,开具税款缴款书和收费票据。

(2) 进出口货物收发货人或其代理人在规定时间内,持缴款书或收费票据向指定银行办理税费交付手续;在中国电子口岸网上缴税和付费的海关,进出口货物收发货人或其代理人可以通过电子口岸接收海关发出的税款缴款书和收费票据,在网上向指定银行进行电子支付税费。

(3) 一旦收到银行缴款成功的信息,即可报请海关办理货物放行手续。

四、提取或装运货物

(一) 海关进出境现场放行和货物结关

1. 海关进出境现场放行

海关进出境现场放行是指海关接受进出口货物的申报、审核电子数据报关单和纸质报关单及随附单证、查验货物、征免税费或接受担保以后,对进出口货物做出结束海关进出境现场监管决定,允许进出口货物离开海关监管现场的工作环节。

海关进出境现场放行一般由海关在进口货物提货凭证或者出口货物装货凭证上加盖海关放行章。进出口货物收发货人或其代理人签收进口提货凭证或者出口装货凭证,凭以提取进口货物或将出口货物装运到运输工具上离境。

在实行"无纸通关"申报方式的海关,海关做出现场放行决定时,通过计算机将海关决定放行的信息发送给进出口货物收发货人或其代理人和海关监管货物保管人。进出口货物收发货人或其代理人从计算机上自行打印海关通知放行的凭证,凭以提取进口货物或将出口货物装运到运输工具上离境。

拓展阅读 5.4　海关不放行的原因

2. 货物结关

货物结关是进出境货物办结海关手续的简称。进出境货物由收、发货人或其代理人向海关办理完所有的海关手续,履行了法律规定的与进出口有关的一切义务,就办结了海关手续,海关不再进行监管。

3. 需要注意的问题

海关进出境现场放行需要注意两种情况:

一种情况是货物已经结关。对于一般进出口货物,放行时进出口货物收发货人或其代理人已经办理了所有海关手续,因此,海关进出境现场放行即等于结关。

另一种情况是货物尚未结关。对于保税货物、特定减免税货物、暂准进出境货物、部分其他进出境货物,放行时进出境货物的收、发货人或其代理人并未全部办完所有的海关手续,海关在一定期限内还需进行监管,所以该类货物的海关进出境现场放行不等于结关。

(二) 提取货物或装运货物

进口货物收货人或其代理人签收海关加盖海关放行章戳记的进口提货凭证,凭以到货物进境地的港区、机场、车站、邮局等地的海关监管仓库办理提取进口货物的手续。

出口货物发货人或其代理人签收海关加盖海关放行章戳记的出口装货凭证,凭以到货物出境地的港区、机场、车站、邮局等地的海关监管仓库,办理将货物装上运输工具离境的手续。

（三）申请签发报关单证明联

进出口货物收发货人或其代理人办理完提取进口货物或装运出口货物的手续以后，如需要海关签发有关货物的进口、出口报关单证明联的，均可向海关提出申请。

1. 申请签发报关单证明联

常见的报关单证明联主要有以下三种。

（1）进口付汇证明联

对需要在银行或国家外汇管理部门办理进口付汇核销的进口货物，报关员应当向海关申请签发进口货物报关单付汇证明联。海关经审核，对符合条件的，即在进口货物报关单上签名、加盖海关验讫章，作为进口付汇证明联签发给报关员。同时，通过电子口岸执法系统向银行和国家外汇管理部门发送证明联电子数据。

（2）出口收汇证明联

对需要在银行或国家外汇管理部门办理出口收汇核销的出口货物，报关员应当向海关申请签发出口货物报关单收汇证明联。海关经审核，对符合条件的，即在出口货物报关单上签名、加盖海关验讫章，作为出口收汇证明联签发给报关员。同时，通过电子口岸执法系统向银行和国家外汇管理部门发送证明联电子数据。

（3）出口退税证明联

对需要在国家税务机构办理出口退税的出口货物，报关员应当向海关申请签发出口货物报关单退税证明联。海关经审核，对符合条件的，予以签发并在证明联上签名、加盖海关验讫章，交给报关员。同时，通过电子口岸执法系统向国家税务机构发送证明联电子数据。

2. 办理其他证明手续

（1）出口收汇核销单

对需要办理出口收汇核销的出口货物，出口货物的发货人或其代理人应当在申报时向海关提交由国家外汇管理部门核发的"出口收汇核销单"。海关放行货物后，在"出口收汇核销单"上签章。出口货物发货人凭出口货物报关单收汇证明联和"出口收汇核销单"办理出口收汇核销手续。

（2）进口货物证明书

对进口汽车、摩托车等，进口货物的发货人或其代理人应当向海关申请签发"进口货物证明书"，进口货物收货人凭以向国家交通管理部门办理汽车、摩托车的牌照申领手续。

海关放行汽车、摩托车后，签发"进口货物证明书"；同时，将"进口货物证明书"上的内容通过计算机发送给海关总署，再传输给国家交通管理部门。其他进口货物如需申领"进口货物证明书"的，收货人或其代理人也可向海关提出申请。

本章思考题

一、判断题

1. 在采用电子和纸质报关单申报的一般情况下,海关接受申报的时间以海关接受电子数据报关单申报的时间为准。 （　）

2. 在特殊情况下,海关也可接受进出口货物收发货人或其代理人的请求,在海关正常工作时间以外安排实施查验。 （　）

3. 转关运输中的"指运地"是指出口货物办理报关发运手续的地点。 （　）

4. 出口货物的申报期限为货物运抵海关监管区后、装货的 12 小时以前。 （　）

5. 海关进出境现场放行一般由海关在进出口货物报关单上加盖海关放行章。进出口货物收发货人或其代理人凭以提取进口货物或将出口货物装运到运输工具上离境。 （　）

6. 以船舶或航空器装载从一国境外启运,经该国设立海关地点,不换装运输工具,继续运往其他国家的货物,称为转运货物。 （　）

7. 一般进出口货物是海关放行后不再进行监管的进出口货物。 （　）

8. 对于过境、转运和通运货物,运输工具负责人应当向进境地海关如实申报,并应当在规定期限内运输出境。 （　）

9. 对于特定减免税货物,海关进出境现场放行等于结关。 （　）

二、简答题

1. 报关的含义是什么? 报关的范围包括哪些?

2. 不同报关单位的主营业务分别是什么?

3. 简述直接代理报关和间接代理报关的区别。

4. 一般进出口货物报关的基本程序包括哪些步骤?

拓展阅读 5.5　北京海关 2023 年进口消费品检验十大案例发布

第六章

国际货物报检

【学习目标】

1. 了解检验检疫的基本概念；

2. 掌握检验检疫的一般工作流程。

【知识要点】

1. 出入境检验检疫的主要内容；

2. 报检的范围；

3. 国际货物报检的一般工作流程。

引导案例

北京海关严把进口商品检验检疫关

中新网北京 2024 年 3 月 15 日电：在第 42 个"3·15"国际消费者权益日到来之际，北京海关所属亦庄海关加大进口商品检验检疫力度，为国内消费者健康安全保驾护航。据统计，2024 年 1—2 月亦庄海关已查发包括医疗器械、生物制品等在内的共 21 批次不合格商品。

今年 2 月，亦庄海关在对一批进口医疗器械产品进行查验时发现，其中 4 支甲状旁腺激素注射器无医疗器械注册证、中文说明书、中文标签，根据《医疗器械监督管理条例》规定，进口的医疗器械应当是已注册或者已备案的医疗器械，该关依法监督企业对产品进行销毁处理。

医用药物注射器是最为常见的医疗器械之一，使用数量大且范围广，消费者应通过正规渠道购买已经取得我国医疗器械注册证的产品。收到货后应仔细查看产品中文标签，同时登录国家药品监督管理局网站，查询标签所示医疗器械注册证编号。"过期、失效、淘汰的医疗器械禁止进口，海关依法对进口的医疗器械实施检验，检验不合格的，不得进口。"亦庄海关查检二科科长王丹说。

3 月 13 日，亦庄海关关员奔赴位于北京经济技术开发区的天诚保税库，对一批进口化妆品套装进行查验，共计 559 千克、1265 盒，并第一时间将抽取样品送至实验室对各项指标实施检测。

作为北京经济技术开发区进出口数量靠前的保税仓库，天诚保税库经销产品主要包括各类食品、化妆品，进出口总额连年攀高。天诚保税库相关负责人说，在海关的指导帮助下，公司 2023 年进出口额达 16.73 亿元，不仅开拓了新领域、新市场，也带动了企业产能的同步提升。

在位于北京经济技术开发区核心地段的七鲜超市内，一排排整齐列队的货架上摆放着琳琅满目、品种丰富的进口食品。为守护好消费者"舌尖上的安全"，"3·15"前夕，亦庄海关协助市场监管部门共同开展专项安全监管行动，对进口食品的中文标签、检疫许可证、报关单证、出入库记录等一一进行监督检查，并现场为消费者答疑解惑。

为充分保障监管服务"两手抓、两手硬"，亦庄海关坚决落实保障进口食品、化妆品安全的相关要求，抓实抓细进口产品检验检疫和监督管理，实行"5＋2"预约通关、预约查验和上门查验，"一体化"推动通关申报、现场核查、安全巡查、监督抽检、风险监测、宣传普法等工作，实现"即到即办、即到即核、即查即放"，确保消费者"吃得放心、用得舒心"，政策惠企红利"看得见、摸得着"。据统计，今年以来该关已面向 10 家企业，开展"关长送政策上门""海关政策进万家"活动 25 次，1—2 月监管进出口食品、化妆品 240 批次。

亦庄海关副关长王朝晖表示，亦庄海关将进一步加强进口产品监督管理，不断强化企业的主体责任意识和群众的安全防范意识，严防不合格产品流入国内市场，充分保障国门安全和人民生命健康安全。

资料来源：https://baijiahao.baidu.com/s?id＝1793576222744661599&wfr＝spider&for＝pc.

思考：

（1）为什么要严把进口商品检验检疫关？

（2）面对新外贸时代，我们应该如何强化进出口检验检疫？

随着中国改革开放和国家经济的不断发展，对外贸易的不断扩大，出入境检验检疫对进出口商品进行检验、鉴定和监督管理，保证进出口商品符合质量（标准）要求，对保证国民经济的发展、消除国际贸易中的技术壁垒、保护消费者的利益和贯彻我国的对外交往政策都有非常重要的作用。

第一节　国际货物报检概述

一、出入境检验检疫

出入境检验检疫是指出入境检验检疫机构依照国家检验检疫法律、行政法规和国际惯例等要求，对进出境的货物、交通运输工具、人员等进行检验检疫、认证及签发官方检验检疫证明等监督管理工作。

我国出入境检验检疫产生于19世纪后期,迄今已有100多年历史。当前我国出入境检验检疫工作的主管机关是国家质量监督检验检疫总局。我国出入境检验检疫机构具有公认的法律制度。我国出入境检验检疫从其业务内容划分,主要包括进出口商品检验、进出境动植物检疫以及国境卫生检疫。

(一) 出入境检验检疫的法律地位

世界各国的法律法规和国际通行法、有关规则、协定等,都赋予检验检疫机构以公认的法律地位;国际贸易合同中对检验检疫一般也有明确的条款规定,使检验检疫工作受到法律保护,所签发的证件具有法律效力。

我国出入境检验检疫的法律地位主要是由以下四方面决定的。

1. 国家以法律形式从根本上确定了中国出入境检验检疫的法律地位

由于出入境检验检疫在国家涉外经济贸易中的地位十分重要,我国先后制定了《进出口商品检验法》《进出境动植物检疫法》《国境卫生检疫法》以及《食品卫生法》等法律,分别规定了出入境检验、检疫的目的和任务、责任范围、授权执法机关和管理权限、检验检疫的执行程序、执法监督和法律责任等重要内容,从根本上确定了出入境检验检疫工作的法律地位。

2. 检验检疫机构作为行政执法机构,确立了它在法律上的执法主体地位

上述四部关于检验检疫的法律中,分别对此作出了明确规定。国务院成立进出口商品检验部门、进出境动植物检疫部门和出入境卫生检疫部门,作为授权执行有关法律和主管各方面工作的主管机关,确立了它们在法律上的行政执法主体地位。

随着国家出入境检验检疫体制改革,我国实行商检、动植检和卫检机构体制合一,成立了国家检验检疫机构即国家质量监督检验检疫总局(以下简称国家质检总局),继承了原来商检、动植检和卫检机构的执法授权,成为四部法律共同的授权执法部门。

3. 出入境检验检疫法规已形成相对完整的法律体系,奠定了依法施检的执法基础

在上述四部检验检疫法律和国务院的实施条例公布后,各种配套法规,规范性程序文件,检验检测技术标准,检疫对象的消毒、灭菌、除虫等无害化处理规范等,经过具体化和修改补充,已基本完整齐备;检验检疫机构经过精减,健全内部管理的各项责任制度,也已基本适应了执法需要,对于保证检验检疫的正常开展和有序进行具有极其重要的意义。此外,我国出入境检验检疫的法律体系还要适应有关国际条约。

4. 我国检验检疫法律具有完备的监管程序,保证了法律的有效实施

其中,最主要的是货物的进出口和出入境都要通过海关最后一道监管措施,未经检验检疫并取得有效证件和放行单据的无法通过关境,人员的出入境则由边防机构的监管把关来保证检疫程序的有效实施。

(二) 出入境检验检疫的作用

当前,出入境检验检疫对保证国民经济的发展,消除国际贸易中的技术壁垒,保护消费者的利益和贯彻我国的对外交往政策,都有非常重要的作用。它的作用主要体现在以下几个方面。

(1) 出入境检验检疫是国家主权的体现。我国关于应验对象的强制性制度是国家主权的具体体现。出入境检验检疫机构作为涉外经济执法机构,根据法律授权,代表国家行使检验检疫职能。

(2) 出入境检验检疫是国家管理职能的体现。出入境检验检疫机构对出入境货物、包装和运输工具的检验检疫和注册登记与监督管理都具有强制性,是国家监督管理职能的具体体现。

(3) 出入境检验检疫是维护国家根本经济权益与安全的重要的贸易措施,是保证我国对外贸易顺利进行和持续发展的需要。具体表现为:

① 对进出口商品的检验检疫和监督认证是为了满足进口国的各种规定要求;

② 对进出口商品的官方检验检疫和监督认证是突破国外贸易技术壁垒和建立国家技术保护屏障的重要手段;

③ 加强对重要出口商品质量的强制性检验是为了促进提高中国产品质量及其在国际市场上的竞争能力,以利于扩大出口;

④ 加强对进口商品的检验是为了保障国内生产安全与人民身体健康,维护国家对外贸易的合法权益。

在国际贸易中,对外贸易、运输、保险双方往往要求由官方或权威的非当事人对进出口商品的质量、重量、包装、装运技术条件提供检验合格证明,作为出口商品交货、结算、计费、计税和进口商品处理质量与残损索赔问题的有效凭证。

(4) 出入境动植物检疫对保护农林牧渔业生产安全、促进农畜产品的对外贸易和保护人体健康具有十分重要的意义。

(5) 国境卫生检疫是防止检疫传染病传播、保护人体健康的屏障。

(三) 出入境检验检疫制度

我国进出境检验检疫制度内容包括进出口商品检验制度、进出境动植物检疫制度以及国境卫生监督制度。

1. 进出口商品检验制度

进出口商品检验制度是根据《中华人民共和国进出口商品检验法》及其实施条例的规定,国家质量监督检验检疫总局及其口岸进出境检验检疫机构对进出口商品进行品质、质量检验和监督管理的制度。

商品检验机构实施进出口商品检验的内容包括商品的质量、规格、数量、重量、包装以及是否符合安全、卫生的要求。我国商品检验的种类分为四种，即法定检验、合同检验、公证鉴定和委托检验。

对法律、行政法规、部门规章规定有强制性标准或者其他必须执行的检验标准的进出口商品，依照法律、行政法规、部门规章规定的检验标准检验；法律、行政法规未规定有强制性标准或者其他必须执行的检验标准的，依照对外贸易合同约定的检验标准检验。

2. 进出境动植物检疫制度

进出境动植物检疫制度是根据《中华人民共和国进出境动植物检疫法》及其实施条例的规定，国家质量监督检验检疫总局及其口岸进出境检验检疫机构对进出境动植物、动植物产品生产、加工、存放过程实行动植物检疫的进出境的监督管理制度。

我国实行进出境检验检疫制度是为了防止动物传染病、寄生虫病和植物危险性病、虫、杂草以及其他有害生物传入、传出国境，保护农、林、牧、渔业生产和人体健康，促进对外经济贸易的发展。

口岸进出境检验检疫机构实施动植物检疫监督管理的方式有实行注册登记、疫情调查、检测和防疫指导等，其管理主要包括进境检疫、出境检疫、过境检疫、进出境携带和邮寄检疫以及进出境运输工具检疫等。

拓展阅读 6.1 《中华人民共和国进出境动植物检疫法》

3. 国境卫生监督制度

国境卫生监督制度是指进出境检验检疫机构根据《中华人民共和国国境卫生检疫法》及其实施细则，以及国家其他的卫生法律、法规和卫生标准，在进出口口岸对进出境的交通工具、货物、运输容器以及口岸辖区的公共场所、环境、生活设施、生产设备所进行的卫生检查、鉴定、评价和采样检验的制度。

我国实行国境卫生监督制度是为了防止传染病由国外传入或者由国内传出，实施国境卫生检疫，保护人体健康。其监督职能主要包括进出境检疫、国境传染病检测、进出境卫生监督等。

二、出入境检验检疫的主要内容

(一) 法定检验检疫

1. 法定检验检疫的概念

法定检验检疫，又称强制性检验检疫，是指出入境检验检疫机构依照国家法律、行政法规和规定对必须检验检疫的出入境货物、交通运输工具、人员及其事项等依照规定的程序实施强制性的措施。

国家质检总局及其各地的检验检疫分支机构依法对指定的进出口商品实施法定检验,检验的内容包括商品的质量、规格、重量、数量、包装及安全卫生等项目。经检验合格并签发证书以后,方准出口或进口。未经检验检疫的,出入境检验检疫机构责令其停止销售、使用或者出口,没收非法所得和违法销售、使用或者出口的商品,并处违法销售、使用或者出口的商品货值金额等值以上 3 倍以下罚款。

2. 法定检验检疫的范围

须实施法定检验检疫的范围包括:

(1) 凡列入《出入境检验检疫机构实施检验检疫的进出境商品目录》的进出口商品和其他法律、法规规定须经检验的进出口商品,必须经过出入境检验检疫部门或其指定的检验机构检验;

(2) 对进出口食品的卫生检验和进出境动植物的检疫;

(3) 对装运出口易腐烂变质食品、冷冻品的船舱、集装箱等运载工具的适载检验;

(4) 对出口危险货物包装容器的性能检验和使用鉴定;

(5) 对有关国际条约规定或其他法律、行政法规规定须经检验检疫机构检验的进出口商品实施检验检疫;

(6) 国际货物销售合同规定由检验检疫机构实施出入境检验时,当事人应及时提出申请,由检验检疫机构按照合同规定,对货物实施检验并出具检验证书。

(二) 进出口商品检验

进出口商品检验,是指确定列入《出入境检验检疫机构实施检验检疫的进出境商品目录》的进出口商品是否符合国家技术规范的强制性要求的合格评定活动。

凡列入《出入境检验检疫机构实施检验检疫的进出境商品目录》的进出口商品和其他法律、法规规定须经检验的进出口商品,必须经过出入境检验检疫部门或其指定的检验机构检验。检验检疫机构根据需要,对检验合格的进出口商品可以加施检验检疫标志或封识。

(三) 动植物检疫

(1) 检验检疫机构依法实施动植物检疫的情形包括五种,即进出境、过境的动植物、动植物产品和其他检疫物;装载动植物、动植物产品和其他检疫物的装载容器、包装物、铺垫材料;来自动植物疫区的运输工具;进境拆解的废旧船舶;有关法律、法规、国际条约规定或者贸易合同约定应当实施进出境动植物检疫的其他货物、物品。

(2) 对于国家列明的禁止进境物作退回或销毁处理。

(3) 对进境动物、动物产品、植物种子、种苗及其他繁殖材料实行进境检疫许可制度,在签订合同之前,先办理检疫审批。

(4) 对出境动植物、动植物产品或其他检疫物,检验检疫机构对其生产、加工、存放过程实施检疫监管。

(5) 对过境运输的动植物、动植物产品和其他检疫物实行检疫监管。

(6) 对携带、邮寄动植物、动植物产品和其他检疫物的进境实行检疫监管。

(7) 对来自疫区的运输工具,口岸检验检疫机构实施现场检疫和有关消毒处理。

(四) 卫生检疫与处理

我国关于卫生检疫与处理的内容和规定主要有:

(1) 出入境检验检疫部门对出入境的人员、交通工具、集装箱、行李、货物、邮包等实施医学检查和卫生检查。

(2) 检验检疫机构对未染有检疫传染病或者已实施卫生处理的交通工具,签发入境或者出境检疫证。

(3) 检验检疫机构对入境、出境人员实施传染病监测,有权要求出入境人员填写健康申明卡,出示预防接种证书、健康证书或其他有关证件。

(4) 对患有鼠疫、霍乱、黄热病的出入境人员,应实施隔离留验。

(5) 对患有艾滋病、性病、麻风病、精神病、开放性肺结核的外国人应阻止其入境。

(6) 对患有监测传染病的出入境人员,视情况分别采取留验、发就诊方便卡等措施。

(7) 对国境口岸和停留在国境口岸的入出境交通工具的卫生状况实施卫生监督。

(8) 对发现的患有检疫传染病、监测传染病、疑似检疫传染病的入境人员实施隔离、留验和就地诊验等医学措施。

(9) 对来自疫区、被传染病污染、发现传染病媒介的出入境交通工具、集装箱、行李、货物、邮包等物品进行消毒、除鼠、除虫等卫生处理。

(五) 进口废物原料、旧机电产品装运前的检验

1. 进口废物原料装运前检验的主要内容和规定

(1) 对国家允许作为原料进口的废物,实施装运前检验制度,防止境外有害废物向我国转运。进口废物前,进口单位应先取得国家环保总局签发的《进口废物批准证书》。

(2) 收货人与发货人签订的废物原料进口贸易合同中,必须订明所进口的废物原料须符合中国环境保护控制标准的要求,并约定由出入境检验检疫机构或国家质检总局认可的检验机构实施装运前检验,检验合格后方可装运。

2. 旧机电产品装运前检验的主要内容和规定

进口旧机电产品的收货人或其代理人应在合同签署前向国家质检总局或收货人所在

地直属检验检疫局办理备案手续。

对按规定应当实施装运前预检验的,由检验检疫机构或国家质检总局认可的装运前预检检验机构实施装运前检验,检验合格后方可装运。运抵口岸后,检验检疫机构仍将按规定实施到货检验。

(六) 进口商品认证管理

进口商品认证管理包括:国家对涉及人类健康和动植物生命和健康,以及环境保护和公共安全的产品实行强制性认证制度;列入《中华人民共和国实施强制性产品认证的产品目录》内的商品,必须经过指定的认证机构认证合格、取得指定认证机构颁发的认证证书,并加施认证标志后,方可进口。

拓展阅读 6.2　无须办理认证的条件

(七) 出口商品质量许可和卫生注册管理

出口商品质量许可是指国家对重要出口商品实行质量许可制度,出入境检验检疫部门单独或会同有关主管部门共同负责发放出口商品质量许可证的工作,未获得质量许可证书的商品不准出口。

检验检疫部门对机械、电子、轻工、机电、玩具、医疗器械、煤炭等类商品实施出口产品质量许可制度。国内生产企业或其代理人可向当地出入境检验检疫机构申请出口质量许可证书。对于实施质量许可制度的出口商品实行验证管理。

卫生注册管理是指国家对出口的食品及其生产企业实施卫生注册登记制度。实施卫生注册登记制度的出口食品生产企业应向检验检疫机构申请卫生注册登记,取得登记证书后,方可生产、加工、储存出口食品。

(八) 出口危险货物运输包装检验

我国对出口商品的运输包装进行性能检验,未经检验或检验不合格的,不准用于盛装出口商品。生产危险货物出口包装容器的企业,必须向检验检疫机构申请包装容器的性能鉴定。生产危险货物的企业,必须向检验检疫机构申请危险货物包装容器的使用鉴定。

(九) 外商投资财产价值鉴定

外商投资财产鉴定包括价值鉴定,损失鉴定,品种、质量、数量鉴定等。各地检验检疫机构凭财产关系人或代理人及经济利益有关各方的申请,或司法、仲裁、验资等机构的指定或委托,办理外商投资财产的鉴定工作。

(十) 货物装载和残损鉴定

用船舶和集装箱装运粮油食品、冷冻品等易腐食品出口的,应向口岸检验检疫机构申请检验船舱和集装箱,经检验符合装运技术条件并发给证书后,方准装运;对外贸易关系人及仲裁、司法等机构,对海运进口商品可向检验检疫机构申请办理监视、残损鉴定、监视卸载、海损鉴定、验残等残损鉴定工作。

(十一) 进出口商品质量认证

检验检疫机构根据国家统一的认证制度,对有关的进出口商品实施认证管理。

(十二) 涉外检验检疫、鉴定、认证机构审核认可和监督涉外检验检疫、鉴定、认证机构审核认可

对从事进出口商品检验、鉴定、认证业务的中外合资、合作机构、公司及中资企业,对其经营活动实行统一监督管理。对于境内外检验鉴定认证公司设在各地的办事处,实行备案管理。

(十三) 与外国和国际组织开展合作

负责对外签订政府部门间的检验检疫合作协议、认证认可合作协议、检验检疫协议执行议定书等并组织实施;承担国际组织在标准与一致化和检验检疫领域的联络点工作等。

三、报检的相关概念

报检是指有关当事人根据法律、行政法规的规定,对外贸易合同的约定或证明履约的需要,向检验检疫机构申请检验、检疫、鉴定,以获准出入境或取得销售使用的合法凭证及某种公证证明所必须履行的法定程序和手续。报检工作由报检单位的报检员负责,报检单位和报检员统称为报检当事人。报检当事人从事报检行为,办理报检业务,必须按照检验检疫机构的要求,取得报检资格;未按规定取得报检资格的,检验检疫机构不予受理报检。

(一) 报检单位

报检单位是根据法律、法规有关规定在出入境检验检疫机构登记备案或注册登记的境内企业法人、组织或个人。国家质检总局将其分为自理报检单位和代理报检单位。

1. 自理报检单位

自理报检单位是指根据法律法规规定办理出入境检验检疫报检/申报,或委托代理报

检单位办理出入境检验检疫报检/申报手续的出入境货物或其他报检物的收发货人,进出口货物的生产、加工、储存和经营单位等。

自理报检单位主要包括:有进出口经营权的国内企业;进口货物的收货人或其代理人;出口货物的生产企业;出口食品包装容器和包装材料、出口货物运输包装及出口危险货物运输包装生产企业;中外合资、中外合作、外商独资企业;国外(境外)企业、商社常驻中国代表机构;进出境动物隔离饲养和植物繁殖生产单位;进出境动植物产品的生产、加工、存储、运输单位;对进出境动植物、动植物产品、装载容器、包装物、交通运输工具等进行药剂熏蒸和消毒服务的单位;有进出境交换业务的科研单位;其他需报检的单位。

自理报检单位在首次报检时须办理备案登记手续,取得《自理报检单位备案登记证书》和报检单位代码后,方可办理相关检验检疫事宜。自理报检单位自行报检本企业生产、加工、储存或经营的进出口货物的报检行为属于自理报检行为,简称自理报检。

2. 代理报检单位

代理报检单位是指经检验检疫机构注册登记,依法接受有关关系人的委托,为有关关系人办理报检/申报业务,在工商行政管理部门注册登记的境内企业法人。代理报检单位须经国家质检总局审核获得许可、注册登记,取得"代理报检单位注册登记证书"和报检单位代码后,方可依法代为办理检验检疫报检。代理报检单位接受有关贸易关系人委托,为有关贸易关系人办理出入境检验检疫手续的报检行为,属于代理报检行为,简称代理报检。

(二) 报检员

报检员只有通过国家质检总局组织的全国统一考试,获得"报检员资格证",并由所在的报检单位向检验检疫机构提出注册申请,经审核合格获得了"报检员证",方能从事本单位的报检工作。报检员必须服务于某一个报检单位而不能独立其外,但报检员不得同时兼任两个或两个以上报检单位的报检工作。同时,报检单位要对其雇用的报检员的报检行为承担法律责任。

报检员取得"报检员证"后即可从事出入境检验检疫报检工作,并接受检验检疫机构的监督和管理。检验检疫机构对报检员在日常办理报检业务过程中出现的差错或违规行为实行差错记分管理。

(三) 报检范围

凡是法定须进行检验检疫的进出口商品,进出境动植物及其产品和其他检疫物,装载动植物及其产品和其他检疫物的装载容器和包装物,来自动植物疫区的运输工具,出入境人员、交通工具、运输设备,以及可能传播检疫传染病的行李、货物、邮包等都必须向检验检疫机构报检。报检范围主要包括五类。

第一类是法律、行政法规规定的报检范围,具体包括:

(1) 列入《法检目录》内的货物;

(2) 入境废物、进境旧机电产品;

(3) 出口危险货物包装容器的性能检验和使用鉴定;

(4) 进出境集装箱,进境、出境、过境的动植物、动植物产品及其他检疫物;

(5) 装载动植物、动植物产品和其他检疫物的容器、包装物、铺垫材料;

(6) 进境动植物性包装物、铺垫材料;

(7) 来自动植物疫区的运输工具;

(8) 装载进境、出境、过境的动植物、动植物产品及其他检疫物的运输工具;

(9) 进境拆解的废旧船舶;

(10) 出入境人员、交通工具、运输设备以及可能传播检疫传染病的行李、货物、邮包等物品;

(11) 旅客携带物(包括微生物、人体组织、生物制品、血液及其制品、骸骨、骨灰、废旧物品和可能传播传染病的物品以及动植物、动植物产品和其他检疫物)和携带伴侣动物;

(12) 国际邮寄物(包括动植物、动植物产品和其他检疫物、微生物、人体组织、生物制品、血液及其制品以及其他需要实施检疫的国际邮寄物);

(13) 法律、行政法规规定的其他应检对象。

第二类是输入国家或地区规定必须凭检验检疫机构出具的证书方准入境的货物。

第三类是国际条约规定必须检验检疫的货物。

第四类是外贸合同中约定必须凭检验检疫机构证书办理交接、结算的货物。

第五类是需要出具原产地证明书的货物。

(四) 报检方式

出入境货物的收/发货人或其代理人向检验检疫机构报检,可以采用书面报检或电子报检两种方式。书面报检是指报检当事人按照检验检疫机构的规定,填制纸质"出/入境货物报检单",备齐随附单证,向检验检疫机构当面递交的报检方式。电子报检是实施"电子申报、电子转单、电子通关"的检验检疫新"三电工程"中的重要组成部分。一般情况下,报检当事人应采用电子报检方式向检验检疫机构报检,并且确定电子报检信息真实、准确,与纸质报检单及随附单据有关内容保持一致。

所谓电子报检是指报检当事人使用电子报检软件,通过检验检疫电子业务服务平台,将报检数据以电子方式传输给检验检疫机构,经电子审单中心检验检疫业务管理系统和检验检疫工作人员处理后,将受理报检信息反馈给报检人当事人,报检人当事人在收到检验检疫机构已受理报检的反馈信息(生成预录入号或直接生成正式报检号)后打印出符合规范的纸质报检单,在检验检疫机构规定的时间和地点提交"出/入境货物报检单"和随附单据的过程。

目前,能够进行电子报检的业务包括出入境货物的报检,出境运输包装和进出境包装食品的报检,进出境木质包装、集装箱的报检等。

(五) 复验

报检人对检验检疫机构的检验结果有异议的,可以向做出检验结果的检验检疫机构或其上级检验检疫机构申请复验,也可以向国家质检总局申请复验。受理复验的检验检疫机构或国家质检总局负责组织实施复验,但对同一检验结果只进行一次复验。报检人对复验结论仍不服的,可以依法申请行政复议,也可以向人民法院提起行政诉讼。

报检人应当在收到检验检疫机构作出的检验结果之日起 15 日内提出复验,并且要保证和保持原报检商品的质量、重量、数量符合原检验时的状态,并保留其包装、封识、标志。报检人申请复验时须提交"复验申请表"、原报检所提供的证单和资料以及原检验检疫机构出具的证单。

接受申请的机构对复验材料进行审核,符合规定的予以受理,并组织实施复验。受理机构应当自收到复验申请之日起 60 日内做出复验结论。若技术复杂,经本机构负责人批准,可以适当延长,延长期限最多不超过 30 日。申请复验的报检人应当按照规定交纳复验费用,但复验结论认定属原检验检疫机构责任的,复验费用由原检验检疫机构承担。

第二节　国际货物报检的一般工作流程

国际货物报检的工作流程可概括为四个环节:受理报检,检验检疫和鉴定,检验检疫收费,签证、放行。

一、受理报检

检验检疫机构接受申请人报检,是检验检疫工作的开始。检验检疫机构根据我国《出入境检验检疫报检规定》,负责受理报检范围内的各类报检工作。

1. 需要报检的范围

(1)法律、行政法规规定必须由出入境检验检疫机构实施检验检疫的。

(2)输入国家或地区规定必须凭检验检疫机构出具的证书方准入境的。

(3)有关国际条约规定必须经检验检疫的。

(4)申请签发普惠制原产地证或一般原产地证的。

(5)对外贸易关系人申请的鉴定业务和委托检验。

(6)对外贸易合同、信用证规定由检疫机构或官方机构出具证书的。

（7）未列入《出入境检验检疫机构实施检验检疫的进出境商品目录》的入境货物，经收、用货单位验收发现质量不合格或残损，需检验检疫局出证索赔的。

（8）涉及出入境检验检疫内容的司法和行政机关委托的鉴定业务。

2. 报检人报检时必须履行的手续

不同类的货物如一般货物、动植物以及一些有特殊规定的检验检疫货物，其报检要求是不同的。报检人报检时必须履行的手续主要有三项：填写报检单；提供相应的单证；按规定缴纳检验检疫费。

二、检验检疫和鉴定

在检验检疫和鉴定环节，报检人应事先约定抽样、检验检疫和鉴定的时间，并须预留足够的取采样、检验检疫和鉴定的工作日，同时须提供进行采样、检验检疫和鉴定等必要的工作条件。

1. 抽样

凡需检验检疫并出具结果的出入境货物，一般需由检验检疫人员到现场抽取样品。所抽取的样品必须具有代表性、准确性、科学性。抽取后的样品必须及时封识送检，以免发生意外，并及时填写现场记录。

检验检疫机构样品抽取的方法有：进出口合同中规定了抽样方法的，按合同规定的标准或方法抽取；合同没有规定抽样方法的，按有关标准进行抽样。

2. 制样

凡所抽取样品经过加工方能进行检验的称为制样。制样一般在检验检疫机构的实验室内进行，无制样条件的可在社会认可的实验室制样。

样品及制样的小样经检验检疫后重新封识，超过样品保存期后销毁；需留中间样品的按规定定期保存。

3. 实施检验检疫

对出入境应检对象，检验检疫人员通过感官的、物理的、化学的、微生物的方法进行检验检疫，以判定所检对象的各项指标是否符合合同及买方所在国（地区）官方机构的有关规定。

4. 隔离检验检疫

入境的动物必须在入境口岸进行隔离检验检疫。对需要隔离检验检疫的出境动物先确定隔离场，由检验检疫人员进行临诊检查和实验室检验检疫。

入境植物需隔离检验检疫的，应在口岸检验检疫机构指定的场所进行。入境的种子、种苗和其他繁殖材料，根据"引进种子、种苗检疫审批单"的审批意见，需要隔离检验检疫的,在口岸检验检疫机构指定的植物检验检疫隔离苗圃或隔离种植地种植。

5. 鉴定业务

除国家法律、行政法规规定必须经检验检疫机构检验检疫的对象外,检验检疫机构可根据对外贸易关系人、国外机构的委托,仲裁机构的委托或指定等,对出入境货物、动植物及其包装、运载工具和装运技术条件等进行检验检疫或鉴定,并签发有关证书,作为办理出入境货物交接、计费、通关、计纳税、索赔、仲裁等事项的有关凭证。

6. 卫生除害处理

按照《中华人民共和国国境卫生检疫法》及其实施细则、《中华人民共和国食品卫生法》、《中华人民共和国进出境动植物检疫法》及其实施条例的有关规定,检验检疫机构所涉及的卫生除害处理的范围和对象是非常广泛的,它包括出入境的货物、动植物、运输工具、交通工具的卫生除害处理以及公共场所、病源地和疫源地的卫生除害处理等。

三、检验检疫收费

检验检疫收费包括:出入境检验检疫费,考核、注册、认可认证、签证、审批、查验费,出入境动植物实验室检疫项目费,鉴定业务费,检验处理费等。收费对象是向出入境检验检疫机构申请检验、检疫、鉴定等业务的货主或其代理人。收费基本上采取预收费或月底结算两种方式。对预收费者,申请人取证(单)时,根据检验检疫结果,多退少补。检验检疫收费的一般规定包括:

(1)出入境检验检疫费不足最低限额时,按最低额收取,以人民币计算到元,元以下四舍五入。

(2)收费标准中以货值为基础计费的,以出入境货物的贸易信用证、发票、合同所列货物总值或海关估价为基础计收。

检验检疫机构对出入境货物的计费以"一批"为一个计算单位。"一批"是指同一品名,在同一时间,以同一运输工具,来自或运往同一地点,同一收货、发货人的货物。列车多车厢运输,满足以上条件的,按一批计;单一集装箱多种品名货物拼装,满足以上条件的,按一批计。

同批货物涉及多项检验检疫业务的,应根据检验检疫业务工作的实际情况,以检验检疫为一项,数/重量为一项,包装鉴定为一项,实验室检验为一项,财产鉴定为一项,安全检测为一项,检疫处理为一项,分别计算,累计收费。其中,货物检验检疫费项按品质检验、卫生检疫分别计算,累计收费。

检验检疫机构对法定检验检疫的出入境货物,按照有关检验检疫操作规程或检验检疫条款规定,抽样检验代表全批的,均按全批收费。

自检验检疫机构开具收费通知单之日起 20 日内,出入境关系人应缴清全部费用;逾期未缴的,自第 21 日起,每日加收未缴纳部分 0.5% 的滞纳金。

四、签证、放行

签证、放行是检验检疫机构检验检疫工作的最后一个环节。

(一) 签证

出入境检验检疫机构根据我国法律规定行使出入境检验检疫行政职能,按照有关国际贸易各方签订的契约规定或其政府的有关法规以及国际惯例、条约的规定从事检验检疫工作,并据此签发证书。

凡法律、行政法规、规章或国际公约规定须经检验检疫机构检验检疫的出境货物,检验检疫合格的,签发出境货物通关单,作为海关核放货物的依据。同时,国外要求签发有关检验检疫证书的,检验检疫机构根据对外贸易关系人的申请,经检验检疫合格的,签发相应的检验检疫证书;经检验检疫不合格的,签发出境货物不合格通知单。

凡法律、行政法规、规章或国际公约规定须经检验检疫机构检验检疫的入境货物,检验检疫机构接受报检后,先签发入境货物通知单,海关据以验放货物。然后,经检验检疫机构检验检疫合格的,签发《入境货物检验检疫情况通知单》;不合格的,对外签发检验检疫证书,供有关方面对外索赔。需异地实施检验检疫的,口岸检验检疫机构办理异地检验检疫手续。

1. 检验检疫证单的法律效用

检验检疫证单的法律效力主要体现在以下七个方面:

(1) 检验检疫证单是出入境货物通关的重要凭证;

(2) 检验检疫证单是海关征收和减免关税的有效凭证;

(3) 检验检疫证单是履行交接、结算及进口国准入的有效证件;

(4) 检验检疫证单是议付货款的有效证件;

(5) 检验检疫证单是明确责任的有效证件;

(6) 检验检疫证单是办理索赔、仲裁及诉讼的有效证件;

(7) 检验检疫证单是办理验资的有效证明文件。

2. 检验检疫证单的类型

检验检疫证单的类型主要有三种:

(1) 证书类。证书类包括品质、规格、数量、重量、包装等检验证书,食品卫生证书,健康证书,兽医卫生证书,动物卫生证书,植物检疫证书,船舶入境卫生检疫证,除鼠证书/免予除鼠证书,运输工具检疫证书,熏蒸/消毒证书等。

(2) 凭单类。凭单类主要包括入境货物报检单、出境货物运输包装性能检验结果单、出境危险货物包装容器使用鉴定结果单、集装箱检验检疫结果单、入境货物检验检疫情况通知单、出境货物不合格通知单等。

（3）国家质检总局印制的其他证单。国家质检总局印制的其他证单如：进境动植物检疫许可证、国境口岸储存场地卫生许可证、口岸食品生产经营单位卫生许可证、出入境特殊物品卫生检疫审批单等。

3．检验检疫证单的申请、签发与更改

出入境检验检疫证书的签发程序包括审核、制证、校对、签署和盖章、发证/放行等环节。抽样记录、检验检疫结果记录、拟稿等环节在各检验检疫施检部门完成，其他各环节均在检务部门完成，包括审核证稿及其全套单据，缮制各种证单，经过校对证单，签署和盖章后发证。

检验检疫证书使用按照国家质检总局制定或批准的格式，分别使用英文、中文、中英文合并签发。报检人有特殊要求使用其他语种签证的，应由申请人提出申请，经审批后予以签发。一般情况下，检验检疫机构只签发一份正本。特殊情况下，合同或信用证要求两份或两份以上正本，且难以更改合同或信用证的，经审批同意，可以签发，但应在第二份证书上注明"本证书是×××号证书正本的重本。"

报检人应交齐检验检疫费，在证单签署后 30 天内领取证单。报检人员在领取证单时应出示报检凭证并签字，注明领证时间，核对证单是否正确，防止错领冒领。

在检验检疫机构签发检验检疫证单后，报检人要求更改或补充内容的，应向原证书签发检验检疫机构提出申请，经检验检疫机构核实批准后，按规定予以办理。任何单位或个人不得擅自更改检验检疫证书内容，伪造或变更检验检疫证书属于违法行为。

检验检疫机构发出证书后，因交接、索赔、结汇等各种需要，或报检人要求补充检验项目，或发现该批货物的其他缺陷或产生缺陷的原因等，为了进一步说明这些情况，检验检疫机构可在原证书的基础上酌情补充证书的内容，对原证书的不充分或遗漏部分作进一步说明或评定。

报检人需要补充证书内容时，应办理申请手续，填写"更改申请单"，并出具书面证明材料，说明要求补充的理由，经检验检疫机构核准后据实签发补充证书。检验检疫机构按规定在补充证书上注明"本证书是×××证书的补充证书"字样。补充证书与原证书同时使用时有效。

在检验检疫证书签发后，报检人要求更改证单内容的，经审批同意后方可办理更改手续。

4．检验检疫证单有效期

（1）检验检疫机构签发的证单一般以验讫日期作为签发日期。

（2）出境货物的出运期限及有关检验检疫证单的有效期：一般货物为 60 天；植物和

植物产品为 21 天,北方冬季可适当延长至 35 天;鲜活类货物为 14 天。

(3) 交通工具卫生证书用于船舶的有效期为 12 个月,用于飞机、列车的有效期为 6 个月。

(4) 国际旅行健康证明书有效期为 12 个月,预防接种证书的有效时限参照有关标准执行。

(5) 换证凭单以标明的检验检疫有效期为准。

(6) 信用证要求装运港装船时检验,签发证单日期为提单日期 3 天内(含提单日)。

(二) 放行

放行是检验检疫机构对列入法定检验检疫的出入境货物出具规定的证件,表示准予出入境并由海关监管验放的一种行政执法行为。凡列入《出入境检验检疫机构实施检验检疫的进出境商品目录》的进出境商品,必须经出入境检验检疫机构实施检验检疫,海关凭出入境检验检疫机构签发的入境货物通关单或出境货物通关单验放。

海关只受理报关地出入境检验检疫机构签发的入境货物通关单或出境货物通关单。对出入境运输工具,符合卫生检疫要求的,检验检疫机构签发运输工具检验检疫证书并予以放行;经卫生处理的,签发检验检疫证书并予以放行。

拓展阅读 6.3　申请实施直通放行的企业应符合的条件

第三节　国际货物报检单

一、入境货物报检单

报检单位须加盖报检单位印章,并准确填写本单位在检验检疫机构备案或注册登记的代码。所列各项内容必须完整、准确、清晰、不得涂改。

(1) 编号:电子报检受理后自动生成,在受理回执中自动反馈。

(2) 报检单位:填写报检单位的全称。

(3) 报检单位登记号:填写报检单位在检验检疫机构备案或注册登记的代码。

(4) 联系人:填写报检人员姓名。电话:填写报检人员的联系电话。

(5) 报检日期:检验检疫机构实际受理报检的日期,由检验检疫机构受理报检人员填写。

(6) 收货人:填写外贸合同中的收货人。应中英文对照填写。

(7) 发货人：填写外贸合同中的发货人。

(8) 货物名称（中/外文）：填写本批货物的品名，应与进口合同、发票名称一致，如为废旧货物应注明。

(9) H.S 编码：填写本批货物的商品编码。以当年海关公布的商品税则编码分类为准。

(10) 原产国（地区）：填写本批货物生产/加工的国家或地区。

(11) 数/重量：填写本批货物的数/重量，应与合同、发票或报关单上所列的货物数/重量一致，并应注明数重量单位。

(12) 货物总值：填写本批货物的总值及币种，应与合同、发票或报关单上所列的货物总值一致。

(13) 包装种类及数量：填写本批货物实际运输包装的种类及数量，应注明包装的材质。

(14) 运输工具名称号码：填写装运本批货物的运输工具的名称和号码。

(15) 合同号：填写对外贸易合同、订单的号码。

(16) 贸易方式：填写本批货物进口的贸易方式，根据实际情况选填一般贸易、来料加工、进料加工、易货贸易、补偿贸易、边境贸易、无偿援助、外商投资、对外承包工程进出口货物、出口加工区进出境货物、出口加工区进出区货物、退运货物、过境货物、保税区进出境仓储、转口货物、保税区进出区货物、暂时进出口货物、暂时进出口留购货物、展览品、样品、其他非贸易性物品、其他贸易性货物等。

(17) 贸易国别（地区）：填写本批进口货物的贸易国别（地区）。

(18) 提单/运单号：货物海运提单号或空运单号，有二程提单的应同时填写。

(19) 到货日期：填写本批货物到达口岸的日期。

(20) 启运国家（地区）：填写装运本批货物的交通工具的启运国家或地区。

(21) 许可证/审批号：需办理进境许可证或审批的货物应填写有关许可证号或审批号。

(22) 卸毕日期：填写货物在口岸卸毕的实际日期。

(23) 启运口岸：填写装运本批货物的交通工具的启运口岸。

(24) 入境口岸：填写装运本批货物的交通工具进境时首次停靠的口岸。

(25) 索赔有效期至：按外贸合同规定的日期填写，特别要注明截止日期。

(26) 经停口岸：填写本批货物启运后，到达目的地前中途曾经停靠的口岸名称。

(27) 目的地：填写本批货物预定最后到达的交货地。

(28) 集装箱规格、数量及号码：货物若以集装箱运输应填写集装箱的规格、数量及号码。

(29) 合同订立的特殊条款以及其他要求：填写在合同中特别订立的有关质量、卫生等条款或报检单位对本批货物检验检疫的特别要求。

（30）货物存放地点：填写本批货物存放的地点。

（31）用途：填写本批货物的用途。根据实际情况选填种用或繁殖、食用、奶用、观赏或演艺、伴侣动物、实验、药用、饲用、其他。

（32）随附单据：按实际向检验检疫机构提供的单据，在对应的"□"上打"√"或补填。

（33）标记及号码：填写货物的标记号码，应与合同、发票等有关外贸单据保持一致。若没有标记号码则填"N/M"。

（34）外商投资财产：由检验检疫机构报检受理人员填写。

（35）报检人郑重声明：由报检人员亲笔签名。

（36）检验检疫费：由检验检疫机构计费人员填写。

（37）领取证单：由报检人在领取证单时填写实际领证日期并签名。

二、出境货物报检单

报检单位须加盖报检单位印章，并准确填写本单位在检验检疫机构备案或注册登记的代码。所列各项内容必须完整、准确、清晰、不得涂改。

（1）编号：电子报检受理后自动生成，在受理回执中自动反馈。

（2）报检单位：填写报检单位的全称。

（3）报检单位登记号：填写报检单位在检验检疫机构备案或注册登记的代码。

（4）联系人：填写报检人员姓名。电话：填写报检人员的联系电话。

（5）报检日期：检验检疫机构实际受理报检的日期，由检验检疫机构受理报检人员填写。

（6）发货人：根据不同情况填写。预检报检的，可填写生产单位。出口报检的，应填写外贸合同中的卖方或信用证受益人。

（7）收货人：按外贸合同、信用证中所列买方名称填写。

（8）货物名称：按外贸合同、信用证上所列名称及规格填写。

（9）H.S编码：填写本批货物的商品编码。以当年海关公布的商品税则编码分类为准。

（10）产地：指货物的生产（加工）地，填写省、市、县名。

（11）数/重量：按实际申请检验检疫数/重量填写。重量还应填写毛/净重。

（12）货物总值：填写本批货物的总值及币种，应与外贸合同、发票上所列的货物总值一致。

（13）包装种类及数量：填写本批货物实际运输包装的种类及数量，应注明包装的材质。

（14）运输工具名称号码：填写装运本批货物的运输工具的名称和号码。

（15）合同号：填写对外贸易合同、订单的号码。

（16）信用证号：填写本批货物对应的信用证编号。

（17）贸易方式：填写本批货物进口的贸易方式，根据实际情况选填一般贸易、来料加工、进料加工、易货贸易、补偿贸易、边境贸易、无偿援助、外商投资、对外承包工程进出口货物、出口加工区进出境货物、出口加工区进出区货物、退运货物、过境货物、保税区进出境仓储、转口货物、保税区进出区货物、暂时进出口货物、暂时进出口留购货物、展览品、样品、其他非贸易性物品、其他贸易性货物等。

（18）货物存放地点：填写本批货物存放的具体地点、厂库。

（19）发货日期：填写出口装运日期，预检报检可不填。

（20）输往国家和地区：指外贸合同中买方（进口方）所在国家和地区，或合同注明的最终输往国家和地区。

（21）许可证/审批号：对已实施许可/审批制度管理的货物，报检时填写质量许可证编号或审批单编号。

（22）生产单位注册号：指生产、加工本批货物的单位在检验检疫机构注册登记编号。

（23）启运地：填写装运本批货物离境的交通工具的启运口岸/城市地区名称。

（24）到达口岸：指本批货物最终抵达目的地停靠口岸名称。

（25）集装箱规格、数量及号码：货物若以集装箱运输应填写集装箱的规格、数量及号码。

（26）合同订立的特殊条款以及其他要求：填写在外贸合同中特别订立的有关质量、卫生等条款或报检单位对本批货物检验检疫的特别要求。

（27）标记及号码：货物的标记号码，应与合同、发票等有关外贸单据保持一致。若没有标记号码则填"N/M"。

（28）用途：填写本批货物的用途。根据实际情况选填种用或繁殖、食用、奶用、观赏或演艺、伴侣动物、试验、药用、饲用、其他。

（29）随附单据：按实际向检验检疫机构提供的单据，在对应的"□"上打"√"或补填。

（30）需要证单名称：根据所需由检验检疫机构出具的证单，在对应的"□"上打"√"或补填。并注明所需证单的正副本数量。

（31）报检人郑重声明：报检人员必须亲笔签名。

（32）检验检疫费：由检验检疫机构计费人员填写。

（33）领取证单：报检人在领取证单时填写领证日期并签名。

本章思考题

一、判断题

1. 对按规定实施装运前预检验的并检验合格的货物,运抵口岸后,检验检疫机构无须再次检验。 （　　）

2. 对列入《中华人民共和国实施强制性产品认证的产品目录》内的商品,经过指定的认证机构认证合格后,方可进口。 （　　）

3. 检验检疫机构接受申请人报检,是检验检疫工作的开始。 （　　）

4. 未列入《出入境检验检疫机构实施检验检疫的进出境商品目录》的入境货物,经收、用货单位验收发现质量不合格或残损,需由检验检疫局出证索赔。 （　　）

5. 自检验检疫机构开具收费通知单之日起 15 日内,出入境关系人应缴清全部费用;逾期未缴的,自第 16 日起,每日加收滞纳金。 （　　）

6. 检验检疫机构签发的证单一般以开始检验日期作为签发日期。 （　　）

二、简答题

1. 简述检验检疫的目的、作用与任务。

2. 出入境检验检疫制度有哪些?

3. 简述国际货物报检的一般工作流程。

拓展阅读 6.4　美国和中国负责出口产品检验的机构有哪些?

第七章

国际海上货运代理

【学习目标】

1. 了解国际海上货物运输的特点与方式；

2. 熟悉国际海运的各种有关单证；

3. 掌握国际海上货运代理的各种实务操作流程；

4. 学会各种操作流程下海运运费的计算方法。

【知识要点】

1. 海运提单的性质及单证；

2. 班轮运输代理程序，租船运输代理程序，国际海上集装箱货运业务程序；

3. 海运运费计算。

引导案例

两国首条北极航线集装箱班轮启动，
中俄贸易增加运输"大动脉"

2023年7月，中俄北极航线集装箱班轮启动仪式在莫斯科举行。在中俄两国代表的见证下，由中国新新海运公司运营的载有纸张、化学品、化肥等货物的集装箱货船"新新北极熊"号从圣彼得堡港第一集装箱码头出发，预计在历时20多天之后，穿越北极航线抵达中国上海港。《环球时报》记者11日查询国际海运信息网站发现，该货船已经向南驶过日本津轻海峡。

新新海运公司俄罗斯代表称，为了实现中俄北极航线集装箱货船的周班运营，新新海运投入了5艘高冰级集装箱货轮。预计在天气等各方面条件允许的情况下，航线将能够从7月一直运行到10月底。

根据中国海关总署8日公布的数据，2023年前7个月，俄罗斯和中国之间的贸易额与2022年同期相比增长了36.5%，超过1341亿美元。此前，两国政府同意在2024年将双边贸易额提高到2000亿美元。俄方专家预计，考虑到目前的动态,2023年的贸易额可能会明显超过既定目标。

俄Amarkets公司分析部门负责人阿尔焦姆·捷耶夫称,中俄贸易额的急剧增长是可以预料的。目前许多中国公司正在俄市场上积极发展,西方公司市场份额减少,这样的趋势反映在双边贸易中。中国企业向俄罗斯供应设备、电子产品、服装和消费品。与此同时,俄正在增加对中国的能源、食品、金属和木材销售。俄经济发展部副部长弗拉基米尔·伊利切夫称,在可预见的未来,中俄贸易目标或设为3000亿美元。

俄罗斯《共青团真理报》此前援引俄罗斯总统助理伊戈尔·列维京的话称,西伯利亚铁路运输量上限约为2.2亿吨,近期的货物已达8000万吨。北极航线将成为一条新的运输"大动脉"。

海上运输一直是中俄两国重要的货物运输方式。俄罗斯investim网8日报道称,中国和俄罗斯之间的海上运输运送多种货物,包括集装箱、石油、天然气、煤炭和其他货物。目前正在运行的一条关键路线是连接中国东海岸港口和俄罗斯太平洋沿岸港口的"太平洋走廊"。该航线主要用于运输石油、煤炭和铁矿石等大宗商品。

俄专家分析称,未来中俄之间的海上运输仍具有巨大的发展潜力,新航线的开通对俄罗斯和中国都是有利的。与以前的航线相比,北极航线成本更小,也在一定程度上避免了地缘政治因素对航运的干扰。

一、一条越来越重要的航路

上海国际航运研究中心首席信息官徐凯11日对《环球时报》记者表示,目前中俄在北极航线方面的合作有三个关注点,一是双方合作将增加中国造船业的破冰船建造订单,并增强我国极地航行运力规模;二是双方贸易增长潜力巨大,利好海运发展;三是今年夏季气温高,北极航线通航时间长。徐凯还表示,在北极航线上行驶的船需要有一定破冰等级和特殊经验的船员,这对散货船来说成本较高,相比之下集装箱班轮和特种运输船经济性更高并且具有可持续性,更适合于北极航线。

据俄媒报道,几年前就有消息称,俄罗斯和中国将开通北极航线。俄方有意将其打造为"冰上丝绸之路",如今集装箱船北极航线开通标志着这一意愿正在逐步变为现实。沿这条航线从上海出发,穿过白令海峡,经过北冰洋到达荷兰鹿特丹,最终到达圣彼得堡,总长约8000海里,集装箱货船完成航线航行需要20天。而经苏伊士运河的传统路线全长远超1万海里,即便在沿途不发生拥堵的情况下也要36天才能顺利完成。

中国气象局本月发布的《极地气候变化年报》显示。近40多年来,北极升温速率为全球同期的3.7倍;2022年,北极整体平均气温较常年偏高1.1℃。在全球变暖的影响下,北冰洋的通航时间将越来越长。目前为每年通航3至4个月,今后可能为6个月或更长时间。不过,为确保北极航线能够大量运输货物,即便在通航季节也需要一支能够在北极恶劣环境下作业的船队。目前,俄罗斯已制定了新的建设破冰船和高冰级运输船船队规划,未来将建造超过 150 艘运输船舶。

《俄罗斯报》8 月 7 日刊文称,北极航线的开发是俄罗斯最大的现代化项目之一,其为俄罗斯石油、天然气和其他矿产的运输以及北极地区的开发开辟了新的机遇。根据俄罗斯制定的《北方航线开发计划》,预计 2023 年北极航线沿线货运量将达 3600 万吨。

报道称,2022 年北极航线货运量已较原计划的 3200 万吨超出了 210 万吨。2024 年货运量将实现真正的突破,达到 8000 万吨。根据俄政府的计划,到 2030 年,北极航线沿线的货运量将增至 1.5 亿吨。

在过去的十年里,北极航线的货运量大幅增加。2014 年,这条航线仅仅运输了 400 万吨货物,2022 年为 3410 万吨。北极航线货运量的快速增长主要源于俄罗斯北极地区天然气和矿产资源开采的增长,北极航线运输的货物以能源产品和工业大宗商品为主。

俄罗斯联邦统计局数据显示,2022 年北极航线运输了 2050 万吨液化天然气和凝析气、720 万吨石油和石油产品、29.5 万吨煤炭和 4.35 万吨精矿。除了能源矿产产品运输外,其他非大宗商品类运输也是俄罗斯发展北极航线的重点。俄罗斯西伯利亚联邦大学北方和北极研究所所长瓦西里·尼库伦科夫表示,北极航线还将用于运输食品、工业产品以及用于开发北极的技术设备和建筑材料等,同时还能用来向中国、韩国、印度市场出口俄罗斯产品。

二、俄乌冲突后愈发受重视

俄乌冲突爆发以来,受西方制裁影响,俄罗斯对外出口全面受阻,特别是 2022 年西方对俄罗斯石油、煤炭等能源出口实施制裁,北极航线成为了俄大宗商品出口的重要替代路线。在俄全面推进北极开发战略、加速对外出口向东转向的背景下,北极航线的地位也更加凸显。

《俄罗斯报》报道称,北极航线的发展将为俄罗斯带来大量额外收入。预计到 2035 年,北极航线沿线项目的税收收入将大大增加,俄罗斯北方地区的供给效率也将得到提升。俄罗斯"北极倡议中心"副主任鲁斯塔姆·罗曼年科夫表示,北极航线的首要任务是在东西方之间建立独立、安全的贸易路线;第二是为俄提供稳定的预算收入,促进俄造船、核能等相关产业的发展;第三是促进北部地区的开发,改善北方地区原住民的生活。

2022 年 8 月,俄政府批准《2035 年前北方航线开发计划》,制定超过 150 项涉及建设货运基地、发展运输基础设施和船队的措施。同年,俄罗斯开通了摩尔曼斯克至堪察加半岛之间的定期航线,并为其提供税费补贴。2023 年俄罗斯还将开通 3 条航线,开放沿线港口数量从 4 处增至 11 处,并将航线延长至符拉迪沃斯托克。

资料来源:https://baijiahao.baidu.com/s?id=1773986048544058641&wfr=spider&for=pc.

思考:

1. 中俄两国通过海上运输主要运送哪些货物?

2. 分析北极航线开通对中俄两国贸易往来的意义。

国际海洋货物运输虽然存在速度较低、风险较大的不足,但是由于它的通过能力大、运量大、运费低,以及对货物适应性强等,加上全球特有的地理条件,使它成为国际贸易中主要的运输方式。我国进出口货物运输总量的80%~90%是通过海洋运输进行的,集装箱运输的兴起和发展,不仅使货物运输向集合化、合理化方向发展,而且节省了货物包装用料和运杂费,减少了货损货差,保证了运输质量,缩短了运输时间,从而降低了运输成本。

第一节　国际海上货物运输基础知识

海洋运输是指使用船舶通过海上航道在不同国家和地区的港口之间运送货物的一种方式,是国际物流中最主要的运输方式,是历史悠久的国际贸易货物运输方式。由于国际贸易是进行世界范围的商品交换,因此地理条件决定了海洋运输的重要作用。

一、国际海上货运

(一) 国际海上货运的特点

与其他国际货物运输方式相比,海洋运输主要有下列特点:

1. 使用天然航道

海洋运输借助天然航道进行,不受道路、轨道的限制,通过能力更强。随着政治、经贸环境以及自然条件的变化,可随时调整和改变航线完成运输任务。

2. 载运量大

随着国际航运业的发展,现代化的造船技术日益精湛,船舶日趋大型化。超巨型油轮的运载量已达60多万吨,第五代集装箱船的载箱能力已超过5000TEU。

3. 运费低廉

海上运输航道为天然形成,港口设施一般为政府所建,经营海运业务的公司可以大量节省用于基础设施的投资。船舶运载量大、使用时间长、运输里程远,单位运输成本较低,为低值大宗货物的运输提供了有利条件。

但海洋运输也存在不足之处。如易受气候和自然条件的影响,风险较大,运输的速度相对较慢。因此,对于不宜经受长期运输的货物以及急用和易受气候条件影响的货物,一般不宜使用海洋运输方式运输。

4. 运输的国际性

海洋运输一般都是一种国际贸易,它的生产过程涉及不同国家或地区的个人和组织。

海洋运输还受到国际法和国际惯例的约束,也受到各国政治、法律的约束和影响。

5. 速度慢、风险大

海洋运输是各种运输工具中速度最慢的运输方式。由于海洋运输是在海上进行的,受自然条件的影响比较大,比如台风,可以把一艘运输船卷入海底,风险比较大,另外,还会受到海盗的侵袭等。

(二) 国际海上货运的方式

当前国际上普遍采用的海上货运运营方式可分为两大类,即班轮运输和租船运输。

1. 班轮运输

班轮运输(liner shipping)又称定期船运输,指船公司将船舶按事先制订的船期表,在特定的航线上,以既定的挂靠港口顺序,为非特定的众多货主提供经常性的货物运输服务,并按照运价本的规定计收运费的营运方式。班轮运输的特点如下:

(1) 货主分散且不确定,货物一般是件杂货和集装箱,对货量没有要求,货主按需订舱,特别适合小批量货物的运输需要。

(2) 船舶技术性能较好、设备较齐全、船员技术素质较高并且管理制度较完善,既能满足普通件杂货的运输要求,又能满足危险货物、超限货物、鲜活易腐货物等特殊货物的运输需求,并且能较好地保证货运质量。

(3) 承运人和货主之间在货物装船之前通常不书面签订运输合同,而是在货物装船后以承运人签发的提单作为两者之间运输合同的证明,即承运人与货主之间的权利、义务和责任豁免通常以提单背面条款为依据并受国际公约制约。

(4) 通常要求托运人送货至承运人指定的码头仓库交货,收货人在承运人指定的码头仓库提货,承运人负责货物装卸作业及理舱作业。

(5) "四固定"。一是固定船期表,即船舶按照预先公布的船期来运营,能够按时将货物从起运港发送并迅速运抵目的港,因此货主可以在预知船舶离港时间(estimated time of departure,ETD)和抵港时间(estimated time of arrival,ETA)的基础上,组织、安排货源,保障收货人及时收货;二是固定航线,有利于船公司发挥航线优势及稳定货源;三是固定挂靠港口,为多港卸货的货主提供便利;四是固定运费率,且运费率透明,有利于班轮运输市场的良性竞争。

2. 租船运输

租船运输(shipping by chartering)又称不定期船运输,没有预定的船期表、航线、港口,船舶按租船人和船东双方签订的租船合同规定的条款完成运输服务。根据协议,船东将船舶出租给租船人使用,完成特定的货运任务,并按商定运价收取运费。

采用租船运输的货物主要是低价值的大宗货物,例如煤炭、矿砂、粮食、化肥、水泥、木材、石油等。一般都是整船装运,运量大,租船运输的运量占全部海上货运量的80%左右。运价比较低,并且运价随市场行情的变化波动。租船方式主要有航次租船、定期租船和光船租船三种。

(1) 航次租船

航次租船(voyage charter)又称定程租船,是以航程为基础的租船方式。在这种租船方式下,船方必须按租船合同规定的航程完成货物运输服务,并负责船舶的经营管理以及船舶在航行中的一切开支费用,租船人按约定支付运费。

航次租船的合同中规定装卸期限或装卸率,并计算滞期和速遣费。航次租船又可以分为单程租船、往返租船、连续航次租船、航次期租船、包运合同租船几种。

① 单程租船

单程租船(single voyage charter)也称单航次租船,即所租船舶只装运一个航次,航程终了时租船合同即告终止。运费按租船市场行情由双方议定,其计算方法一般是用运费率乘以装货或卸货数量或按照整船包干运费计算。

② 往返租船

往返租船(round trip charter)也称来回航次租船,即租船合同规定在完成一个航次任务后接着再装运一个回程货载,有时按来回货物不同分别计算运费。

③ 连续航次租船

连续航次租船(consecutive trip charter)即在同样的航线上连续装运几个航次。往往货运量较大,一个航次运不完的时候,可以采用这样的租船方式,这种情况下,平均航次船舶租金要比单航次租金低。

④ 航次期租船

航次期租船(trip charter on time basis)也称期租航次租船,船舶的租赁采用航次租船方式,但租金以航次所需的时间(天)为计算标准。这种租船方式不计滞期、速遣费用,船方不负责货物运输的经营管理。

⑤ 包运合同租船

包运合同租船(contract of affreightment)是指船东在约定的期限内,派若干条船,按照同样的租船条件,将一大批货物由一个港口运到另一个港口,航程次数不作具体规定,合同针对待运的货物。这种租船方式可以减轻租船压力,对船东来说营运比较灵活,可以用自有船舶来承运,也可以再租用其他的船舶来完成规定的货运任务;可以用一条船多次往返运输,也可以用几条船同时运输。包运合同运输的货物通常是大宗低价值散货。

(2) 定期租船

定期租船(time charter)简称期租,是指以租赁期限为基础的租船方式。在租期内,租船人按约定支付租金以取得船舶的使用权,同时负责船舶的调度和经营管理。期租租金一般规定以船舶的每载重吨每月若干金额计算。租期可长可短,短时几个月,长则可以达到 5 年以上,甚至直到船舶报废为止。

期租的对象是整船,不规定船舶的航线和挂靠港口,只规定航行区域范围,因此租船人可以根据货运需要选择航线、挂靠港口,便于船舶的使用和营运。期租对船舶装运的货物也不作具体规定,可以选装任何适运的货物;租船人有船舶调度权并负责船舶的营运,支付船用燃料费、各项港口费用、捐税、货物装卸等费用。不规定滞期速遣条款。

(3) 光船租船

光船租船(bare boat charter)也是一种期租船,不同的是船东不提供船员,只把一条空船交给租方使用,由租方自行配备船员,负责船舶的经营管理和航行各项事宜。对船东来说,一般不放心把船交给租船人支配;对租船方来说,雇佣和管理船员工作很复杂,租船人也很少采用这种方式。因此,光船租船形式在租船市场上很少采用。

二、国际海运有关单证

(一) 国际海运相关运输单证简介

1. 托运单

托运单(booking note,B/N)又称订舱单,出口人委托货运代理订舱配载或办理出口代运委托单,或出口人向船公司或船代办理订舱委托单,由出口人根据贸易合同和信用证内容填制。

托运单的主要内容包括:托运人名称,收货人名称,货物的名称、重量、尺码、件数,包装式样,标志及号码,目的港,装船期限,信用证有效期,能否分运或转运,对运输的要求及对签发提单的要求等。

2. 装货单

装货单(shipping order,S/O)又称关单,俗称下货纸。装货单是由托运人按照订舱单的内容填制,交船公司或其代理人签章后,据以要求船公司将承运货物装船的凭证。

装货单内容包括:托运人名称、承运船舶、卸货港;有关货物的名称、标志、件数、重量等详细情况;装船日期及装舱位置;货物实收时的情况以及理货人员签名等。

装货单是国际航运业通用的货运单证,通常为一式三联。第一联是装货单正本(original);第二联是收货单,习惯上称为大副收据(mate receipt);第三联是留底(counter foil),用于缮制装货清单(loading list)。

除上述三联外,根据业务需要,还可增加若干份副本(copy)。如外代留底联、运费计算联、理货公司留底联、货运代理留底联等。

3. 收货单

收货单(mate receipt,M/R)是货物装船后,承运船舶的大副签发给托运人或其代理人,表示已收到货物,并已将货物装船的货物收据。习惯上收货单也称为大副收据。收货单是装货三联单中的一联,其记载内容与装货单相同。

4. 装货清单

装货清单(loading list,L/L)是由承运人或其代理人根据装货单的留底联制作,按到港先后把性质接近的货物加以归类后制成的一张装货单的汇总清单。

5. 载货清单

载货清单(manifest,M/F)又称舱单,是按卸货港逐票罗列全船载运货物的汇总清单,是在货物装船完毕后,由船公司或其在装货港的代理人根据提单编制的,编妥后再送交船长签认。

6. 载货运费清单

载货运费清单(freight manifest,F/M)又称运费舱单,是由船公司或其在装货港的代理编制的。

7. 货物积载计划

货物积载计划(stowage plan)是船方大副在装货前根据装货清单,按货物装运要求和船舶性能绘制的一个计划受载图,又称为货物积载图。货物装船后根据实际装舱情况绘制的图表称为实际积载图。

8. 提单

提单是船方或其代理人签发的,证明已收到货物,允许将货物运至目的地,并交付给托运人的书面凭证。货物实际装船完毕后,经船方在收货单上签署,表明货物已装船,发货人据经船方签署的收货单(大副收据)交船公司或其代理公司换取已装船提单(bill of lading,B/L)。

9. 提货单

提货单(delivery order,D/O)亦称小提单,是收货人向船公司提取货物的凭证。收货人或其代理人向船公司在卸货港的代理人交出正本提单后,船公司或其代理人核对提单和其他装货单证的内容是否相符,并将船名,货物名称、件数、重量,包装标志,提单号,收货人名称等记载在提货单上,由船公司或其代理人签字交给收货人到现场提货。

(二) 海运提单

提单(bill of lading,B/L)是由船长或承运人或承运人的代理人签发,证明收到特定货物,允许将货物运至特定目的地并交付于收货人的凭证。

1. 海运提单的作用

(1) 提单是运输合同的证明

提单是承运人与托运人之间原已存在海上货物运输合同的证明。在承运人签发提单前,托运人与承运人之间就货物的名称、数量以及运费等达成的协议就是货物运输合同,它包括托运单、运价表、船期表和托运人应了解的承运人的各种习惯做法等。

承运人签发提单只是履行合同的一个环节,提单并不会因此而成为运输合同。在托运人和承运人之间,如果提单上的条款和规定与原运输合同有抵触,应以原合同为准。

(2) 提单是货物收据

提单是承运人接收货物或将货物装船后,向托运人出具的货物收据。提单作为货物收据,对承托双方具有"初步证据"的效力。这种证据效力是相对的,如果实际证实承运人确实未收到货物或所收到的货物与提单记载不符,仍可否定提单的证据效力。

但是当提单已转让给包括收货人在内的第三方时,提单在承运人和第三方之间就具有"最终证据"的效力,即使承运人能举证确实未收到货物或所收到的货物与提单记载不符,承运人也必须对其与事实不符的记载负责。

(3) 提单是物权凭证

提单是货物所有权的凭证,是票证化的货物。一定情况下,谁拥有提单,谁就拥有该提单所载货物的所有权,并享有物主应享有的一切权利。

提单这种物权凭证的属性大大增强了提单的效用,使得国际市场上货物的转卖更为方便。只要在载货船舶到达目的港交货之前直接转让提单,货物所有权就可随即转让。当提单被转让后,承运人与包括收货人在内的提单受让人之间的权利、义务将按提单规定而确定。在发生货损货差时,收货人可以直接依靠提单对承运人投诉,而不需经过该提单签订者——托运人的授权。

2. 提单的分类

(1) 按货物是否已装船区分

① 已装船提单

已装船提单(shipped B/L or on board B/L)是指提单载明的全部货物装船后才签发的提单,提单上须注明船名和装船日期。在件杂货运输方式下,只有在货物装船后,托运人或其代理人才能取得船方签发的"大副收据",然后凭以向船代换取提单。由于这种已装船提单对收货人按时收货有保障,因此,议付银行往往根据信用证有关规定,要求提供已装船提单方准予结汇。

② 收货待运提单

这是指承运人已接收提单载明的全部货物,但尚未装船时所签发的提单。因此,提单上没有装船日期,甚至连船名都没有。在集装箱运输方式下,根据不同的运输条款,承运人在托运人仓库或集装箱货运站或集装箱码头堆场接收货物后,即签发"场站收据",托运人或其代理人凭以向船代换取提单,这种提单就是收货待运提单(received for shipment B/L)。

由于签发收货待运提单时货物尚未装船,无法估计货物到卸货港的具体日期,因此,买方往往不愿意接受待运提单。正规的做法是：待货物装船后，凭收货待运提单换取已装船提单，或由承运人在收货待运提单上加注船名和装船日期，并签字盖章使之成为已装船提单。但实务中，通常是在货物装船后，直接凭场站收据换取已装船提单。

（2）按提单抬头区分

① 记名提单

记名提单（straight B/L）又称收货人抬头提单，是指在提单"收货人"一栏内具体填写某一特定的人或公司名称的提单。承运人出具这种提单后，只能将货物交给提单上指定的收货人，除非承运人接到托运人的指示，才可将货物交给提单指定以外的人。

② 指示提单

指示提单（order B/L）是指在提单"收货人"一栏隐去了具体特定的人或公司的名称，只是注明"TO ORDER OF ××"或"TO ORDER"字样交付货物的提单。前者凭记名人指示交货，按照发出指示的人不同可分为托运人指示、收货人指示和银行指示等；后者凭不记名人指示交货，一般应视为托运人指示。

指示提单可以通过空白背书和记名背书两种背书（endorsement）方式进行转让。空白背书时背书人（提单转让人）只需在提单背面签字盖章；而记名背书除了由背书人签字盖章外，还须注明被背书人（提单受让人）的名称。记名背书后，只有提单受让人才可凭提单提货。

③ 不记名提单

不记名提单（blank B/L or open B/L）只在提单"收货人"一栏填写"TO BEARER"（货交提单持有人）。这种提单可以不经背书进行转让。

（3）按有无影响结汇的批注区分

① 清洁提单

这是指未被承运人加注或即使加注也不影响结汇的提单。如果货物在装船时或被承运人接收时表面状况良好，不短少，承运人则在其出具的"大副收据"或"场站收据"上不加任何不良批注，从而使据此签发的提单为清洁提单（clean B/L）。银行在办理结汇时，都规定必须提交清洁提单。

② 不清洁提单

这是指承运人在提单上加注有碍结汇批注的提单。如果托运人交付的货物表面状况不良，承运人为分清责任，有必要在提单上作出相应的批注，这种提单就是不清洁提单（foul B/L）。

拓展阅读7.1　不属于不清洁提单的情况

（4）按收费方式区分

① 运费预付提单

运费预付提单（freight prepaid B/L）是指托运人在装港付讫运费的情况下承运人所签发的提单。以 CIF、CFR 贸易条件成交的货物，由卖方租船或订舱，并承担相应的运输费用，因此，其运费是预付的。这种提单正面须载明"FREIGHT PREPAID"（运费预付）字样。

② 运费到付提单

运费到付提单（freight collect B/L）是指货物到达目的港后支付运费的提单。这种提单正面须载明"FREIGHT COLLECT"（运费到付）字样，以明确收货人具有支付运费的义务。以 FOB 贸易条件成交的货物，通常由买方租船或订舱，并承担相应的运输费用，因此，其运费为到付的。

（5）按不同的运输方式区分

① 直达提单

直达提单（direct B/L）是指货物从装货港装船后，中途不经转船而直接抵目的港卸货的提单。

② 转船提单或联运提单

转船提单或联运提单（transshipments B/L or through B/L）是指在装货港装货的船舶不直接驶达货物的目的港，而需要在中途港换装其他船舶运抵目的港，由承运人为这种货物运输签发的提单。

③ 多式联运提单

多式联运提单（combined B/L or multimodal transport B/L）是指货物由两种及以上运输方式共同完成全程运输时所签发的提单。这种提单一般由承担海运区段运输的承运人签发，也可由经营多式联运的"无船承运人"（non-vessel operative common carrier，NVOCC）签发，主要适用于集装箱运输。

（6）按船舶的经营方式区分

① 班轮提单

班轮提单（liner B/L）是指经营班轮运输的船公司或其代理人签发的提单。这种提单除正面项目和条款外，背面还列有关于承运人与托运人的权利和义务等运输条款。

② 租船提单

租船提单（charter party B/L）是指根据租船合同签发的一种提单。这种提单在出租人与承租人之间不具有约束力，出租人与承租人之间的权利、义务仍依据租船合同确定。但是，当此提单转让给出租人和承租人以外的第三方后，提单签发者——出租人与第三方之间的权利、义务将依据提单而确定。此时，出租人同时受租船合同和其所签发的提单的约束。

如果出租人根据提单对第三方提单持有人所承担的责任超过其根据租船合同所应承

担的责任,则船东可就其额外承担的责任向承租人追偿。出租人与承租人之间的权利、义务关系不会因为出租人签发提单而改变。

由于上述提单受租船合同的约束,并非一个独立完整的文件,因此,当信用证规定可接受此种提单时,货物卖方在转让该提单的同时,还应附有一份租船合同副本,以供第三方提单持有人了解约束自己的租船合同的全部内容。

3. 海运提单流转程序

(1)出口商订立 CIF 合同以信用证方式付款。

(2)出口商(一般通过货运代理)向船公司订舱配载。

(3)货运代理向船公司,一般向船舶代理递送 S/O,船舶代理代理船公司签发 S/O。

(4)货运代理将货物发运到港,办理报验、报关手续。

(5)货运代理根据 S/O 预制提单并交由委托人(即出口公司)确认。

(6)货物装船后船舶大副签 M/R 转船舶代理。

(7)船舶代理根据 M/R 签提单,如 M/R 签有残短批注由货代向船代出具保函,即托运人承担货到国外发生残短的风险而签具已装船清洁提单(委托人先行向货运代理出具同样内容保函)。

(8)货代取得清洁提单后尽快送达托运人。

(9)出口人持提单及信用证规定的其他单据(如商业发票、保险单等)到议付行议付,转让提单,同时取得货款。

(10)议付行将提单等整套单证寄交给开证银行。

(11)开证行在确认所有单证满足信用证有关要求后,由进口商向开证行支付货款后取得提单。

(12)船开后,船代向船公司国外代理寄送提单副本等货运单证。

(13)卸货港代理在船到后向收货人(进口商)发到货通知。

(14)进口商凭正本提单背书后向船代换取 D/O。

(15)进口商凭 D/O 向卸货港提取货物。

(16)正本提单由承运人收回。

(三)海运提单的内容与条款

提单的内容与条款一般包括正面内容和背面条款,按照规定,一般都印有以下内容。

1. 提单正面内容

(1)必要记载事项

根据我国《海商法》第七十三条规定,提单正面内容一般包括下列各项:

① 货物的品名、标志、包数或者件数、重量或体积,以及运输危险货物时对危险性质

的说明(description of the goods，mark，number of packages or piece，weight or quantity，and statement，if applicable，as to the dangerous nature of the goods)；

② 承运人的名称和主营业所(name and principal place of business of the carrier)；

③ 船舶的名称(name of the ship)；

④ 托运人的名称(name of the shipper)；

⑤ 收货人的名称(name of the consignee)；

⑥ 装货港和在装货港接收货物的日期(port of loading and the date on which the good were taken over by the carrier at the port of loading)；

⑦ 卸货港(port of discharge)；

⑧ 多式联运提单增列接收货物地点和交付货物地点(place where the goods were taken over and the place where the goods are to be delivered in case of a multimodal transport bill of loading)；

⑨ 提单的签发日期、地点和份数(date and place of issue of the bill of loading and the number of originals issued)；

⑩ 运费的支付(payment of freight)；

⑪ 承运人或者其代表的签字(signature of the carrier or of a person acting on his behalf)。

(2) 一般记载事项

① 属于承运人因业务需要而记载的事项：如航次顺号、船长姓名、运费的支付时间和地点、汇率、提单编号及通知人等。

② 区分承运人与托运人之间的责任而记载的事项：如数量争议的批注；为了减轻或免除承运人的责任而加注的内容；对于一些易于受损的特种货物，承运人在提单上加盖的以对此种损害免除责任为内容的印章等。

③ 承运人免责和托运人作承诺的条款。我国《海商法》第七十七条规定："除非承运人按有关规定做出保留外，承运人或者代其签发提单的人签发的提单，是承运人已经按照提单所载状况收到货物或者货物已经装船的初步证据；承运人向善意受让提单的包括收货人在内的第三人提出的与提单所载状况不同的证据，不予承认。"

2. 提单背面条款

(1) 定义条款

定义条款(definition)是对提单中有关用语的含义和范围作出明确规定的条款。如货方(merchant)包括：托运人(shipper)、收货人(receiver)、发货人(consignor)、收货人(consignee)、提单持有人(holder of b/l)，以及货物所有人(owner of the goods)。

(2) 首要条款

首要条款(paramount clause)是指列在提单条款第一条的，按照承运人自己的意志，用以明确本提单受某一国际公约制约或适用某国海商法或海上运输法律的条款。一旦提单的首要条款表明了该提单受到哪一个法律或规定制约，即使在这一法律或规定的非缔约国签发的提单依旧适用这个法律或规定。

（3）管辖权条款

管辖权条款（jurisdiction clause）是指规定双方发生争议时由何国行使管辖权，即由何国法院审理，或规定法院解决争议适用的法律的条款。提单一般都有此种条款，并且通常规定对提单产生的争议由船东所在国法院行使管辖权。

（4）承运人责任条款

承运人责任条款（carriers responsibility）是指提单上规定承运人在货物运送中应负的责任和免责事项的条款。该条款一般规定为以某种法律或某个公约为依据，如果提单已订有首要条款，就无须另订承运人的责任条款。

（5）承运人的责任期间条款

承运人的责任期间条款（period of responsibility）是指有关于承运人对货物运输承担责任的起止时间的条款。

《海牙规则》第一条"定义条款"中对于"货物运输"（carriage of goods）的定义规定为"包括自货物装上船舶开始至卸离船舶为止的一段时间"。上述责任期间的规定，与现行班轮运输"仓库收货、集中装船"和"集中卸货、仓库交付"的货物交接做法不相适应。所以，一些国家的法律，如美国的"哈特法"（Harter act）规定："承运人的责任期间为自收货之时起，至交货之时为止。"

《汉堡规则》则规定："承运人的责任期间，包括在装货港、在运输途中以及在卸货港，货物在承运人掌管下的全部期间。"我国《海商法》规定的承运人责任期间，集装箱货物同《汉堡规则》，件杂货则同《海牙规则》。

（6）装货、卸货和交货条款

装货、卸货和交货条款（loading，discharging and delivery）是指对托运人在装货港提供货物，以及收货人在卸货港提取货物的义务所作的规定。该条款一般规定货方应以船舶所能装卸的最快速度昼夜无间断地提供或提取货物；否则，货方对违反这一规定所引起的一切费用，如装卸工人待时费、船舶的港口使用费及滞期费的损失承担赔偿责任。

（7）运费和其他费用条款

运费和其他费用条款（freight and other charges）规定：托运人或收货人应按提单正面记载的金额、货币名称、计算方法、支付方式和时间支付运费，货物装船后至交货期间发生的并应由托运人承担的其他费用，以及运费收取后不再退还等。该条款还规定，装运的货物如果是易腐货物、低值货物、活动物（活牲畜）、甲板货，以及卸货港承运人无代理人的货物时产生的运费及有关费用应预付。

该条款通常还规定，托运人负有支付运费的绝对义务，即使船舶或货物在航行过程中灭失或受损，货方仍应向承运人支付全额运费。

（8）自由转船条款

转运、换船、联运和转船条款（forwarding,substitute of vessel,through cargo and trans shipment）或简称自由转船条款（trans-shipment clause）。该条款规定，如有需要，承运人为了完成货物运输可以任意采取一切合理措施，任意改变航线，改变港口或将货物交由承运人自有的或属于他人的船舶，或经铁路或以其他运输工具直接或间接地运往目的港，或运到目的港以远、转船、收运、卸岸、在岸上或水面上储存以及重新装船运送，以上费用均由承运人负担，但风险则由货方承担。

（9）选港条款

选港条款（option）亦称选港交货条款（optional delivery）。该条款通常规定，只有当承运人与托运人在货物装船前有约定，并在提单上注明时，收货人方可选择卸货港。即收货人应在船舶驶抵提单中注明的可选择的港口中第一个港口若干小时之前，将其所选的港口书面通知承运人在上述第一个港口的代理人。否则，承运人有权将货物卸于该港或其他供选择的任一港口，运输合同视为已经履行。

（10）承运人的赔偿责任限额条款

承运人的赔偿责任限额条款（limit of liability）规定了提单下承运人对于货物灭失、损害等情况的最高赔偿额，对超过限额的部分不予负责。提单应按适用的国内法或国际公约规定承运人对货物的灭失或损坏的赔偿责任限额，条款中的最高赔偿限额不得低于提单所适用的国际公约或国内法律，即首要条款规定内容。

（11）危险货物条款

危险货物条款（dangerous goods）规定了托运人必须将货物的危险性质事先告知承运人，并在货物外包装上标明危险品标志和标签。如果托运人未遵从此项条款规定，则不得装运。否则，承运人有权为了保障船货的安全对货物采取措施。托运人、收货人应对未按上述要求装运的危险品，使承运人遭受的任何灭失或损害负责。当托运人按条款的规定装运的危险品危及船舶或货物安全时，承运人仍有权将其变为无害、抛弃或卸船，或以其他方式予以处置。

（12）活动物或植物和舱面货条款

由于《海牙规则》对舱面货和活动物（live animal）不视为海上运输的货物，因此承运人一般将甲板上积载的舱面货视为装在甲板下的。因此该项条款（deck cargo）一般规定，关于活动物或植物和舱面货的收受、装载、运输、保管和卸载均由托运人承担风险，如果货物在甲板上运输过程中出现灭失或损坏等情况，承运人不负赔偿责任。

（13）共同海损条款

共同海损条款（general average clause）规定了在发生共同海损的时候适用的理算规则。国际上一般采用1974年《约克-安特卫普理算规则》理算，我国一般采用1975年《北京理算规则》。

拓展阅读 7.2　我国的共同海损条款

第二节　国际海上货运代理实务

国际海上货运代理分为出口国发货人代理和进口国收货人代理,既可以是班轮运输方式下的货运代理,也可以是航次租船方式下的货运代理;既可以是代理人型货运代理只赚取佣金,也可以是当事人型货运代理签发提单并赚取运费差价。

一、班轮运输代理程序

(一) 班轮运输操作流程

(1) 船公司以船期表将船舶行驶航线、挂港、船名、装港、船期、结载日期通过装货经纪人即指定的货运代理或者船舶代理传达给出口商,或者直接刊登在公报上,以招揽货源满足满舱满载的需要。

(2) 货运代理人或出口商向船舶代理人或船公司托运,递交装货单(S/O),提出货物装运申请。

(3) 船代或船公司接受承运,指定船名签发 S/O,将留底联留下后退还给托运人。

(4) 货代将货物送到装货码头,办理商检及海关申报手续,海关放行时在装货单上加盖海关放行章。托运人将放行的 S/O 交港口货运部门。

(5) 船代编制货物装货清单(L/L)送船上、理货公司和港口装卸公司。

(6) 船方按照 L/L 编制积载图,交船代分发理货公司和港口装卸公司安排装船。

(7) 货物装船后,理货公司将 S/O 交给大副,大副核对无误签发收货单(M/R)(大副收据),记录货物的装货日期、识别标记、包装、重量、件数以及收到货物时的状态有无任何缺陷。大副签发了大副收据即承认船东收到收据所列货物。

(8) 船代将装货单转船公司或者由船代公司签发提单。

(9) 货运代理或者出口商付清运费,领取已装船清洁提单。出口人将提单连同其他单证送至议付银行结汇。议付银行将提单寄回国外开证银行。

(10) 船代根据提单副本编制出口载货清单(M/F),送船长签字后向海关办理船舶出口手续。编制出口载货运费舱单(F/M)以及提单副本,M/R 送船公司。卸货港代理需要的单据应由国内代理寄给船公司的国外代理。

(11) 船舶载货从发货港运至收货港,途中船方对货物负责照管。

（12）卸货港代理接到船舶抵港电信后，通知收货人做好提货准备。

（13）国外收货人到开证行付清货款取回提单。

（14）卸货港代理根据装货港代理寄来的货运单证，编制进口载货清单或其他卸货单证，联系泊位做好卸货准备。船舶抵港后办理船舶进口报关手续。船靠泊后开始卸货。货物在收货港储存保管。

（15）收货人或者委托货运代理向海关办理货物进口手续，缴纳关税。向卸货港船付清有关港口费用后以正本提单换取码头提货单（D/O），凭 D/O 到码头仓库换取提货卡片提取货物。班轮运输操作流程示意图如图 7-1 所示。

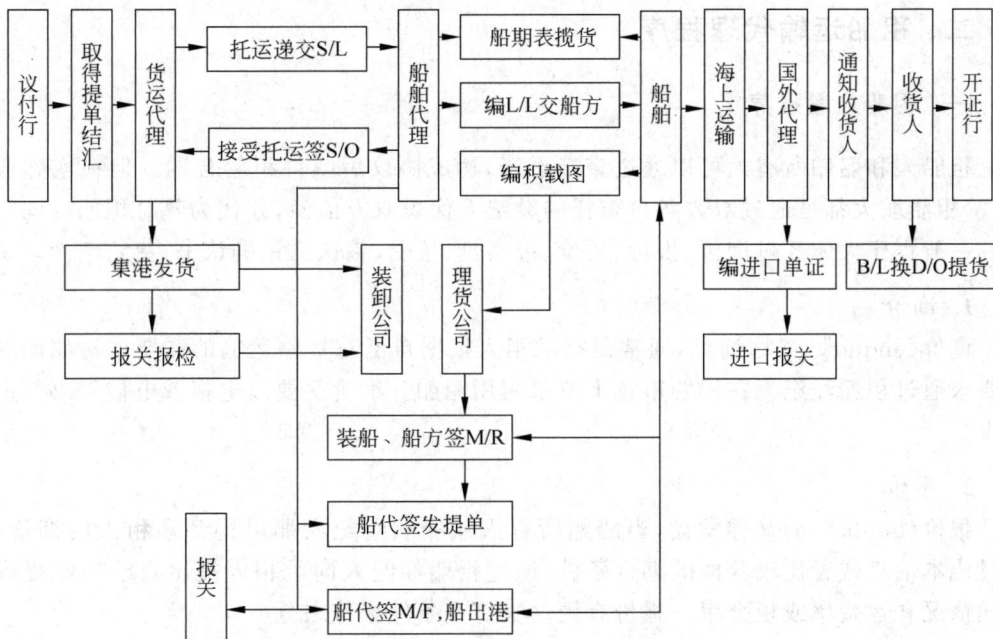

图 7-1　班轮运输操作流程示意图

（二）班轮货运单证流转

（1）货代制作 S/O 向船公司或船代托运。

（2）船代留存一份 S/O 制作 L/L。将签章后的 S/O 交托运人。

（3）货代持 S/O 向海关报关，海关凭进出口检验检疫证在 S/O 上盖放行章。

（4）船舶根据 S/O 和 L/L 制作装货积载草图（C/P），由船代转交港口作业区和理货公司。

（5）货物装船后理货员将注明装载位置的 S/O 交货船大副，大副签 M/R 转船代。

（6）船代凭 M/R 签提单 B/L。

(7) 货代到船代处取 B/L 交出口委托人向银行结汇。

(8) 船代根据 B/L 副本编制 M/F,凭 M/F 和提单副本向海关办理船舶出口报关手续,M/F 跟船随行。

(9) 船代根据提单副本编制 F/M,连同提单副本寄交卸货港船舶代理。

(10) 卸货港船代根据装货港代理寄来的货运单证编制进口载货清单,连同装货港理货员制作的装货积载图交卸货港港口作业公司和理货公司安排卸货。

(11) 收货人凭正本提单向卸货港船代换取提货单(D/O)。

(12) 收货人凭提货单(D/O)向卸港码头仓库提取货物。

二、租船运输代理程序

(一) 租船一般程序

租船人和船舶所有人可以通过直接洽谈,达成协议后签订租船合同。但在实际业务中,洽租船舶大都是通过双方各自委托的经纪人代表双方洽谈,并代为签订租船合同。租船的一般程序大体经过询价、报价、还价、报实盘、接受、签认订租确认书、签约 7 个环节。

1. 询价

询价(enquiry)又称询盘,通常是指承租人根据自己对货物运输的需要或对船舶的特殊要求通过租船经纪人在租船市场上要求租用船舶。询价主要以电报或电传等书面形式提出。

2. 报价

报价(quotation)又称发盘,当船舶所有人从船舶经纪人那里得到承租人的询价后,经过成本估算或者比较其他的询价条件,通过租船经纪人向承租人提出自己所能提供的船舶情况和运费率或租金率。报价有硬性报价和条件报价之分。

硬性报价是报价条件不可改变的报价。询价人必须在有效期内对报价人的报价作出接受订租的答复,超过有效期,这一报价即告失效。与此相反,条件报价是可以改变报价条件的报价。

3. 还价

还价(count offer)又称还盘。在条件报价的情况下,承租人与船舶所有人之间对报价条件中不能接受的条件提出修改或增删的内容,或提出自己的条件称为还价。还价意味着询价人对报价人报价的拒绝和新的报价开始。

4. 报实盘

在一笔租船交易中,经过多次还价与反还价后,如果双方对租船合同条款的意见已渐趋一致,一方可以以报实盘(firm offer)的方式要求对方做出是否成交的决定。

5. 接受

经过询价、报价和还价的过程，租船人在有效期内对报价做出了承诺的意思表示，就意味着租船方对出租方的报价同意接受(acceptance)。这时双方的租船合同关系即告成立。

6. 签订订租确认书

如上所述，接受订租是租船程序的最后阶段，一项租船业务即告成交，但通常的做法是，当事人之间还要签署一份订租确认书(fixture note)。

7. 签约

签约(conclusion of charter party)就是在船、租双方取得一致意见的条件下，根据洽谈妥的租船的各项条款签订租船合约，双方签字后各执一份，租船合同即告成立。

(二) 租船时需要注意的问题

(1) 租船前必须熟悉贸易合同的有关运输条款，做到贸易条件与租船条款的紧密衔接。在货源方面，要了解货物的品名、性质(易燃、易爆、危险、易腐等)、包装、尺码及其有关情况，如卡车的载重量及尺寸、冷冻货物所需的温度、超长超重货物的重量和尺码等，以便洽租合适的船舶。在交货方面，要了解装卸货港名称、装卸率、交货条件(船边交货、舱底交货等)、备货通知期限及其他有关情况。

(2) 弄清装货卸港的地理位置，是河港还是海港，港口和泊位水深，一般候泊时间(拥挤情况)，实际装卸效率，港口使用费、捐税，港口习惯以及其他情况(如冰冻期等)。

(3) 租船时要考虑本国的有关政策以及变化，以免错租与之断绝贸易往来的国家的船舶。

(4) 选租船舶首先考虑船东的信誉及其财务状况，特别在航运业不景气时期尤为重要。对船东的情况不清楚或持有怀疑，要通过租船经纪人了解情况，摸清底细，以免造成被动。一般不租二船东的转租船，特别是以程租方式转租。对只有一两条船的小船东也要提高警惕。

(5) 注意选租船龄较新、质量较好的船舶。一般不租船龄在 15 年以上的超龄船。程租船要尽可能选租有自动舱盖、电动绞车的船。期租船要注意油耗、航速。

(6) 报价前要摸清类似航线的成交价，掌握价格要随行就市，要计算期租船航次成本，掌握好程租与期租、大船与小船、好船与次船和不同航线的比价。

(7) 对外租船要运用内紧外松的策略，利用船东之间、代理之间、不同船型的差别，争取有利条件达成交易。

三、国际海上集装箱货运业务程序

集装箱(container)是指具有一定强度、刚度和规格，专供周转使用的大型装货容器。

集装箱计算单位(twenty-feet equivalent units,TEU),又称 20 英尺换算单位,是计算集装箱箱数的换算单位。目前各国大部分集装箱运输都采用 20 英尺和 40 英尺长的两种集装箱。

为使集装箱箱数计算统一化,把 20 英尺集装箱作为一个计算单位。40 尺集装箱作为两个计算单位,以利统一计算集装箱的营运量。目前,集装箱在进出口货物运输中应用广泛。

拓展阅读 7.3　集装箱运输的优点

(一) 集装箱货物交接

1. 整箱货与拼箱货
(1) 整箱货

整箱货(full container load,FCL)为拼箱货的相对用语,是指由发货人负责装箱、计数、积载并加铅封的货运。整箱货的拆箱一般由收货人办理,但也可以委托承运人在货运站拆箱。但是承运人不负责箱内的货损、货差。除非货方举证确属承运人责任事故的损害,承运人才负责赔偿。

承运人对整箱货,以箱为交接单位。只要集装箱外表与收箱时相似和铅封完整,承运人就完成了承运责任。整箱货运提单上要加上"委托人装箱、计数并加铅封"的条款。

(2) 拼箱货

拼箱货(less than container load,LCL)为整箱货的相对用语,是指装不满一整箱的小票货物。这种货物通常是由承运人分别揽货并在集装箱货运站或内陆站集中,而后将两票或两票以上的货物拼装在一个集装箱内,同样要在目的地的集装箱货运站或内陆站拆箱分别交货。对于这种货物,承运人要负责装箱与拆箱作业,装拆箱费用仍向货方收取。承运人对拼箱货的责任基本上与传统杂货运输相同。

2. 集装箱交接地点
(1) 集装箱堆场

集装箱堆场(container yard,CY)是指在集装箱码头附近,对集装箱重箱或空箱进行交接、保管和堆存的场所。

(2) 集装箱货运站

集装箱货运站(container freight station,CFS)为拼箱货装箱和拆箱的船、货双方办理交接的场所。承运人在一个港口或内陆城市只能委托一个集装箱货运站的经营者。由它代表承运人办理下列主要业务:①拼箱货的理货和交接;②对货物外表检验,如有异状时办理批注；③拼箱货的配箱积载和装箱；④进口拆箱货的拆箱和保管；⑤代承运人加铅封并签发场站收据；⑥办理各项单证等。

（3）中转站或内陆站

中转站或内陆站（container depot or inland depot）是指海港以外的集装箱运输的中转站或集散地。它的功能除了没有集装箱专用船的装卸作业外，其余均与集装箱装卸区业务相同。包括集装箱装卸港的市区中转站，内陆城市、内河港口的内陆站。

3. 集装箱运输的交接方式

集装箱运输中，整箱货和拼箱货在船货双方之间的交接方式有以下几种：

（1）门到门

由托运人负责装载的集装箱，在其货仓或厂库交承运人验收后，负责全程运输，直到收货人的货仓或工厂仓库交箱为止，这种全程连线运输称为"门到门"（door to door）运输。

（2）门到场

门到场（door to CY）是指由发货人货仓或工厂仓库至目的地或卸箱港的集装箱装卸区堆场。

（3）门到站

门到站（door to CFS）是指由发货人货仓或工厂仓库至目的地或卸箱港的集装箱货运站。

（4）场到门

场到门（CY to door）是指由起运地或装箱港的集装箱装卸区堆场至收货人的货仓或工厂仓库。

（5）场到场

场到场（CY to CY）是指由起运地或装箱港的集装箱装卸区堆场至目的地或卸箱港的集装箱装卸区堆场。

（6）场到站

场到站（CY to CFS）是指由起运地或装箱港的集装箱装卸区堆场至目的地或卸箱港的集装箱货运站。

（7）站到门

站到门（CFS to door）是指由起运地或装箱港的集装箱货运站至收货人的货仓或工厂仓库。

（8）站到场

站到场（CFS to CY）是指由起运地或装箱港的集装箱货运站至目的地或卸箱港的集装箱装卸区堆场。

（9）站到站

站到站（CFS to CFS）是指由起运地或装箱港的集装箱货运站至目的地或卸箱港的

集装箱货运站。

拓展阅读7.4　整箱与拼箱交接方式的分类

(二) 集装箱货方进出口货运业务

集装箱运输下,货方(发货人、收货人)的进出口货运业务与普通船运输中货方应办理的事项没有什么特别大的变动。当然,也出现了集装箱运输所要求的一些特殊事项,如货物的包装应适合集装箱运输,保证货物所需要的空箱,在整箱货运输的情况下负责货物装箱等。

1. 发货人出口货运业务

(1) 签订贸易合同应注意的问题

发货人(出口方)与进口方签订贸易合同后才会进行货物运输。在签订合同时除应注意一般合同中货物的品质、包装、价格条款、装运时间和地点、交付方式等外,如系集装箱货运,则还应在有关运输条款中注明"必须允许装箱运输,接受舱面运输条款";应列明交货地点、交接方式;在对卸船港至目的地运输费用不了解时,可采用卸港到岸价交货条款,但交货地点仍可为内陆地点,从卸船港至目的地的一切费用由收货人支付;应尽量争取不订入已装船提单结汇条款,以利于提早结汇。

(2) 准备适箱货物

发货人应在贸易合同规定的装运期限前准备好全部出口货物。

(3) 订舱和提取空箱

发货人按贸易合同规定的装运期间向承运人提出订舱申请,在承运人接收后制作场站收据。如果货物是由发货人自行装箱的整箱货,发货人应凭承运人(或船代)签发的提箱单到指定的堆场提取空箱并办理设备交接单手续。

(4) 报关报检

发货人凭场站收据、出口许可证、商品检验证书等单证向海关、检验部门申报,海关、检验部门同意放行后在场站收据上加盖放行章。

(5) 货物装箱交运

对发货人自行装箱的整箱货,发货人负责货物装箱、制作装箱单,并在海关加封后凭场站收据、装箱单、设备交接单、出口许可证、衡量单、特种货物清单等单证将重箱送至集装箱码头或内陆堆场交运,取得堆场签署的场站收据正本。对于拼箱货,发货人应凭场站收据、出口许可证、特种货物清单等单证将货物运至指定的集装箱货运站交运,并取得货运站签署的场站收据正本。

（6）办理保险

出口货物若以 CIF 或 CIP 或类似的价格条件成交，发货人应负责办理投保手续并支付保险费用。

（7）支付运费和换单结汇

在预付运费情况下，发货人应在支付全部运费后凭场站签署的场站收据（正本）向承运人或其代理换取提单；如果运费是到付的，则可凭已签署的场站收据直接换取提单。取得提单正本后，附上贸易合同及信用证上规定的必要单据，即可与银行结汇。

（8）向收货人发出装船通知

在以 FOB、CFR、FCA 和 CP 等价格条件成交时，发货人在货物装船后有向收货人发出装船通知的义务，以便收货人能及时对货物投保。

2. 收货人进口货运业务

（1）签订贸易合同

收货人作为买方首先必须同国外的卖方（发货人）签订贸易合同。

（2）申请开证

收货人与出口方签订贸易合同后，应立即向开证银行申请开证（信用证）。开证时应注意运输条款中必须注明允许集装箱装运和是否必须签发已装船提单等内容。对于进口方，应争取列入已装船提单结汇条款，以减少风险。

（3）租船订舱

对以 FOB、FCA 等价格条件成交的货物，收货人有租船订舱的责任。订舱后收货人有义务将船名、装船期等通知发货人。

（4）办理保险

对以 FOB、CFR、FCA、CPT 等价格条件成交的货物，收货人（进口方）有责任投保和支付保险费用。

（5）付款取单

在开证行收到起运地银行寄来的全套运输单据后，收货人必须向开证行支付货款（或开信托收据）才能领取全套单证（提单正本等）。

（6）换取提货单

收货人凭正本提单及到货通知书向承运人或其代理换取提货单，并付清应付的全部费用。

（7）报关报检

收货人凭交货记录、装箱单和其他报关报检所必需的商务和运输单证向海关及有关机构办理报检和纳税手续。

(8) 提货及还箱

海关放行后,收货人凭提货单到堆场(整箱货)或集装箱货运站(拼箱货)提取货物并由双方签署交货记录。整箱货物连箱提取,应办设备交接单手续。收货人提箱后,应尽可能在免费用箱期内拆箱、卸货,并把空箱运回规定地点还箱。

(9) 货损索赔

收货人在提货时发现货物与提单(装箱单)不符时,应分清责任,及时向有关责任方(发货人、承运人、保险公司等)提出索赔,并提供有效单据和证明。

第三节 海运运费

一、班轮运费

班轮运费包括基本运费和附加费两部分。基本运费的计收标准不一,附加费名目繁多且时有变动。

1. 基本运费

基本运费是指货物在预定航线的各基本港口之间进行运输所规定的运价,是构成全程运费的主要部分。基本运费的计收标准通常按不同货物分为下列几种:

(1) 按货物的毛重计收

在运价表中以字母 W 表示,即英文 weight 的缩写。一般以 1t 为计算单位,吨以下取两位小数,也有按长吨或短吨来计算的。

(2) 按货物的体积计收

在运价表中以字母 M 表示,即英文 measurement 的缩写。一般以 $1m^3$ 为计算单位,也有按 $40ft^3$ 为一尺码吨计算。

(3) 按货物的毛重或体积计收

在运价表中以 W/M 表示,以其价高者计收运费。按惯例,凡一重量吨货物其体积超过 $1m^3$ 或 $40 ft^3$ 者即按体积收费;反之,一重量吨货物其体积不足 $1m^3$ 或 $40 ft^3$ 者,按毛重计收,如机器零件、小五金工具常按此方法计算。

(4) 按货物的价格计收运费,又称从价运费

在运价表中以 Ad Val 表示,一般按商品 FOB 货价的百分之几计算运费。按从价运费计算运费的,一般都属高值货物。

(5) 按货物重量或体积或价值三者中最高的一种计收

在运价表中以"W/M or Ad Val"表示。也有按货物重量或体积计收,然后再加收一定百分比的从价运费。在运价表中以"W/M plus Ad Val"表示。

（6）按货物的件数计收

如汽车、火车按辆（per unit），活牲畜如牛、羊等论头（per head）计算。

（7）大宗低值货物按议价运费

大宗货物如粮食、豆类、煤炭、矿砂等，一般在班轮费率表内规定具体费率，在订舱时，由托运人和船公司临时洽商议订。议价运费（open rate）通常比按等级计算运费低廉。

（8）起码费率

起码费率（minimum rate）是指按每一提单所列的重量或体积所计算出的运费，尚未达到运价表中规定的最低运费额时，则按最低运费计收。

应当注意，如果不同商品混装在同一包装内，则全部运费按其中较高者计收。同一票商品如包装不同，其计算标准及等级也不同。托运人应按不同包装分列毛重及体积，才能分别计收运费，否则全部货物均按较高者收取运费。另外，同一提单内如有两种或两种以上不同货名，托运人应分别列出不同货名的毛重或体积，否则全部货物均将按较高者收取运费。

2. 附加费

为了保持在一定时期内基本费率的稳定，又能正确反映各港的各种货物的航运成本，班轮公司在基本费率之外，又规定了各种附加费（surcharges）。班轮运费中的附加费名目繁多，如超重附加费（heavy lift add）、超长附加费（long length add）、转船附加费（transhipment surcharge）等。

拓展阅读 7.5　11 种常见的附加费

3. 班轮运费的计算

上述基本运费和各种附加费均按班轮运价表计算。运价表又称运价本和费率本，它不仅包括商品、单位费率、计费标准、收费的币别、计算运费和附加费的方法，而且包括适用范围、基本港口、港口规则、船货双方的责任和权利，以及直航、转船、回运、选择或变更卸货港口的方法等内容。

（1）运费计算步骤

① 选择相关的运价本。

② 根据货物名称，在货物分级表中查到运费计算标准和等级。

③ 在等级费率表的基本费率部分找到相应的航线、起运港、目的港，按等级查到基本运价。

④ 从附加费部分查出所有应收（付）的附加费项目和数额（或百分比）及货币种类。

⑤ 根据基本运价和附加费算出实际运价。

⑥ 按运费＝运价×运费吨计算。

(2) 计算公式

班轮运输的计算公式为

$$F = F_b + \sum S$$

式中,F 表示运费总额,F_b 表示基本运费,S 表示某一项附加费。基本运费是所运货物的数量(重量或体积)与规定的基本费率的乘积。即 $F_b = f \times Q$。式中,f 表示基本费率,Q 表示货运量(运费吨)。

附加费是指各项附加费的总和。在多数情况下,附加费按基本运费的一定百分比计算,其公式为

$$\sum S = (S_1 + S_2 + \cdots + S_n) \times F_b$$
$$= (S_1 + S_2 + \cdots + S_n) \times f \times Q$$

其中,$S_1 + S_2 + \cdots + S_n$ 为各项附加费。

二、租船运费

程租合同中有的规定运费率,按货物每单位重量或体积若干金额计算;有的规定整船包价(lump-sum freight)。费率的高低主要决定于租船市场的供求关系,但也与运输距离、货物种类、装卸率、港口使用、装卸费用划分和佣金高低有关。

合同中对运费按装船重量(in taken quantity)或卸船重量(delivered quantity)计算,运费是预付或到付,均须订明。特别要注意的是,应付运费时间是指船东收到的日期,而不是租船人付出的日期。

装卸费用的划分方法:

(1) 船方负担装卸费(gross or liner or berth terms),又称班轮条件。

(2) 船方不负担装卸费(free in and out,FIO)。采用这一条件时,还要明确理舱费和平舱费由谁负担。一般都规定租船人负担,即船方不负担装卸、理舱和平舱费条件(free in and out,stowed,trimmed,F. I. O. S. T.)。

(3) 船方管装不管卸(free out,F. O.)条件。

(4) 船方管卸不管装(free in,F. I.)条件。

三、集装箱海运运费

目前,集装箱货物海上运价体系较内陆运价成熟。基本上分为两个大类:一类是沿袭用件杂货运费计算方法,即以每运费吨为单位(俗称散货价);另一类是以每个集装箱为计费单位(俗称包箱价)。

1. 件杂货基本费率加附加费

（1）基本费率

参照传统件杂货运价，以运费吨为计算单位，多数航线采用等级费率。

（2）附加费

除传统杂货所收的常规附加费外，还要加收一些与集装箱货物运输有关的附加费。

2. 包箱费率

这种费率以每个集装箱为计费单位，常用于集装箱交货的情况，即 CFS to CY 或 CY to CY 条款。常见的包箱费率（box rate）有以下三种表现形式：

（1）FAK 包箱费率

FAK 包箱费率（freight for all kinds）即对每一集装箱不细分箱内货类，不计货量（在重要限额之内）统一收取的运价。

（2）FCS 包箱费率

FCS 包箱费率（freight for class）是按不同货物等级制定的包箱费率，集装箱普通货物的等级划分与杂货运输分法一样，仍是 1～20 级，但是集装箱货物的费率级差小于杂货费率级差，一般低级的集装箱收费高于传统运输，高价货集装箱收费低于传统运输；同一等级的货物，重货集装箱运价高于体积货运价。可见，船公司鼓励人们把高价货和体积货装箱运输。

在这种费率下，拼箱货运费计算与传统运输一样，根据货物名称查得等级，计算标准，然后去套相应的费率，乘以运费吨，即得运费。

（3）FCB 包箱费率

FCB 包箱费率（freight for class&basis）是按不同货物等级或货类以及计算标准制订的费率。

本章思考题

一、名词解释

1. 航次租船

2. 收货待运提单

3. 清洁提单

4. 多式联运提单

二、简答题

1. 简述国际海上货运的特点和方式。

2. 什么是海运提单？其有何作用？有哪些种类？

3. 简述租船运输的业务流程。

4. 简述集装箱运输中交接方式和进出口货运程序。

拓展阅读 7.6　2023 年度十大国内航运新闻

第八章

国际航空货运代理

【学习目标】

1. 了解国际航空货运代理的基础知识;
2. 熟悉国际航空货运代理有关单证;
3. 掌握国际航空运费的计算方法。

【知识要点】

1. 国际航空货物运输的特点;
2. 国际航空货运代理进出口业务流程;
3. 国际航空运费构成及计算。

引导案例

空中丝绸之路: 飞越千山万水,实现互联互通

2023 年是共建"一带一路"倡议提出十周年。建设"空中丝绸之路",成为民用航空、电子商务、跨境物流等行业和企业融入共建"一带一路"的重要抓手,数年来成效明显。"陆海空"一体化的新丝绸之路发展模式更符合现代贸易发展的需求。建设"空中丝绸之路",让跨境贸易更畅通、民心更相通,也为共建"一带一路"国家的企业和人民带来了实实在在的好处。

一、构建国际客运网络,高效推动人员往来

2023 年 9 月 28 日凌晨 1 时 30 分,中国东航 MU703 航班从上海浦东国际机场起飞,飞往土耳其伊斯坦布尔。由此,中国的航空公司首度开通了"上海—伊斯坦布尔"直飞往返航线,这是东航服务共建"一带一路"倡议的又一重要举措。

建设"空中丝绸之路",推进经贸文化交流,首要任务是构建航空运输网络,让人先流动起来。作为东航的一名法国籍乘务员,李希(Magand Lucine)这几年见证了东航持续助力共建"一带一路"的点点滴滴:"自'一带

一路'倡议提出以来，东航一直积极参与，比如在共建'一带一路'国家设立了 19 个分部。我作为一名空乘人员，得以在飞往法国的航班上工作，并为共建'一带一路'国家的旅客提供服务。我非常希望这种合作能够不断深化，同时希望中法两国的关系与合作能够通过这一倡议得到加强。"

倪卓群（Egarat Nyuparon）是春秋航空泰国分公司的一名泰国籍市场经理，在他看来，经济要实现全球化，最高效、最见效的着力点就是航空业，"每一条航线都是我们现代丝绸之路的起点。'一带一路'倡议促进了中泰两国民间交流，航空运输节约了两国民间交流的时间成本，同时也推动了泰国旅游业的发展。'一带一路'倡议也向我们证明了中泰友谊历久弥坚。"

根据中国民航局的统计数字，从目前我国国际航空运输市场恢复情况看，我国与"一带一路"共建国家的情况明显优于我国国际航线总体水平。今年上半年"空中丝绸之路"旅客运输量占我国国际航空市场比重持续提升，达到 71％，较 2019 年同期提高了 13 个百分点。

二、跨境速递插上翅膀，中国产品加速走出去

在"一带一路"倡议指引下，总部位于上海的中通快递于 2017 年进入柬埔寨，2018 年正式运营，在中国广州、柬埔寨金边和西哈努克市等地设有分拨中心。目前，柬埔寨中通国际全网员工已超过 1500 人，柬埔寨人齐沙隆（Chhy Saron）就是其中一员。

齐沙隆已成长为柬埔寨中通国际奥林匹克门店的店长，这家门店所在的奥林匹克市场位于柬埔寨首都金边，市场内总共约有 3000 家商户，售卖服装、化妆品、电器等商品，而这些商品大多进口自中国、韩国、泰国和越南，深受本地区民众特别是青年的喜爱。

"从中国电商平台网购东西比在柬埔寨买便宜，比如同一个冰箱，在柬埔寨电器店买可能要 500 美元，但从中国网购就便宜不少。"网购多了，跨境快件量也在持续提升。"对于我们普通百姓来说，'一带一路'是一条实实在在造福柬埔寨百姓的幸福'路'。"齐沙隆说。

菲律宾人格蕾丝（Grace Macasa）也有同感，她是菲律宾圆通大区经理助理。她说："菲律宾圆通于 2022 年 4 月 30 日在当地正式宣布起网。一开始我们有一个国际集货中心，然后扩展开来，就有了当前的省级集货中心和 120 个终端门店。圆通的航空网络如今约有 100 条国内及东南亚航线。与此同时，圆通速递提供了让菲律宾商人可以在线销售商品的渠道，尤其是为一些平台公司提供在线保险或担保。"

三、让"卖全球"变容易，让"买全球"更方便

9 月 27 日，盒马旗下首家高端超市 Premier 黑标店在上海长宁区龙之梦商场正式亮相。顾客们发现，这里有很多进口新品，包括糖果、石烤面包、冰淇淋等。盒马方面透露，首家 Premier 黑标店进口商品占比近 50％。而这些进口商品是像法国人马蒂厄（Mathieu）这样的"买手"从世界各地"淘"来的。

作为盒马欧洲寻源部经理,马蒂厄表示:"如今我们从欧洲进口大量产品,例如从意大利进口意大利面和橄榄油,从希腊进口果汁,从俄罗斯进口冰激凌、啤酒和面粉,从法国进口牡蛎……这些产品经空运而来。随着共建'一带一路'的深入,更多产品,比如泰国榴莲,还有来自越南的水果,都能快捷地来到中国老百姓的餐桌上。我们的目标是继续与更多共建'一带一路'国家合作,并利用最擅长的技术、物流网络,为中国客户带来最好的产品和最优惠的价格。"

QEP速递是孟加拉国本土一家做国际物流的企业,当地人贾依德(Jahid)是这家企业的一名经理。他认为,孟加拉国的跨境电子商务市场目前规模仍然较小,"但我们未来将融入更大的电商市场,我们充满希望! 随着共建'一带一路'的深入和完善,跨境电子商务已成为我们业务发展的重要途径之一。当地企业可将特色商品卖到中国,共建'一带一路'国家将加强合作、发展共赢。"

贾依德还特别提到,QEP速递在拓展共建"一带一路"国家的业务中也得到了很多来自中国政府和企业的帮助,"据我们了解,上海跨境公服为推动跨境电商企业出海共建'一带一路',围绕企业资质、出口通关、国际物流、收汇结算、财税合规等环节,提供了非常好的一站式出口综合服务。"

资料来源:https://baijiahao.baidu.com/s?id=1780259882937270233&wfr=spider&for=pc.

思考:

1. 空中丝绸之路如何促进国际贸易往来?
2. 试分析航空物流与"一带一路"发展的关系。

国际空运作为全球化时代的交通方式之一,具备许多优势,在国际贸易中起到了不可或缺的作用。随着全球化的加快,商品、人员和资本的流动已经超越了国家的边界,而国际空运正是一个连接不同国家和地区的重要纽带。通过空运,企业可以将产品迅速运往全球各地,满足消费者对不同类型商品的需求。国际空运为不同国家之间的紧密合作提供了便利。

在国际空运的帮助下,各国可以更加容易地交流和合作,加强对于知识、技术和资源的共享。这对于促进各国之间的经济发展以及文化交流起到了更好的作用。

第一节 国际航空货运代理基础知识

一、国际航空货运

(一) 航空货物运输的特点

航空货物运输是指使用飞机、直升机及其他航空器经规定航线将货物、邮件运送到指定航空港的运输方式，它凭借自身的优势已成为国际物流中重要的运输方式，并且是贵重物品、鲜活货物和精密仪器国际运输中不可或缺的运输方式。国际航空货物运输适用于高附加值、低重量、小体积的物品运输；适用于紧急情况下商品的运输，如圣诞节商品、鲜活易腐食品、高级时装等；适用于邮政运输。其特点体现在如下五大方面。

1. 速度快

在长距离的国际运输方面，运送速度快是其最具竞争力的特点。尤其是鲜活易腐货物或急救货物，对于运输时间的要求非常高，只有采用高速的运输方式才能保证货物的质量和满足客户的要求。

航空运输的速度平均每小时 600 公里以上，与铁路运输（平均每小时 100 公里到 140 公里）、公路运输（每小时 120 公里到 140 公里）及海上运输（平均 14 节）相比具有明显的优势。此外，航空运输的快速性可以加快生产企业的商品流通，从而节省产品的储存费，提高资金周转率和增加资金利用率。

2. 破损率低、安全性好

航空货物对装运之前的包装环节要求较高，因此在运输环节货物破损率较低、安全性较好。尤其是对于易碎易损的货物或者价值较高的货物，如玻璃制品、精密仪器等，安全性好成为极具吸引力的特点。

3. 运载量小、运价较高

航空运输的运载量是百吨级，而铁路运输和海上运输的运载量是千吨级、万吨级，因此航空运输相对铁路运输和海上运输运载量很小，适合小体积、低重量的货物运输。

基于航空运输速度快、安全性好的优点以及运载量小和运输技术要求较高的特点，航空运输的单位货物运输成本较高，从而航空运价较高。因此航空运输适合于高附加值货物运输，而低值货物不适合选择航空运输。

4. 受自然环境约束

与铁路运输相比，航空运输受天气影响非常大，如遇到大雨、大风、雾等恶劣天气，飞机则不能准时起飞或者不能在目的地降落，将在很大程度上延长货物的送达时间，这对于紧急情况下商品的运输是非常不利的。

5. 集装器有特殊要求

航空运输中的集装器是指为提高运输效率而采用托盘、集装箱等组成的装载设备，它们在外形构造和技术性能指标上具有自身特点，而不同于海运和陆运集装设备。注册的飞机集装器是国家政府有关部门授权集装器生产厂家按照不同飞机机身的规格制作的，适合不同规格大小的货舱。而非注册的飞机集装器因其与飞机不匹配一般不允许装入飞机的主货舱。因此在海空联运或陆空联运时，货物需要换装。

从以上对航空货运的特点分析可以看出,航空货运既有优势,也有劣势,货运代理人员在实际业务操作中应充分发挥航空货运的优势,克服其劣势,才能保证航空货运在经济发展中的作用。

(二) 航空货物运输的方式

1. 班机运输

航空公司使用具有固定的航线、固定时间、固定始发站和目的站及途经站的客机或货机或客货机运输,叫班机运输(scheduled airline)。

一般班机都是使用客货混合飞机,一些较大的航空公司在一些航线上也开辟定期的货运航班,使用的是全货机。由于班机在航线和时间上基本都有保证,因此采用班机运输货物比较容易掌握货物的发出和到达时间,从而保证货物能安全、迅速地运到世界各地,特别是鲜活易腐商品、时令性较强的商品、急需物资以及贵重商品多采用班机方式运送。

2. 包机运输

包机运输(chartered carriage)是指租用整架飞机或飞机的一部分完成一票货物的运输。它可分为两类:

(1) 整包机

整包机是指航空公司或包机公司按照双方事先同意的费率与条件,将整架飞机租给租机人。包机自某一航空站或若干航空站装运整架飞机的货物至指定的目的地。

(2) 部分包机

是指几家航空货运代理公司(或发货人)联合包租一架飞机,或者由包机公司把一架包机的舱位分别卖给几家航空货运代理公司。这种部分包机形式适用于不足装一整架飞机的货物,或者一公吨以上的货物。

3. 集中托运

航空货代公司把若干单独发运的货物组成一整批货物,用一份总运单整批发运到同一到站,或者运到某一预定的到站,由航空货代公司在目的地指定的代理收货,然后再报关、分拨后交给实际收货人,这种方式叫集中托运(consolidation)。

航空公司有按不同重量标准公布的多种运价,这就使航空货代公司可以把从不同的发货人那里收集的小件货物集中起来,使用航空公司的最便宜的运价。航空货代公司将节省下来的运费一部分给发货人,一部分作为自己的收益。

4. 陆空陆联运

陆空陆联运(TAT combined transport)是指使用飞机、火车、卡车等运输工具的联合运输方式。其分三种:一是 TAT,即 Train-Air-Truck 的联运;二是 TA,即 Truck-Air 的联运;三是 TA,即 Train-Air 的联运。

具体做法：货物先陆运至香港再转空运到最终目的地的，联运货的香港收转人为"中旅货运有限公司"。发货人在制作有关单据（如发票等）时，应在上面注明"发货地至香港装火车（或卡车），由香港至中转地（或目的地）装飞机"之类的字样，并要在唛头上列明"转口货"和加盖"陆空联运"戳记，以加速货运和避免香港征税。

(三) 国际航空货运代理性质

国际航空货物运输当事人主要有发货人、收货人、航空公司和航空货运公司，其中国际航空货运公司分为两类：一类是国际航空货运代理，一类是国际航空运输销售代理。国际航空货运代理仅作为进出口发货人、收货人的代理，而不作为航空公司的代理，严禁从航空公司收取代理佣金。国际航空运输销售代理作为航空公司的代理，代为办理国际航空客货运输销售及其相关业务。

在我国，申请设立国际航空货物销售代理的前提之一是必须首先成为国际航空货运代理，既作为货主（发货人或收货人）代理收取代理费用，又作为承运方（航空公司）代理收取代理佣金。由此可见，我国国际航空货运代理有的仅作为货主代理，有的作为货主和航空公司的双方代理。除了在与航空公司费用结算方面以及处理航空公司相关业务方面有所差异外，两者在主体业务流程及主要业务单证方面基本相同。

本节所界定的国际航空货运代理指作为货主和航空公司双方代理的货运代理，它在办理航空托运方面具有无可比拟的优势，不仅可以代为航空公司处理航空运输前、后繁杂的服务项目，而且可以代货主处理繁杂的空运操作业务。

航空货运代理根据业务范围以及是否签发运单，也分为代理人型的货运代理和当事人型的货运代理。在集中托运业务中，对于实际托运人来说，货运代理作为承运人，能够签发自己的运单（即分运单）；对于航空公司来说，货运代理作为托运人，接受航空公司签发的主运单。此时航空货运代理属于当事人型的货运代理。

另外，国际航空货运代理分为出口国货运代理和进口国货运代理，一般情况下，两者为同一代理企业的分支机构或分公司，或两者互为代理关系。

二、国际航空货运有关单证

(一) 托运书

国际货物托运书（shipper's letter of instruction, SLI）是指托运人委托承运人或其代理人（航空货运代理）填开航空货运单的一种表单。表单上列有填制航空货运单所需各项内容，因此国际货物托运书填写的正确性，直接影响航空运单填写的正确性。

国际货物托运书由托运人填写并加盖公章，并应印有授权于承运人或其代理人代其在航空货运单上签字的文字说明。国际货物托运书是托运人委托航空货运代理承办航空货运的依据,是指货运代理填制航空货运单的依据,也是指货运代理与托运人结算费用的依据。国际货物托运书是一份非常重要的法律文件。

航空货运代理接受委托时,首先需填写委托书,并加盖公章,作为货主委托代理承办航空货运出口货物的依据。航空货运代理公司根据委托书要求办理出口手续,并据以结算费用。

根据《统一国际航空运输某些规则的公约》(以下简称《华沙公约》)规定,货运单应由托运人填写,也可由承运人或其代理人代为填写。实际上,目前货运单均由承运人或其代理人填制。为此,作为填开货运单的依据——托运书,应由托运人自己填写,而且托运人必须在上面签字或盖章。国际货物托运书的格式如表 8-1 所示。

表 8-1 国际货物托运书
SHIPPER'S LETTER OF INSTRUCTION

托运人姓名、地址、电话号码 Shipper's Name, Address & Telephone No. (1)	托运人账号 Shipper's Account Number	航空货运单号码 Air Waybill Number	
		999-257-45042546	
		安全检查 Safety Inspection	
收货人姓名、地址、电话号码 Consignee's Name, Address & Telephone No. (2)	收账人账号 Consignee's Account Number	是否办妥航班日期、吨位 Booked	
		航班/日期 Flight/Date	航班/日期 Flight/Date
		预付 pp	到付 cc
		供运输用声明价值 Declared Values for Carriage	供海关用声明价值 Declared Values for Customs
		(5)	(6)
始发站 Airport of Departure　　(3)	目的站 Airport of Destination　　(4)	保险价值 Amount of Insurance	
填开货运单的代理人名称 Issuing Carrier's Agent Name and City		另请通知 Also Notify	
承运注意事项及其他 Handling Information and Others (7)		随附文件 Document to Accompany Air Waybill (8)	

续表

件数 No. of Packages (9)	毛重（千克） Actual Gross weight(kg.) (10)	运价种类 Rate Class (11)	计费重量 （千克） Chargeable Weight(kg) (12)	费率 Rate/kg (13)	货物名称（包括包装、尺寸或体积） Nature and Quantity of Goods (INCL. Dimensions or Volume) (14)
托运人证实以上所填内容全部属实并愿意遵守承运人的一切 运输章程 Shipper certifies that the particulars on the face hereof correct And agrees to the conditions of carriage of carrier					航空运费和其他费用 Weight Charges ant Other Charges
托运人或其代理人签字、盖章 Signatures of Shipper or his Agent 　　　　　　　　　(15)					承运人签字 Signatures of Issuing Carrier or his Agent
日期 Date　　　　(16)					日期 Date

托运书中的内容如下：

(1) 托运人账号（shipper's account no.）：本栏填写托运人的银行账号，用于结算费用。

(2) 托运人姓名及地址（shipper's name and address）：本栏填写托运人姓名和详细地址（街名、城市名称、国名），以及便于联系的电话号、电传或传真号。

(3) 收货人账号（consignee's account no.）：本栏填写收货人的银行账号，用于结算费用。

(4) 收货人姓名及地址（consignee's name and address）：本栏填写收货人姓名和详细地址（街名、城市名称、国名），以及便于联系的电话号、电传号或传真号。由于航空货运单不能转让，因此本栏内不得填写"order"（凭指示）或"to order of the shipper"（凭托运人指示）等字样，也不能空白不填。

(5) 另请通知（also notify）：除填收货人之外，如托运人还希望在货物到达的同时通知其他人，请另填写通知人的全名和地址。

(6) 代理人的名称和城市（issuing carrier's agent name and city）：本栏填写航空货运代理的名称和地址。

(7) 始发站（airport of departure）：本栏填写始发站机场的全称。

(8) 到达站（airport of destination）：本栏填写到达站机场的全称。

(9) 要求的路线/申请定舱（requested routing/requesting booking）：本栏在航空公司安排运输路线时使用，但如果托运人有特别要求，也可填入本栏。

(10) 托运人的声明价值（shipper's declared value）：是指对每批货物在交货时特别声明的价值。供运输用的声明价值：《华沙公约》对由承运人自身疏忽或故意造成的货物损坏、残缺或延误规定了最高赔偿责任限额,为货物毛重每公斤不超过 20 美元或其等值货币。

如果货物价值超出了上述价值,托运人就需要向承运人声明货物的价值,并支付声明价值附加费;否则不需要声明价值。若无须声明价值,则本栏空着不填或填写"NVD"(no value declared)字样。供海关用的声明价值:用于海关征税,即海关根据此栏所填数额征税。若未办理此声明价值则填写"NCV"(no commercial value)字样。

(11) 保险金额(insurance amount requested):本栏填写国际航空货物保险金额。中国民航各空运企业暂未开展国际航空货物运输代理保险业务,本栏可空着不填。

(12) 所附文件(document to accompany air waybill):本栏填写随附航空货运单运往目的地的文件名称,如发票、装箱单、托运人的动物证明等。

(13) 处理事项(handing information):本栏填写货物外包装上标记或操作要求等。

(14) 件数和包装方式(number and kind of packages):本栏填写该批货物的总件数并注明其包装方式,如包裹(package)、纸板盒(carton)、盒(case)、板条箱(crate)、袋(bag)、卷(roll)等。如货物没有包装,则填写散装(loose)。

(15) 实际毛重(actual gross weight):本栏应由承运人或航空货运代理称重后填入。如托运人已填写,则承运人或航空货运代理必须复核。

(16) 计费重量(chargeable weight):本栏应由承运人或航空货运代理量出货物尺寸、计算出计费重量后填入。如托运人已填写,则承运人或航空货运代理必须复核。

(17) 货物品名及数量(包括体积及尺寸)[nature and quantity of goods(incl. dimensions or volume)]:本栏详细填写货物的品名、数量和尺寸。若一批货物中有多种货物,则分别填写。危险品应填写适用的准确名称并标贴级别。

(18) 托运人签字(signature of shipper):托运人必须在本栏内签字。

(19) 日期(date):填写托运人交货的日期。

其他所有项目均由承运人或航空货运代理确定相关事宜后填入。

在实际业务中,在接受托运人的委托后,货运代理公司的指定人员对托运书进行审核。审核的主要内容包括价格、航班日期。

每家航空公司、每条航线、每个航班甚至每个目的港均有优惠运价,这种运价会因货源、淡旺季经常调整,而且各航空公司之间的优惠价也不尽相同。所以有时候更换航班,运价也随之变更。进行托运书的价格审核就是判断其价格是否能被接受,预订航班是否可行。最后,审核人员必须在托运书上签名和注明日期以示确认。

(二) 航空运单

航空货运单(air waybill)是由托运人或者以托运人名义填制,承运人或其代理在收到货物、接受托运后签发给托运人的货物收据,是托运人与承运人之间所订立的航空运输合同的证明。

根据《华沙公约》的规定:航空货运单应当由托运人填写。由于填写航空货运单必须具有一定的专业知识,因此在航空货运业务操作中托运人通常以国际货物托运书的形式授权航空公司或航空货运代理代为填写。航空货运单必须由承运人签字方能生效,承运人责任也从此时开始,直到在目的站向收货人交付货物时为止。

1. 航空运单的性质与作用

航空运单与海运提单有很大不同,却与国际铁路运单相似。它是由承运人或其代理人签发的重要的货物运输单据,是承托双方的运输合同,其内容对双方均具有约束力。航空运单不可转让,持有航空运单也并不能说明对货物拥有所有权。航空运单的性质与作用具体体现在以下几个方面:

(1) 航空运单是发货人与承运人之间的运输合同

航空运单是发货人与航空承运人之间的运输合同,与海运提单不同,航空运单不只证明航空运输合同的存在,并且航空运单本身就是发货人与航空运输承运人之间缔结的货品运输合同,在双签后发生效力,并在货品抵达目的地交付给运单上所记录的收货人后失效。

(2) 航空运单是承运人签发的已接收货物的证明

航空运单是承运人签发的已接收货品的证明。航空运单也是货品收条,在发货人将货品发运后,承运人或其代理人就会将其中一份交给发货人(即发货人联),作为已经接收货品的证明。除非特别注明,它是承运人收到货品并在良好条件下装运的证明。

(3) 航空运单是承运人据以核收运费的账单

航空运单分别记载着收货人、承运人应负担的费用和应支付给代理人的费用,并详细列明费用的种类、金额,因此可作为运费账单和发票。承运人往往也将其中的承运人联作为记账凭证。

(4) 航空运单是报关单证之一

出口时航空运单是报关单证之一。在货物到达目的地机场进行报关时,航空运单也通常是海关查验放行的基本单证。

(5) 航空运单同时可作为保险证明

如果承运人承办保险或发货人要求承运人代办保险,则航空运单也可用来作为保险证书。

(6) 航空运单是承运人在货物运输组织的全过程中运输货物的依据

航空运单随货同行,证明了货物的身份。航空运单上载有有关该票货物发送、转运、交付的事项,承运人会据此对货物的运输做出相应安排。

2. 航空运单的分类

根据航空货运单的签发人不同,分为航空主运单和航空分运单;根据航空货运单样式不同,分为有出票航空公司标志的货运单和无承运人任何标志的中性货运单;根据承运货物种类不同,航空货运单可用于单一种类货物运输和不同种类货物的集中运输;根据运输行程不同,航空货运单可用于单程货物运输和联程货物运输。

(1) 航空主运单

凡由航空运输公司签发的航空货运单称为航空主运单(master air waybill,MAWB),它是航空运输公司据以办理货物运输和交付的依据。每一批航空运输的货物都有自己相对应的航空主运单。

(2) 航空分运单

在办理集中托运业务时,由航空货运代理签发的航空运单称为航空分运单(house air waybill,HAWB)。由此可见,在集中托运业务中,既有航空公司签发的以货运代理为托运人的航空主运单,又有货运代理签发给实际托运人的航空分运单。

代理人可以自己签发分运单,不受航空公司的限制,但通常的格式还按照航空公司主运单来制作。在分运单中,托运人栏和收货人栏都是真正的托运人和收货人。

3. 航空运单的内容

航空运单与海运提单类似,也有正面、背面条款之分。所不同的是,航运公司的海运提单可能千差万别,但各航空公司所使用的航空运单则大多借鉴国际航联(IATA)推荐的标准格式(也称中性运单),所以差别并不大。下面就有关需要填写的栏目说明如下。

(1) 托运人名称和地址(shipper's name and address):应填写托运人的全称、街名、城市名称、国家名称、电话、电传或传真号码。

(2) 收货人名称和地址(consignees' name and address):应填写收货人的全称、街名、城市名称、国家名称、电话、电传或传真号码。

(3) 代理人的名称和城市(issuing carrier's agent name and city):必要时可填写代理人的全称和城市名称。

(4) 始发站机场(airport of departure):填写始发站机场全称。

(5) 到达站机场(airport of destination):填写到达站机场全称。如遇到有重名的机场,还应注明机场的国别。

(6) 要求的路线(requested routing):填写选择的运输路线及承运人代号。如后者不指定则只填路线亦可。如二者均不指定,则可填"FRAV."(填城市名称英文的三字代号)。

(7) 托运人声明的价值(shipper's declared value)。

① 供运输用(for carriage):填写托运人向承运人声明的货物价值。该价值亦为承运人负责赔偿的限额。未声明价值时,可填"NVD"(no value declared)。

② 供海关用(for customs):填写托运人向到达站海关申报的货物价值,如果货物没有所需要申报的货物价值,此栏可填写"NCV"(no customs value)。

（8）保险金额（amount of insurance）：本栏可不填。

（9）所附文件（documents to accompany air waybill）：填写随附货运单带往到达站的文件的名称。

（10）处理情况（包括包装方式、货物标志及号码等）（handling information）（incl. method of packing identifying marks and numbers. etc. ）：填写货物的包装方式、标志和号码以及在运输、中转、装卸、储存时需要特别注意的事项。

（11）另请通知（also notify）：托运人为防备收货人因故不能收货，希望在货物到达的同时通知他人，在此填写被通知人的全称和地址。

（12）件数（no. of packages）：填该批货物的总件数及包装方式。

（13）实际毛重（千克）[actual gross weigh(kg)]：填航空公司计量的货物总重，尾数不足 0.10 千克的四舍五入。

（14）运价类别（rate class）：填写所采用的运价类别代号。采用等级运价时，标明百分比。

（15）收费重量（千克）[chargeable weight(kg)]：填计算运费的重量。

（16）费率（rate/charge）：适用的每千克运价，如最低运费，也应填本栏。

（17）货物品名及数量（nature and quantity or goods）：填写货物的具体名称，如一票货物包括多种物品时，应分别申报货物品名。对危险品应注明其专有名称和包装级别。

（18）供承运人用（for carrier use only）：供经办人计算运费用。

（19）运费（charges）：填全部到付或全部预付。到付用（cc）表示，预付用（pp）表示。

（20）托运人或代理人签字（signature of shipper or its agent）：托运人必须在此签字。

（21）日期和地点[executed(date)at(place)]：填开立货运单的日期和地点。

（22）承运人或代理人签字（signature of issuing carrier or its agent）。

（23）航班和日期（flight/date）：填写已订妥的航班和日期。

（24）运单号（no. of air waybill）：一般由 11 位数字组成，前三位数字为航空公司代号，如中国国际航空公司的代号是 999，南方航空公司的代号是 784。后面 7 位数是顺序号。最后一位是检查号。

（25）其他费用（other charges）：填运费和声明价值附加费以外的其他费用。其他费用一般用代号表示。如为承运人收取用"C"列在其他费用代号后面，如为代理人收取用"A"列在其他费用代号后面。

（26）货币（currency）：填写开具航空运单所用货币的代号。

以上所有内容不一定要全部填入空运单。IATA 也并未反对在运单中写入其他所需的内容。但这种标准化的单证对航空货运经营人提高工作效率，促进航空货运业向电子商务的方向迈进有着积极的意义。

第二节　国际航空货运代理实务

一、国际航空货代出口业务程序

国际航空货物运输的出口业务流程包括以下几个环节,如图 8-1 所示。

(一) 市场销售

市场销售也就是揽货,它处于整个航空货物出口运输代理业务流程的核心地位。在具体操作时,货运代理人员需向货主即出口单位介绍本公司的业务范围、服务项目、各项收费标准,特别是向出口单位介绍优惠运价,介绍本公司的服务优势。

航空货运代理公司与出口企业就出口货物运输事宜达成意向后,可以向发货人提供中国民航的"国际货物托运书"。对于长期出口或出口货量大的单位,航空货运代理公司一般都与之签订长期的代理协议。

(二) 委托运输

航空货运代理接受委托时,首先需填写委托书并加盖公章,作为货主委托代理承办航空货运出口货物的依据。航空货运代理公司根据委托书要求办理出口手续,并据以结算费用。

根据《华沙公约》规定,货运单应由托运人填写,也可由承运人或其代理人代为填写。实际上,目前货运单均由承运人或其代理人填制。为此,作为填开货运单的依据——托运书,应由托运人自己填写,而且托运人必须在上面签字或盖章。

(三) 审核单据

审核的单据包括:

(1) 发票、装箱单:发票上一定要加盖公司章,标明价格术语和货价。

(2) 托运书:一定要标明目的港名称或目的港所在城市名称,明确运费预付或运费到付、货物毛重、收发货人、电话/电传/传真号码。托运人签字处一定要有托运人签名。

(3) 报关单:注明经营单位注册号、贸易性质、收汇方式,并要求在申报单位处加盖公章。

(4) 外汇核销单:在出口单位备注栏内,一定要加盖公司章。

市场销售
委托运输
审核单据
订舱
制单
接货
报关
费用结算
信息传递

图 8-1　国际航空货物运输的出口业务流程

（5）许可证：合同号、出口口岸、贸易国别、有效期一定要符合要求，并与其他单据相符。

（6）商检证：商检证、商检放行单、盖有商检放行章的报关单均可。商检证上应有海关放行联字样。

（7）进料/来料加工核销本：注意本上的合同号是否与发票相符。

（8）索赔/返修协议：要求提供正本，要求合同双方盖章，外方没章时，可以签字。

（9）到付保函：凡到付运费的货物，发货人都应提供。

（10）关封。

（四）订舱

包括预订舱和订舱。

1. 预订舱

预订舱是航空货运代理根据所制订的预配舱方案，按航班日期打印出总运单号、件数、重量、体积等，向航空公司预订舱。因为此时货物还没有入库，所以预报数和实际数有可能会有差别。

2. 订舱

订舱就是将所接收空运货物向航空公司正式提出运输申请并订妥舱位。货物订舱需根据发货人的要求和货物标识的特点而定。一般来说，大宗货物、紧急物资、鲜活易腐物品、危险品、贵重物品等必须预订舱位，非紧急的零散货物可以不预订舱位。

货运代理订舱时，可依照发货人的要求选择最佳的航线和最佳的承运人，同时为发货人争取最低、最合理的运价。订舱后，航空公司签发舱位确认书即舱单，同时给予装货集装器领取凭证，以表示舱位订妥。

（五）制单

制单就是填开航空货运单，包括总运单和分运单。填开航空货运单的主要依据是发货人提供的国际货物托运书。货运单一般用英文填写，目的地为香港地区的货物运单可以用中文填写，但货物的品名一定要用英文填写。

如果所托运的货物是直接发给国外收货人的单票托运货物，填开航空公司运单即可。如果所托运的货物属于以国外代理人为收货人的集中托运货物，必须先为每票货物填开航空货运代理公司的分运单，然后再填开航空公司的总运单，以便国外代理人对总运单下的各票货物进行分拨。

（六）接货

接收货物，是指航空货运代理公司把即将发运的货物从发货人手中接过来并运送到自己的仓库。接收货物时应对货物进行过磅和丈量,并根据发票、装箱单或送货单清点货物,并核对货物的数量、品名、合同号或唛头等是否与货运单上所列一致。

1. 检查货物的外包装是否符合运输的要求

(1) 托运人提供的货物包装要求坚固、完好、轻便,应能保证在正常的操作(运输)情况下,货物可完好地运达目的站。同时,也不损坏其他货物和设备。

(2) 为了不使密封舱飞机的空调系统堵塞,不得用带有碎屑、草末等材料作包装,如草袋、草绳、粗麻包等。包装的内衬物,如谷糠、锯末、纸屑等不得外漏。

(3) 包装内部不能有突出的棱角,也不能有钉、钩、刺。包装外部需清洁、干燥,没有气味和油污。

(4) 托运人应在每件货物的包装上详细写明收货人和托运人的姓名和地址。如包装表面不能书写时,可写在纸板、木牌或布条上,再挂在货物上,填写时字迹必须清楚、明晰。

(5) 包装的材料要良好,不得用腐朽、虫蛀、锈蚀的材料。无论木箱还是其他容器,为了安全,必要时可用塑料、铁箍加固。

(6) 如包装件有轻微破损,填写货运单应在 Handing Information 处标注出详细情况。

拓展阅读8.1 运输处理注意事项

2. 外包装上的标记和标签

(1) 标记。即在航空运输货物外包装上由托运人书写的有关事项和记号。航空货物外包装上的有关事项和记号如图 8-2 所示。

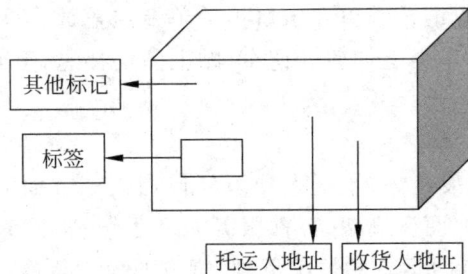

图 8-2 航空货物外包装上的有关事项和记号

托运人地址和收货人地址:注明托运人、收货人的姓名、地址、联系电话、传真号。

其他标记:注明合同号、操作(运输)注意事项等。如:不要暴晒(don't expose to excessive sunlight)、防潮(keep dry)、小心轻放(handle with care)等。

（2）标签

标签按其作用划分，分为识别标签、特种货物标签和操作标签。

① 识别标签：说明货物的货运单号码、件数、重量、始发站、目的站、中转站的一种运输标志。分为挂签和贴签两种。

在使用标签之前，清除所有与运输无关的标记与标签；体积较大的货物需对贴两张标签；袋装、捆装、不规则包装除使用两个挂签外，还应在包装上写清货运单号码和目的站。

② 特种货物标签：说明特种货物性质的各类识别标志。分为活动物标签、危险品标签和鲜活易腐物品标签。

③ 操作标签：说明货物储运注意事项的各类标志。

(七) 报关

出口报关，是指发货人或其代理人在货物发运前，向出境地海关办理货物出口手续的过程。具体操作程序如图 8-3 所示。

（1）首先将发货人提供的出口货物报关单的各项内容输入电脑，即电脑预录入；

（2）在通过电脑填制的报关单上加盖报关单位的报关专用章；

（3）将报关单与有关的发票、装箱单和货运单综合在一起，并根据需要随附有关的证明文件；

（4）以上报关单证齐全后，由持有报关证的报关员正式向海关申报；

（5）海关审核无误后，海关关员即在用于发运的运单正本上加盖放行章，同时在出口收汇核销单和出口报关单上加盖放行章，在发货人用于产品退税的单据上加盖验讫章，贴上防伪标志，至此完成出口报关手续。

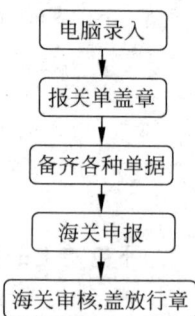

图 8-3　出口报关程序

(八) 费用结算

费用结算主要涉及同发货人、承运人和国外代理人三方面的结算。即在预付运费时向发货人收取航空运费、地面运输费、各种服务费和手续费，同时向承运人支付航空运费及代理费、代理佣金；在到付运费的情况下，收货方的航空货运代理公司在将货物移交收货人时，应收回到付运费并退还给发货方的货运代理，同时发货方的货运代理应将代理佣金的一部分分给其收货地的货运代理。

(九) 信息传递

货物交接发运后，货运代理公司除了做好航班跟踪外，还要为客户提供相关的信息服务,包括订舱信息、审单及报关信息、仓库收货信息、交运称重信息、一程及二程航班信息、集中托运信息、单证信息等。

二、国际航空货物运输的进口业务流程

国际航空货物运输的进口业务流程,是指航空货运代理公司对于货物从入境到提取或转运整个流程的各个环节所需办理的手续及准备相关单证的全过程。具体包括以下几个环节,其业务流程如图 8-4 所示。

(一) 代理预报

在国外公司发货前,进口单位就应将合同副本或订单以及其他有关单证送交进口空港所在地的航空货运代理,作为委托报关、接货的依据。国外货运代理公司将运单、航班、件数、重量、品名、实际收货人及其地址、联系电话等内容通知目的地代理公司,这个环节叫代理预报。代理预报的目的是使代理公司做好接货前的所有准备工作。

图 8-4 国际航空货物运输的进口业务流程

(二) 交接单货

货物到达后,航空货运代理接到航空公司到货通知时,应从机场或航空公司营业处取单(指航空运单第三联正本,original for the consignee)。取单时应注意两点:

(1) 航空公司免费保管货物的期限为三天,超过此限取单应付保管费。

(2) 进口货物应自运输工具进境之日起 14 天内办理报关。如通知取单日期已临近或超过限期,应在征得收货人同意缴纳滞报金的情况下方可取单。

(三) 理货与仓储

货运代理公司从航空公司接货后,即短途驳运进自己的监管仓库,组织理货及仓储。

(四) 到货通知

货物到目的港后,货运代理人应从航空运输的时效出发,为减少货主仓储费,避免海关滞报金,尽早、尽快、尽妥地通知货主到货情况,提请货主配齐有关单证,尽快报关。

(五) 进口报关

取回运单后应与合同副本或订单校对。如合同号、唛头、品名、数量、收货人或通知人等无误,应立即填制"进口货物报关单"并附必要的单证向设在空港的海关办理报关。如

由于单证不全而无法报关时,应及时通知收货人补齐单据或通知收货人自行处理,以免承担过期报关而须缴滞报金的责任,作为收货人应立即答复或处理。

海关审单通过后,航空货运代理应按海关出具的税单缴纳关税及其他有关费用。然后凭交费收据将所有报关单据送海关放行部,海关对无须验货的货物直接在航空运单上盖章放行;对需要验货的,查验无误后放行;对单货不符的由海关扣留,另行查处。

(六) 发货

海关放行后,属于当地货物立即送交货主;如为外地货物,立即通知货主到口岸提取或按事先的委托送货上门。对须办理转运的货物,如不能就地报关的,应填制"海关转运单"并附有关单据交海关制作"关封"随货转运。

拓展阅读 8.2 国际航空货运的特殊情况

三、集中托运业务

(一) 集中托运业务流程

集中托运业务(consolidation)又称为集拼业务,是指集中托运商(简称集运商,consolidator)将多个托运人的货物集中起来作为一票货物交付给承运人,用较低的运价运输货物。货物到达目的站,由分拨代理商统一办理海关手续后,再分别将货物交付给不同的收货人。

其业务流程如图 8-5 所示。

(1) 集中托运商在收到 A、B、C 三个货主的货物之后,进行集中托运,即把来自三个不同的托运人的货物集中到一起,交给航空公司。

(2) 集中托运商以自己为托运人名义向航空公司办理托运,集中托运商和航空公司之间就需要一个凭证,这个凭证就是主运单。主运单是集运商与航空公司之间交接货物的凭证,同时又是承运人运输货物的正式文件。

(3) 集运商同时以自己的名义,分别向 A、B、C 三个货主签发分运单。分运单是集运商与 A、B、C 三个货主之间交接货物的凭证,也是集运商承诺将货物运到指定目的地机场的文件。

(4) 货物到达目的地机场后,由集运商在目的地机场的分拨代理商统一办理进口报关和提取货物手续。

(5) 集运商在目的地机场的分拨代理商凭借收货人 A、B、C 出示的各自的分运单,分别将各自的货物交付给不同的收货人。

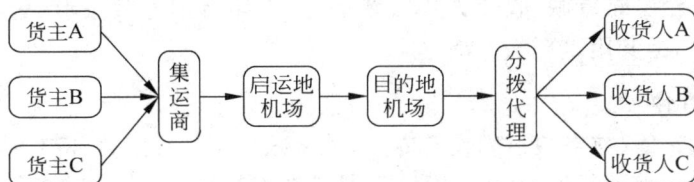

图 8-5　集中托运业务流程图

(二) 集中托运商

集中托运商与货运代理人的地位相似,但有不同。集中托运人的地位类似多式联运中的多式联运经营人。他承担的责任不仅仅是在始发地将货物交给航空公司,在目的地提取货物并转交给不同的收货人,其承担的是货物的全程运输责任,而且在运输中具有双重角色。他对各个发货人负货物运输责任,地位相当于承运人;而在与航空公司的关系中,他又作为集中托运的一整批货物的托运人。

四、国际航空快递业务

航空快递是指具有独立法人资格的企业将进出境货物或物品从发件人所在地通过自身或代理的网络运达收件人的一种快速运输方式。采用上述运输方式的进出境货物、物品叫快件。航空快递实际也是一种联合运输,与空运方式前后衔接的一般是汽车运输。

快件业务从所发运快件的内容看,主要分成快件文件和快件包裹两大类。快件文件以商务文件、资料等无商业价值的印刷品为主。其中也包括银行单证、合同、照片、机票等。

航空快件运输(尤其是包裹运输)与普通空运货物相比,需要办理的手续相同,运输单据和报关单证也基本一样,都要向航空公司办理托运,都要与收、发货人及承运人办理单货交接手续,都要提供相应的单证向海关办理进、出口报关手续。但其亦有自身特点:

1. 完善的快递网络

快递是以时间、递送质量区别于其他运输方式的,它的高效运转是建立在完善的网络基础上的。

2. 以收运文件和小包裹为主

从收运范围来看,航空快运以收运文件和小包裹为主。文件包括银行票据、贸易合同、商务信函、装船单据、小件资料等,包裹包括小零件、小件样品、急用备件等。快运公司对收件有最大重量和体积的限制。

3. 有交付凭证

从运输和报关来看,航空快运业务中有一种其他运输形式所没有的单据 POD(proof

of delivery),即交付凭证。它由多联组成(各快运公司的 POD 不尽相同),一般有发货人联、随货同行联、财务结算联、收货人签收联等,其上印有编号及条形码。POD 类似航空货运中的分运单,但其用途更为广泛。

4. 运送速度快

从服务层次来看,航空快运因设有专人负责,减少了内部交接环节,缩短了衔接时间,因此运送速度快于普通货运和邮递业务,这是其典型特征。

5. 安全可靠

从服务质量来看,快件在整个运输过程中都处于电脑的监控之下,每经一个中转港或目的港,电脑都得输入其动态(提货、转运、报关等),派送员将货送交收货人时,让其在POD 上签收后,电脑操作员将送货情况输入电脑,这样,信息很快就能反馈到发货方。一旦查询,立刻就能得到准确的回复。这种运输方式使收、发货人都感到安全、可靠。

拓展阅读 8.3　五大国际航空快递公司

第三节　国际航空运费的计算

一、基本概念

(一) 航空运价

航空运价(rate)是指承运人对所承运的每一重量单位的货物所收取的航空运费。航空运价按制定途径不同,分为协议运价和国际航协(IATA)运价。

1. 协议运价

协议运价是航空公司与托运人签订协议,托运人保证每年向航空公司交运一定数量的货物,航空公司向托运人提供一定数量的运价折扣,其分类如表 8-2 所示。

表 8-2　航空货物协议运价分类表

协议运价类别	注　释
长期协议运价	签订一年期限协议的运价
短期协议运价	签订半年或半年以下期限的运价
包板(舱)运价	对租用的全部或部分舱位或集装器签订的运价
销售返还	对已完成的销售量(额)给予一定比例的运费返还
自由销售	除订过协议的货物外,采取一票货物商议一个定价

2. 国际航协运价

国际航协运价是指 IATA 在 TACT(the air cargo tariff)运价资料上公布的运价。它主要依据 IATA 运价手册(TACT rate book),并结合国际货物运输规则(TACT rules)共同制定。按照运价公布形式不同分为公布直达运价和非公布直达运价。公布直达运价指航空公司在运价本上直接注明从始发站到目的站的货物运价;若没有适用的公布直达运价,则采用比例运价或分段相加运价,具体分类如表 8-3 所示。

表 8-3　航空货物 IATA 运价分类表

IATA 运价	类别细分	
公布直达运价	指定商品运价 C	
	等级货物运价	等级货物附加运价 S
		等级货物附减运价 R
	普通货物运价	45 公斤以下普通货物运价 N
		45 公斤及以上普通货物运价 Q
	起码运费 M	
非公布直达运价	比例运价	
	分段相加运价	

（1）指定商品运价

指定商品运价(specific commodity rate,SCR)是指承运人根据某一航线上经常运输某一种货物的托运人的请求,或为促进某地区间某一种货物的运输,所提供的低于普通货物运价的优惠运价。指定商品运价的运价等级代码为"C"。

使用指定商品运价必须满足三个条件:一是在始发站与目的站之间有公布的指定商品运价;二是货物品名与指定商品的品名相吻合;三是货物计费重量满足最低重量要求。

航空货物运价手册第二部分列明了指定商品,并将其分为十组,其品名用四位阿拉伯数字编号,即商品代码(commodity item no.)。国际航协的指定商品代码非常多,商品分组如表 8-4 所示。

表 8-4　指定商品分组及编码表

编　码	商品分组
0001～0999	食用动物和植物产品
1000～1999	活动物和非食用动物及植物产品
2000～2999	纺织品、纤维及其制品
3000～3999	金属及其制品,不包括机械、车辆和电气设备
4000～4999	机械、车辆和电气设备

编　码	商品分组
5000～5999	非金属矿产品及其制品
6000～6999	化工品及其制品
7000～7999	纸、芦苇、橡胶和木材及其制品
8000～8999	科学仪器、专业仪器、精密仪器、器械及零配件
9000～9999	其他货物

（2）等级货物运价

等级货物运价（commodity class rate）是指在指定地区内部或地区之间对少数货物航空运输提供的运价，通常是在普通货物运价的基础上增加（或不变）或减少一定的百分比。

在普通货物运价基础上增加一定百分比（或不变）称为等级货物附加运价，其运价等级代码为"S"（surcharged class rate）；在普通货物运价基础上减少一定百分比称为等级货物附减运价，其运价等级代码为"R"（reduced class rate）。等级运价附加或附减百分比根据地区不同和等级货物种类不同而不同，其规则在 TACT Rules 中公布。

（3）普通货物运价

普通货物运价（general cargo rate）是指对于不适用指定商品运价和等级货物运价的普通货物所提供的运价。普通货物运价在航空货物运价手册（TACT rate book）第四部分中公布，是最为广泛采用的运价。普通货物运价根据货物重量不同，分为若干个重量等级分界点运价。不同重量等级分界点的运价表示及运价等级代码如表 8-5 所示。

表 8-5　普通货物运价表示及运价等级代码

运 价 表 示	等 级 代 码
45 公斤以下的普通货物运价	N
45 公斤及以上的普通货物运价（Q45）	Q
100 公斤及以上的普通货物运价（Q100）	
300 公斤及以上的普通货物运价（Q300）	

（4）起码运费

起码运费（minimum charge）又称最低运费，是指航空公司规定的办理一批货物所能接受的最低运费。无论货物用哪种运价，所计算出来的运费总额不能低于此起码运费。起码运费的运价等级代码为"M"。

(二) 航空运费

货物的航空运费（weigh charge）是指航空公司将一票货物自始发地机场运至目的地机场所收取的航空运输费用。该费用根据每票货物（即指使用同一份航空运单的货物）所适用的运价和货物的计费重量计算而得。

由于货物的运价是指运输起讫地点间的航空运价,所以航空运费就是指运输始发地机场至目的地机场间的费用,不包括其他费用。

(三) 其他费用

其他费用(other charges)是指由承运人、代理人或其他部门收取的与航空运输有关的费用。组织一票货物运输的全过程除了空中运输外,还包括地面运输、仓储、制单、国际货物的清关等环节,提供这些服务的部门所收取的费用即为其他费用。

二、计费重量

计费重量(chargeable weight)是指用以计算货物航空运费的重量。它可以是货物的实际毛重,或体积重量,或较高重量分界点的重量。

(一) 实际毛重

实际毛重(actual gross weight)是指包括货物包装在内的重量。一般情况下,对于高密度货物(high density cargo),应考虑其货物实际毛重可能会成为计费重量。

(二) 体积重量

1. 定义

按照国际航协规则,将货物的体积按一定的比例折合成的重量称为体积重量(volume weight)。由于货舱空间的限制,一般对于低密度的货物(low density cargo),即轻泡货物,考虑其体积重量可能会成为计费重量。

2. 计算规则

不论货物的形状是否为规则的长方体或正方体,计算货物体积时,均应以最长、最宽、最高的三边的厘米长度为准。长、宽、高的小数部分按四舍五入取整。体积重量按每6000立方厘米折合1公斤计算。即:体积重量＝货物体积÷6000cm^3/kg。

例1

一件货物尺寸为82cm×48cm×32cm,计算其体积重量。

$$体积重量＝货物体积÷6000cm^3/kg＝82cm×48cm×32cm÷6000cm^3/kg$$
$$＝125\,952cm^3÷6000cm^3/kg≈20.99kg$$

(三) 计费重量

计费重量(chargeable weight)为货物的实际毛重与体积重量比较,取其高者。根据国际航协规定,国际货物的计费重量以 0.5 公斤为最小单位,重量尾数不足 0.5 公斤的,按 0.5 公斤计算;0.5 公斤以上不足 1 公斤的,按 1 公斤计算。

上例中,如计费重量为 20.99 公斤,则按照国际航协进整规则,计费重量为 21 公斤。

三、航空运费

航空运价采用的是重量分段对应运价,即在每一个重量范围内设置一个运价。且随着运输重量的增大,运价越来越低,这就是定价原则中的数量折扣原则。

运价表中,"N"表示标准普通货物运价,是指 45 公斤以下的普通货物运价。"45"表示"Q45"即 45 公斤以上(包括 45 公斤)普通货物的运价;"100"表示"Q100"即 100 公斤以上(包括 100 公斤)普通货物的运价;依次类推。对于 45 公斤以上不同重量分界点的普通货物运价均用"Q"表示。

运价表中,"M"表示最低收费标准。

在运价表中查出相应费率,与计费重量相乘即得出航空运费(weight charge)。

计算公式为

$$航空运费 = 计费重量 \times 适用运价$$

如果计算出的航空运费低于"M",则按照最低收费标准收取运费。

当货物较高一个计费重量分界点的运费比算得的航空运费低时,则以此分界点的运费作为最后收费依据;反之,则以算得的运费为准。这是航空公司给货主的一项优惠。

四、公布的直达运价

公布的直达运价指航空公司在运价本上直接注明,承运人对由甲地运至乙地的货物收取的一定金额的运价。

1. 特种货物运价

特种货物运价(specific commodity rates,SCR)通常是承运人应托运人的请求,对在某一航线上经常运输某一类货物,或为促进某地区间某一类货物的运输,经 IATA 同意所提供的优惠运价。IATA 公布特种货物运价时将货物划分为以下类型:0001~0999,食用动物和植物产品;1000~1999,活动物和非食用动物及植物产品;2000~2999,纺织品、纤维及其制品;等等。其中每一组又细分为 10 个小组。每个小组再细分,这样几乎所有的商品都有两个对应的组号,航空公司公布特种货物运价时只要指出适用于哪一组货物即可。

承运人制定此运价的目的主要是使航空运价更具竞争力,所以特种货物运价比普通货物运价要低。此类货物除了要满足航线和货物种类的要求外,还必须达到所规定的起码运量(如 100 千克)。

2. 等级货物运价

等级货物运价(commodity classification rates,CCR)适用于指定地区内部或地区之间的少数货物的运输,通常表示为在普通货物运价的基础上增加或减少一定的百分比。适用的等级货物有:

(1) 活动物、活动物的集装箱和笼子;

(2) 贵重物品;

(3) 尸体或骨灰;

(4) 报纸、杂志、期刊、书籍、商品目录、盲人和聋哑人专用设备及书籍等出版物;

(5) 作为货物托运的行李。

其中(1)~(3)项通常在普通货物运价的基础上增加一定百分比;(4)、(5)项在普通货物运价的基础上减少一定百分比。

3. 普通货物运价

普通货物运价(general cargo rates,GCR)使用最为广泛。当一批货物不能适用上述两种运价时,就应考虑选用此运价。通常,各航空公司针对所承运货物数量的不同,规定了几个计费重量分界点。

最常见的是 45 公斤分界点,将货物分为 45 公斤以下(又被称为标准普通货物运价,用"N"表示)和 45 公斤以上(含 45 公斤,用"Q"表示)两种。另外,根据航线货运量的不同还可以规定 100 公斤以上(用"Q100"表示)、300 公斤以上(用"Q300"表示)运价,甚至更多。运价的数额随运输量的增加而降低,这也是航空运价的显著特点之一。

五、航空运费的计算

(一) 计算步骤

按顺序计算以下各项:

1. Volume:体积
2. Volume Weight:体积重量
3. Gross Weight:毛重
4. Chargeable Weight:计费重量
5. Applicable Rate:适用运价
6. Weight Charge:航空运费

(二) 计算

案例

Routing：BEIJING,CHINA(BJS)to AMSTERDAM,HOLLAND(AMS)

Commodity：Shoes

Gross Weight：21.2kg/pc×2pc

Dimensions：72cm×58cm×22cm×2

计算其航空运费。

公布运价如下：

BEIJING	CN	BJS
Y. RENMINBI	CNY	KGS
AMSTERDAM	NL	
M	630.00	
N	63.36	
45	45.78	

解答：(1) 按实际重量计算

Volume：$72cm×58cm×22cm×2=183\,744cm^3$

Volume Weight：$183\,744cm^3÷6000cm^3/kg=30.62kg$

Gross Weight：$21.2kg/pc×2pc=42.4kg$

Chargeable Weight：42.4kg=42.5kg

Applicable Rate：63.36CNY/kg

Weight Charge：63.36CNY/kg×42.5kg=2692.8CNY

(2) 采用较高重量分界点的较低运价计算

Chargeable Weight：45.0kg

Applicable Rate：45.78CNY/kg

Weight Charge：45.78CNY/kg×45.0kg=2060.1CNY

(1)与(2)比较,取运费较低者。

Weight Charge：2060.1CNY

航空货运单运费计算栏填制如下：

No. of pieces	Gross Weight	kg Lb	Rate Class	Chargeable Weight	Rate /Charge	Total	Nature and Quantity of Goods
2	42.4	k	Q	45	45.78	2060.1	SHOES 72cm×58cm× 22cm×2

六、其他费用

(一) 声明价值附加费

根据《华沙公约》的规定,承运人由于失职而造成货物损坏、丢失或延误等应承担责任,其最高赔偿限额为每公斤(毛重)20 美元或 7.675 英镑或等值的当地货币。如果货物的实际价值每公斤超过上述限额,发货人要求在发生货损货差时全额赔偿,则发货人在托运货物时就应向承运人或空代声明货物的价值,但应另付一笔"声明价值附加费"。一般按声明价值额的 0.5% 收取,最低收费为人民币 10 元。如果没有超出,则不需要声明。

声明价值是货物总价值,集中托运货物按整批货物价值声明。

声明价值附加费计算公式为

$$(整批货物声明价值 - 货物毛重×20 美元)×0.5\%$$

如果发货人不办理声明价值,则应在运单的有关栏内填上"NVD"(no value declared)字样。

(二) 航空运输中的其他费用

在航空运输中,货主还需要根据航空公司或航空货运代理提供的服务内容向其缴纳相应的其他费用。费用用三个英文字母表示,前两个字母是费用代码,第三个字母是 C 或 A,分别表示费用应支付给航空公司(carrier)或航空货运代理(agent)。

1. 货运单费

货运单费(air waybill fee,AW)又称为航空货运单工本费,是为填制航空货运单而产生的费用。按国际航空协会规定:由航空公司销售或填制航空货运单,运单费归航空公司所有;由航空货运代理销售或填制航空货运单,运单费归货运代理所有。因此货运单费的表示方法为 AWC 或 AWA。

2. 地面运输费

地面运输费(surface charge,SU)指托运人处收货运至始发站机场的运输费用。

目的站运输费(surface charge destination,SD)指从目的站机场将货物送至收货人的陆路运输费用。

3. 保管费及停运费

始发站保管费(storage origin,SO)指货物在始发站机场产生的保管费。

目的站保管费(storage destination,SR)指货物在目的站机场产生的保管费。

中途停运费(stop in transit,SI)指在中途停运产生的相关费用。

4. 报关费

始发站报关费(clearance and handling-origin,CH)指始发站清关处理费

目的站报关费(clearance and handling-destination,CD)指目的站清关处理费。

5. 服务费

集中货物服务费(assembly service fee,AS)指始发站集中货物产生的费用。

押运服务费(attendant,AT)指派人押运产生的费用。

分发服务费(distribution service fee,DF)指目的站分发货、配货产生的费用。

代保险服务费(insurance premium,IN)指货运代理代办保险业务的服务费。

包装服务费(packaging,PK)指包装货物产生的费用。

代签字服务费(signature service,SS)指代表货主签字的服务费。

6. 手续费

运费到付手续费(charge collect fee,CC fee)指运费到付情况下支付的手续费。运费到付手续费在各国的计收标准不同,对于运至中国的运费到付货物,其计算公式为:到付运费手续费 =(货物航空运费 + 声明价值附加费)× 2%,并且最低收费标准为 100 元人民币。

垫付款手续费(disbursement fee,DB)指为垫付款支付的手续费。垫付款指始发站机场运输一票货物时发生的部分其他费用,包括货运单费、地面运输费和始发站报关费。垫付款数额不能超过货运单上全部航空运费总额(若总额低于 100USD,可允许达到 100USD)。垫付款手续费是由垫付款的数额而确定的费用,其计算公式为:垫付款手续费=垫付款×10%。每票货物的垫付手续费不得低于 20USD 或其等值货币。

7. 特殊货物费用

包括尸体/骨灰附加费(human remains,HR)、危险品处理费(dangerous goods fee,RA)、动物处理费(live animals,LA)、动物容器租费(animal container,AC)、集装设备操作费(ULD handling,TH)等。

8. 税费

主要包括政府捐税(government tax,GT)和地区销售税(state sales tax,ST)。

9. 杂项费用

包括未确定由谁收取的杂项费用(miscellaneous charge-unassigned,MB)、代理人收

取的杂项费用(如无其他代号可用)(miscellaneous charge-due agent,MA)、承运人收取的杂项费用(如无其他代号可用)(miscellaneous charge-due carrier,MC)、最后一个承运人收取的杂项费用(miscellaneous charge-due last carrier,MD-MN)等。

本章思考题

一、名词解释

1. 国际航协运价
2. 等级货物运价
3. 货运单费

二、简答题

1. 国际航空货运有关单证有哪些?
2. 简述国际航空货物运输的进口业务流程。
3. 简述集中托运业务流程。
4. 简述声明价值附加费。

拓展阅读 8.4 全球经济复苏、跨境电商升温,航空货运业发展动能强劲

第九章

国际陆地货运代理

【学习目标】

1. 了解国际铁路、公路货运代理的性质;

2. 掌握国际铁路、公路货物运输费用的构成与计算;

3. 理解国际铁路联运、国际公路运输货运代理的业务流程。

【知识要点】

1. 国际铁路货物联运;

2. 国际铁路、公路货运代理业务单证;

3. 国际货协运单;

4. 国际公路货物运输制度。

引导案例

一轨相通,双向奔赴!全国首列"中老泰" 全铁快速货运列车从成都开出

成都国际铁路港,汽笛长鸣。

2023 年 11 月 17 日上午 10 时 30 分,全国首列"中老泰"全铁快速货运列车从这里驶出,开往泰国玛达普站。不久之后,在泰国,满载当地优质产品的回程班列也将疾驰奔往成都国际铁路港。一轨相通,双向奔赴。成都至泰国全铁快速货运列车通道的双向畅通,通过中国、老挝、泰国各段铁路运输的无缝衔接,实现了中老铁路与东南亚铁路网的互联互通。这条国际物流新通道将带来什么?

全国首列"中老泰"全铁快速货运列车双向发车。

一、通道提"速度":时效大幅提升,成本降低 20% 以上

发车仪式上,此趟班列的货主方——四川汇美环保包装制品有限公司外贸经理易茜婷掩饰不住喜悦之情:"之前出口东南亚,大多走海运,全程要

预留半个月时间,现在铁路直达只要 5 天时间就到了。综合测算下来,运输成本降低 20％以上。"

泰国泛亚丝路有限公司首席执行官朱锡均也有同感。原来该公司从泰国出口产品到四川,要通过海运到上海,再通过陆运或铁路运输到成都,全程需要近 1 个月。"中老泰"全铁快速货运列车双向开行后,从泰国驶往成都的班列全程只需要 5 天时间。

"中老泰"全铁快速货运列车关键在"快"。"班列全程铁路运行,按时刻精准开行。"成都国际铁路班列有限公司副总经理王伟琨介绍,班列由成都国际铁路班列有限公司与中铁国际多式联运有限公司联合打造,这是双方 2023 年 7 月打造"澜湄蓉欧快线"后,推出的又一优质产品。目前,通过双方不断优化运输组织,老挝万象至成都运行时间已由初始的 4～5 天压缩至 3 天以内,这也为"中老泰"全铁快速货运列车全程运行时间控制在 5 天左右打牢了基础。

二、服务有"温度":实现"门到站""站到门"全程服务

当天从成都首发的班列,为成都至泰国的去程班列,运载 35 柜工业制品等货物,将通过中老国际班列至万象后换轨,再经泰国铁路直达玛达普站,最终配送至客户工厂,实现全程"门到站""站到门"运输。

易茜婷用"双赢"来形容:"产品搭乘中老泰全铁快速货运列车,不仅能够从成都直达泰国工厂,且口岸作业、换装、转运、报关等全程由成都国际班列提供服务,省心省力;反过来,班列双向对开后,从泰国出口到成都的产品也可以直接运至成都客户手中。"

客户可以感受成都国际铁路班列有限公司提供的"一站式"跨境国际物流解决方案。王伟琨介绍,不同于以往的成都至老挝、老挝至泰国分段运输模式,"中老泰"全铁快速货运列车去回程都由成都国际班列运营平台全程承接,企业在成都国际班列运营平台订舱,实现"一次委托,一舱受理,一单到底,一票结算",即客户对多种运输方式、多段运输路径的全程运输事项,均只需一次性向同一承运人提出委托,并由该承运人实行一舱全程受理,实现按一张运输单据集成信息运输到底,对客户实行一票制结算。

三、合作增"力度":有力拓展四川与东盟交流合作

"中老泰"全铁快速货运列车双向对开,为四川地区和老挝、泰国等地贸易往来打造了一条更为安全、高效、稳定的国际物流新通道。在王伟琨看来,"中老泰"全铁快速货运列车是"中老泰"铁铁联运模式的有效探索,拓展了以"澜湄蓉"线路为骨干的产品线路组合,进一步拓展中老铁路的辐射范围,助力面向东南亚的跨境物流体系建设。下一步,成都国际铁路班列有限公司将探索"澜湄蓉欧"快线模式延伸至泰国,实现中欧、中老泰班列全程时刻表无缝衔接。

中铁集装箱运输有限责任公司总经理钟成认为,此次班列开通,对带动中国—中南半

岛经济走廊建设具有重要意义,将为扩大高水平对外开放搭建新桥梁、注入新动力。

资料来源:https://baijiahao.baidu.com/s?id=17828777788598656375&wfr=spider&for=pc.

思考:

1. "中老泰"全铁快速货运列车有哪些优势?

2. 如何打造安全、高效、稳定的国际物流新通道?

国际铁路货物运输有利于开展同港澳地区的贸易,有利于进出口货物在港口的集散和各省、市之间的商品流通,有利于适应社会主义现代化建设和人民生活的需要。并且,国际和跨境铁路网络的建设和运营可以促进国际贸易和合作,缩小地区间的差距,提高区域内的经济互联互通水平。

国际公路运输可以将两种或多种运输方式衔接起来,实现多种运输方式联合运输,做到进出口货物运输的"门到门"服务;也是一种独立的运输体系,可以独立完成进出口货物运输的全过程。因此,国际铁路和公路货物运输对于国内外贸易和经济发展具有重要意义。

第一节　国际铁路货运代理实务

一、国际铁路货物联运

国际铁路货物运输是在两个或两个以上国家铁路进行货物运输的运输方式。由于不同国家之间的铁轨距离没有统一,因此火车直运(原车过轨直通)的情况很少。目前国际铁路货物运输的主要形式是国际铁路货物联运。

(一) 国际铁路货物联运的含义及特点

国际铁路货物联运是指在两个或两个以上国家铁路运送中,使用一份运送单据,并以连带责任办理货物的全程运送,在异国铁路向另一国铁路移交货物时无须发、收货方参加。铁路当局对全程运输负连带责任。

国际铁路货物联运是涉及多个国家铁路运输的一种国际联合运输形式,它除具有铁路运输自身的优缺点外,还因是国际运输和联合运输而具有自身特点。

1. 速度较快、运量较大、成本较低、安全可靠

铁路货运速度每昼夜可达几百公里,远远高于海上运输速度。铁路一列货物列车一般能运送 3000~5000 吨货物,远远高于航空运输和汽车运输运量。铁路运输费用较低,远远小于公路运输和航空运输费用。铁路运输几乎不受天气影响,可以不分昼夜地进行定期、有规律、准确的运输。

2. 两个或以上国家、一份运单

如果国际铁路货物联运在两个国家之间，则一国是货物始发国，一国是货物到达国。如果国际铁路货物联运在两个以上国家之间，则涉及在第三国的过境运输。但无论铁路联运涉及几个国家，均只适用一份运输单据，即国际货协运单，该运单负责货物联运的全程运输。

3. 业务复杂性

国际铁路货物联运的规章条款繁多而复杂，在办理国际铁路货物联运时，货物、车辆、运输单据及相关单证都必须符合国际铁路联运规定，同时还需顾及各参加国铁路的设备条件、运输组织方式和相关法规制度，这就决定了国际铁路货物联运业务的复杂性。铁路联运业务的复杂性对铁路货运代理提出了更高的要求。

4. 参加国铁路承担连带责任

参加国铁路承担连带责任，指由《国际铁路货物联运协定》（简称《国际货协》）的参加国铁路按国际铁路联运运单的要求承运铁路货物，负责完成货物和随货单据的全程运输，直到在到达站交付货物为止。

参加国铁路既作为铁路货物实际承运人，又行使国际铁路货运代理的部分职能，如内陆运输工具的海关监管职能、边境口岸的货物交接职能、铁路车辆在不同轨距间的换装职能、货物单证的递送职能、到达站通知收货人提取货物和交付职能、到达站将货物转发到未参加《国际货协》国家的转运职能等。每一继续运送的铁路，自接受附有运单的货物时起即认为参加了铁路联运，并承担由此产生的责任。

(二) 国际铁路货物联运的承运范围

1. 参加《国际货协》的各国铁路间的货物运输

1951 年 11 月 1 日，原苏联等社会主义国家起草通过了《国际铁路货物联运协定》，它是欧洲和亚洲一些国家办理国际铁路货物联运的主要协定之一，对铁路和托运人、收货人均具有约束力。1954 年 1 月 1 日，我国正式参加《国际货协》。

目前《国际货协》共有 23 个参与签字的国家铁路（称"参加路"）和 3 个未签字但适用《国际货协》联运条款的国家铁路（称"适用路"）。参加路包括阿塞拜疆、阿尔巴尼亚、白俄罗斯、保加利亚、匈牙利、越南、格鲁吉亚、伊朗、哈萨克斯坦、中国、吉尔吉斯斯坦、朝鲜、拉脱维亚、立陶宛、摩尔多瓦、蒙古国、波兰、俄罗斯、塔吉克斯坦、乌兹别克斯坦、乌克兰、爱沙尼亚和土库曼斯坦铁路；适用路包括斯洛伐克、罗马尼亚和捷克铁路。

(1) 轨距相同的各国铁路之间

在轨距相同的各国铁路之间，可用发送国车辆直接过轨，不必在国境站换装而直通运送。原苏联等国家铁路轨距都是 1524 毫米，这些国家之间的铁路联运可以原车直接过轨直通运送。中国铁路轨距也是 1435 毫米，越南安员站铁路轨距也是 1435 毫米，我国与越南之间铁路通过越南安员站可以原车过轨直通运输。

（2）轨距不同的各国铁路之间

在轨距不同的各国铁路之间，由接收路准备适当的车辆，货物在国境站换装或更换货车轮对后继续运送。如中国铁路轨距是 1435 毫米，蒙古国、哈萨克斯坦、俄罗斯等国家铁路轨距是 1524 毫米，中蒙、中哈、中俄国家之间铁路联运必须换装。需要注意的是，尽管朝鲜铁路轨距也是 1435 毫米，但 2008 年 6 月 20 日起，中朝间货物运输均采用换装过轨运输方式，特种车和不易换装货物可直接过轨运输。

（3）在铁路不连接的《国际货协》参加国铁路之间

在铁路不连接的《国际货协》参加国之间，如中国至阿尔巴尼亚，货物可以通过参加国铁路某一车站办理转运业务，最后运抵到达国车站。

拓展阅读 9.1　《国际货协》的不适用领域

2. 参加与未参加《国际货协》的国家铁路间的货物运送

向未参加《国际货协》国家铁路运送货物时，托运人在发送路用《国际货协》票据办理至参加《国际货协》的最后一个过境铁路的出口国境站，由国境站站长或发、收货人委托的代理人办理转送至最终到站。由未参加《国际货协》的国家铁路向参加《国际货协》的国家铁路发运货物时，与上述办理程序相反。

（三）国际铁路货物联运的程序

1. 国际铁路联运出口货物的程序

（1）托运前的工作

在托运前必须将货物的包装和标记严格按照合同中的有关条款以及国际货协和议定书中的条款办理。

① 货物包装应能充分防止货物在运输过程中灭失和腐坏，保证货物多次装卸不致毁坏。

② 货物标记、标示牌及运输标记、货签，内容主要包括商品的记号和号码、件数、站名、收货人名称等。字迹应清晰，不易擦掉，并能保证多次换装中不致脱落。

（2）出口货物交接的一般程序

① 联运出口货物实际交接在接收方国境站进行。口岸货运公司接到铁路交接所传递的运送票据后，依据联运运单审核其附带的各种单证份数是否齐全，内容是否正确，遇

有矛盾或不符等缺陷,则根据有关单证或函电通知更正、补充。

② 报关报验。运送单证经审核无误后,将出口货物运送单截留三份(易腐货物截留两份),然后将有关运送单证送各联检单位审核放行。

③ 货物的交接。单证手续齐备的列车出境后,交付方在邻国国境站的工作人员会同接收方工作人员共同进行票据和货物交接,依据交接单进行对照检查。交接可分为一般货物铁路方交接和易腐货物贸易双方交接。

2. 进口货物国际联运的程序

(1) 确定货物到达站。国内订货部门应提出确切的到达站的车站名称和到达路局的名称,除个别单位在国境站设有机构者外,均不得以我国国境站或换装站为到达站,也不得以对方国境站为到达站。

(2) 必须注明货物经由的国境站。即注明货物是经二连还是满洲里抑或阿拉山口进境。

(3) 正确编制货物的运输标志。各部门对外订货签约时必须按照外经贸部的统一规定编制运输标志,不得颠倒顺序和增加内容,否则会造成错发、错运事故。

(4) 向国境站外运机构寄送合同资料。

进口单位对外签订合同应及时将合同的中文副本、附件、补充协议书、变更申请书、确认函电、交货清单等寄送国境站外运机构,在这些资料中订有合同号、订货号、品名、规格、数量、单价、经由国境站、到达路局、到站、唛头、包装及运输条件等内容。事后如有某种变更事项也应及时将变更资料抄送外运机构。

(四) 国际铁路货运代理性质

按照中国铁路规定,国际铁路货物联运的发货人只能是商务部备案的国际货物运输代理企业和有外贸进出口经营权的企业。由此可见,国际铁路货运代理是货主的代理人,并以自己的身份作为发货人向实际铁路承运人托运货物。也就是说,货运代理对于货主是代理人,对于铁路承运人是发货人。

与国际航空货运代理不同,国际铁路货运代理只作为货主的代理人,而不作为承运人的代理人。并且,铁路联运运单由铁路承运人签发,而不是由货运代理签发,因此国际铁路货运代理只属于代理人型的货运代理,而非当事人型的货运代理。

二、国际铁路货运代理业务流程

(一) 发运站货运代理业务流程

1. 货物托运

货物托运指发货人(货主或货运代理)填写国际货协运单,并以此作为货物托运的书面申请向铁路委托运输的行为。发运车站接到运单后,对于整车货物检查是否有月度和日要车计划,检查货物运单内容是否正确,如审查通过,则在运单上登记货物应进入车站的日期或装车日期,表示受理托运。对于零担货物,不要求编制月度要车计划,发运站检查运单无误后,直接受理托运。

2. 货物进站

车站受理托运后,发货人按指定日期将货物运送进入发运站,铁路根据运单检查货物是否符合《国际货协》的规定,并检查是否单货相符。整车货物一般在装车完毕后,发运站在运单上加盖承运章,表示货物已承运。零担货进站后,发运站审查、过磅,审查通过后在运单上盖章,表示接受承运。发运站在盖章承运之前,发货人须缴清运杂费。

3. 货物报检报验

需要办理商品检验的货物,发货人填写"出境货物报检单"向当地商品检验局办理商品检验手续,并取得商品检验证书;需要办理卫生检疫的货物,向兽医、卫生检验机构办理检疫手续,取得检疫证书。

4. 货物出口报关

在国际铁路联运中,货物可以在国内发运车站报关,也可以在边境口岸报关。在发运站报关时,发货人填写"出口货物报关单",并附铁路盖章的国际货协运单以及商品检验证书,以每一铁路车辆为一票货物报关。通关后,海关在国际货协运单上加盖海关章。

货物在发运站报关后海关准予放行,但此时货物仍在运至国境站的途中,并未出境,所以发运站海关需要得到国境站海关货物已出境的回执,才能退还发货人外汇核销单、出口退税单及收汇核销单等。

5. 货物装车

货物装车可由发货人负责,也可由铁路负责。由发货人装车时,发货人应在现场监装;由铁路装车时,一般由铁路监装,必要时要求发货人到场。货物装车时须具备三个条件,一是货物包装完整、牢固,货物标志清晰;二是车体完整、技术状态良好;三是随附单证内容准确、齐全,主要包括出口货物明细单、出口货物报关单和出口许可证(国家规定的指定商品)、品质证明书、检验检疫证书和装箱单等。

6. 货物加固

对于敞车、平车及其他特种车装运超限货物、机械设备和车辆,应在装车时对货物进行加固。货物加固工作一般由铁路负责,并由发货人检查加固情况,不符合要求时提醒铁路重新加固;利用自装车和专用线装车时,由发货人负责加固。

7. 货车施封

货物装车、加固后,则需要对货车施封,以分清铁路与发货人、铁路内部有关单位之间的责任。我国装运国际联运出口货物的棚车、冷藏车、罐车必须施封。施封工作可以由铁路负责;也可以由发货人负责,或委托铁路以发货人名义进行。当发货人委托铁路施进行,需要在运单上注明"委托铁路施封"字样。

8. 支付国内段运杂费

发货人支付国内段铁路运杂费后,发运站将由其盖章的国际货协运单第三联(运单副本)交给发货人,作为承运凭证和运费结清的凭证。整车货物在装车后,支付运费,换取运单;零担货物在货物进站交付时即结清费用,换取运单。

(二) 国境站货运代理业务流程

国境站分为出口国国境站和进口国国境站,如果涉及过境运输,还包括过境国国境站。国境站货运代理的主要功能是单证审核、货物报关、货物与车辆交接、货运事故处理以及支付费用,其中货物与车辆交接一般在接方国境站办理,也可在发方国境站办理。本节按照一个过境国,货物换装分别在出口国(发方)国境站和进口国(接方)国境站办理讲解。

1. 出口国国境站货运代理业务流程

(1) 审核单证

依据国际货协运单,审核出口货物报关单、装箱单、商品检验证书等随附单证是否齐全、内容是否正确。如运单内容中发货人填写项目有差错,则联系发货人并按其通知予以修改更正;若运单内容中发运站或铁路填写内容需要修改,则由国境站联系发运站并按发运站通知办理;若出口货物报关单内容有差错,则按运单内容予以订正;若商品检验证书需要修改,则由出证单位(发运站商品检验局)通知国境站商品检验或检疫总站办理。单证审核通过后,方可放货。

(2) 货物出口报关

有些内地海关往往不准予货物在发运站报关,其理由是有些货物无法装载在具备密封条件的棚车或集装箱中,此时货物在国境站出口报关。国境站货物出口报关,以由发货人填制的随车运来的出口报关单为报关依据,并以随车运来的国际货协运单和商品检验证书等作为报关随附单据。

(3) 货物交接、支付换装费

货物交接指两国铁路凭交付方填制的货物交接单办理货物交接手续。货物交接包括凭铅封交接和凭实物交接两种方式。凭铅封交接指根据铅封的站名、号码或发货人进行交接,主要针对有铅封的棚车、冷藏车、罐车货物。按实物交接分为按货物重量、按货物件数和按货物现状三种交接方式。按货物重量交接主要针对敞车、平车所装运的散装货物,按货物件数交接主要针对不超过 100 件的整车货物,按货物现状交接主要针对难以查点件数的货物。

原车过轨的货物不需要安排货物换装或更换轮对。对于需要换装的货物,则需要安排货物在国境站换装场的换装作业。两国铁路凭货物交付方填制的车辆交接单办理换装手续,货运代理向国境站支付换装费。

（4）处理货运事故

货物换装交接时,如发现货物短少、残损、污染、湿损、被盗等事故,货运代理会同铁路查明原因,分清责任,分别加以处理。属于铁路责任时,提请铁路编制商务记录,并由铁路负责整修,货运代理协助解决。

属于发货人责任时,货运代理负责整修,但由发货人负担相关费用;货运代理无法整修的,由发货人到国境站指导或运回发货人处整修。商务记录是国际铁路联运事故处理和保险索赔的法律文件。

2. 过境国国境站货运代理业务流程

过境国国境站分为办理进境的国境站和办理出境的国境站,分别按照单证审核、货物报关（进口/出口）、货运事故处理以及支付过境运输费用的流程办理业务,其办理方法与出口国国境站货运代理业务基本相同。

3. 进口国国境站货运代理业务流程

进口国国境站货运代理按照审核单证、货物进口报关、货物与车辆交接、货运事故处理、支付费用以及货物分拨分运的流程办理相关业务。其中前五项与出口国国境站货运代理业务基本相同,不同之处在于需要办理进口货物分拨分运业务。

(三) 到达站货运代理业务流程

1. 寄送国境站相关资料

除非个别单位在国境站设有分支机构,否则不得以我国国境站作为到达站,也不得以对方国境站作为到达站。作为到达站货运代理,需要将合同副本、交货清单、补充协议书、变更申请书、确认函电等寄送进口国国境站,以便其办理交接业务。

2. 支付运费、提货

铁路到站向收货人或其货运代理发出到货通知,收货人或其货运代理支付国内段运杂费,铁路将货物及国际货协运单第一联（运单正本）和第五联（货物到达通知单）一同交给收货人或其代理,收货人或其代理在国际货协运单第二联（运行报单）上加盖收货戳记。

三、国际铁路货运代理业务单证

(一) 国际货协运单的性质及作用

国际货协运单即国际铁路货物联运运单,由《国际货协》参加国铁路统一制定使用,是国际铁路货物联运最重要的文件。国际货协运单是发运国铁路代表所有参加运送货物的各国铁路同发货人缔结的运送合同,它对铁路、发收货人都具有法律效力。

国际货协运单是铁路与货主之间的运送契约,是国际联运铁路连带责任的确认,是发货人用以银行议付货款、信用证核销的法律文件,是发货人支付铁路运费的证明文件,是进出口报关、报验、保险等手续的法律文件。

(二) 国际货协运单的构成及流转

国际货协运单由 5 联构成:第一联是运单正本,随同货物至到达站,同第五联和货物一起交给收货人;第二联是运行报单,随货物至到达站,留存在到达路;第三联是运单副本,在发运站加盖发运章后交给发货人;第四联是货物交付单,随同货物至到达站,并留存在到达站;第五联是货物到达通知单,随同货物至到达站,并同第一联和货物一起交给收货人。另外,每一过境铁路需加制一份不带编码(运单号)的补充运行报单,由过境铁路留存。

(三) 国际货协运单的内容及填写

国际货协运单由发货人、发站、海关和铁路(发运路、过境路、到达路)负责填写。国际货协运单的工作语是中文和俄文,运单必须用工作语的一种和本国语同时填写。

1. 由发货人填写的内容

(1) 发货人:填写发货人名称或单位名称及其详细地址。

(2) 合同号:填写贸易合同号。

(3) 发站:填写发站全称,如是专用线或专用铁道,则在发站名称后加括号注明专用线和专用铁道名称。

(4) 发货人特别声明:填写到达国和通过国货运代理名称,边境口岸代理名称;如果是参加路向未参加路发货,填写国境站办理转运的代理、中途转运站收转代理以及到达站实际收货人的名称和详细地址;如修改运单,注明修改内容并签字;如运送家庭用品而不声明价格,填写"不声明价格"亲笔签字;如绕路运送超限货物,填写绕行路径等。

(5) 收货人:填写收货人名称或单位名称及其详细地址。

(6) 对铁路无约束效力的记载:发货人在本栏填写货物的相关记载,仅供收货人参考,铁路对此不承担任何义务和责任。

(7) 通过国境站:填写发送国的出口国境站、进口国的进口国境站,如货物通过中国阿拉山口口岸出境,从哈萨克斯坦多斯特科口岸进境,则填写"阿拉山口—多斯特科"。如果涉及过境国,还应填写过境国的进出口国境站,如货物从中国(二连浩特口岸)过境蒙古国(扎门乌德口岸),再从蒙古国(苏赫巴托口岸)出境运至俄罗斯(纳乌什基),则填写"二连浩特—扎门乌德"以及"苏赫巴托—纳乌什基"。

(8) 到达路和到站:斜线之前填写到达路简称,斜线之后填写到达站全称及代号,如

"俄铁/新西伯利亚850609"。

(9) 记号、标记、号码：填写每件货物上的标记号和集装箱上的箱标记号。

(10) 包装种类：填写货物的包装种类；集装箱货注明"集装箱"字样,并在下方以括号形式注明箱内货物包装种类。

(11) 货物名称：填写货物的名称必须符合《国际货协》的规定。

(12) 件数：填写一批货物的数量。如果是集装箱货物,注明集装箱数,并在下方以括号形式注明所有集装箱内货批总件数；如果是敞车类货车运送不盖篷布而未加封的整车货物,总件数超过100件时,不注明货物件数,只注明"堆装"字样即可；如果是整车运送小型无包装制品,也不注明货物件数,只注明"堆装"字样。

(13) 发货人确定的货物重量：填写货物的总重。集装箱货物或托盘货物,须分别填写货物重量、集装箱或托盘自重以及总重。

(14) 共计件数：大写填写货物件数或"堆装字样",集装箱货物只填写所有集装箱内货批总件数。

(15) 共计重量：大写填写货物总重量。

(16) 发货人签字：签字并加盖发货人章。

(17) 互换托盘：我国暂不办理托盘运输,本栏可不填。

(18) 种类、类型：运送集装箱货物时使用,填写集装箱种类(大吨位)及类型(20英尺或40英尺)。

(19) 所属者及号码：运送集装箱货物时使用,填写集装箱所属者(中铁箱、俄铁箱、货主自备箱)和号码(SZDU291029-8)。

(20) 发货人负责下列过境铁路费用：填写由发货人负担过境路费用的过境路简称(如俄铁),并填写由发货人委托的支付过境路费用的货运代理名称、付费编码和本车货物付费码。如发货人不负担过境路费用,则填写"无"字样。

(21) 办理种别：指整车、零担、大吨位集装箱,填写方法是划掉不属于的种别。

(22) 由何方装车：由发货人或铁路装车,不需要者划掉；如无划掉标记,视为发货人装车。

(23) 发货人添附文件：注明发货人在运单上添附的所有文件。我国外贸出口货物必须添附出口货物明细单、出口货物报关单和出口许可证(国家规定的指定商品)。如发货人未在运单上添附上述文件,则需在本栏中注明"无须添附各上述文件"。发货人还可根据货物性质及合同要求添附品质证明书、检验检疫证书、装箱单等文件。

(24) 货物的声明价格：大写填写以瑞士法郎表示的货物价格。需要填写声明价格的货物有金、银、白金及其制品,宝石、贵重毛皮及其制品,摄制的电影片、画、雕像、艺术制品、古董、家庭用品。家庭用品也可以不声明价格,但必须在发货人特别声明栏注明"不声明价格"并签字证明。如果托运人愿意,其他货物也可声明价格。声明价格即被认为参加国际货物保价运输,需要交纳保价费用。

（25）批号：国际货协运单号。

2. 由海关填写的内容

海关记载：由海关记载相关事宜，并在货物报关后加盖海关监管章。

3. 由发货人或发站填写的内容

根据装车人和车辆施封人是发货人或发站，由装车人和车辆施封人填写。

（1）车辆：填写车种、车号和车辆所属铁路简称。

（2）标记载重：填写车辆上记载的标记载重量。

（3）轴数：填写车辆的轴数。

（4）自重：填写车辆上记载的自重。

（5）封印个数与记号：封闭型货车装运后，在车门上施封。填写封印个数及记号，记号即封印印文，包括车站名称、封印号码（施封年月日）、铁路局简称（或发货人简称）。发货人委托铁路代封时，应注明"委托铁路施封字样"。

（6）确定重量方法：注明确定货物重量的方法，如"丈量法""按标准重量""用轨道衡""用 1/10 均衡器""用 1/100 均衡器"等。

4. 由铁路填写的内容

其余各栏根据填写内容由发运路、过境路和到达路填写。

四、国际铁路货物运输费用

(一) 国际铁路货物运输费用构成

国际铁路货物运输费用由发运国国内段和国外段费用构成，而国外段费用由过境国费用和到达国费用构成。如表 9-1 所示为国际铁路货物联运费用构成（换装作业在接方国境站进行）。

表 9-1　国际铁路货物联运费用构成

费用构成			依照计费标准	由谁支付
发运国费用	发运国运费		按发运国铁路收费标准计收	发货人托运时支付给发运路
	发运国杂费			
过境国费用	过境国运费		按《国际铁路货物联运统一过境运价规则》计收	发货人或收货人在过境国货运代理支付给过境路
	过境国杂费	进境换装费		
		其他杂费		
到达国费用	到达国运费		按到达国铁路收费标准计收	收货人提货时支付给到达路
	到达国杂费	进境换装费		
		其他杂费		

(二) 我国境内铁路货物运输费用计算

我国境内铁路货物运输费用计算主要依据《铁路货物运价规则》(简称《价规》)。

1. 总运费

(1) 基本运费

基本运费的计算步骤是:

① 根据《铁路货物运输品名分类与代码表》(《价规》附件一)查找确定货物运价号。

② 根据《铁路货物运价率表》(《价规》附件二)确定货物运价率,由发到基价和运行基价构成,其中发到基价是始发站和终到站作业费率,运行基价是铁路运行中的作业费率。

③ 根据《货物运价里程表》(《价规》附件四)确定运价里程,国际铁路联运运价里程包括发站到国境站的运价里程以及国境站到国境线的里程。

④ 求计费重量:按接运车辆标记重量计算,集装箱货为箱数。

⑤ 根据运价率、运价里程和计费重量确定运费。

(2) 特殊路段运费

对于一些地方铁路、外商投资铁路、临时营业线和特殊线路,在加入国家铁路网运输后,国家和铁道部制定了特殊运价。

2. 杂费

杂费尾数不足1角时,按四舍五入处理。各项杂费凡不满一个计费单位,按一个单位处理。

(1) 铁路建设基金

凡经过国家铁路正式营业线和铁路局管辖的按《铁路货物运价规则》计费的运营临管线(不包括地方铁路和按特殊运价计费的)运输货物,均按经过的运价里程核收铁路建设基金(但免收运费的货物以及化肥、黄磷、棉花和粮食免收此费)。

(2) 电气化附加费

凡经过电气化铁路区段运输货物,均按铁路电气化区段里程征收铁路电气化附加费。

(3) 印花税

以每张货票运费的0.5%计算,不足一角免收,超过一角实收。

(4) 其他杂费

铁路营运杂费包括运单表格费、冷却费、长大货车使用费、集装箱使用费、取送车费、篷布使用费、机车作业费、押运人乘车费和保价费用等。

其中,保价费用是托运人办理保价运输时支付的费用。我国铁道部于1993年10月1日开办了国际铁路联运货物保价运输,颁布了《铁路国际联运货物保价运输办法》,规定了货物的保价范围,即出口货物从国内发站到出口国境站的运输以及进口货物从进口国境站到国内到达站的运输。

所谓保价运输,是指当货物价格高于承运人赔偿限额时,托运人在托运货物时向承运人声明货物的实际价值,并缴纳相应费用,当货物在运输过程中发生损坏时,承运人按照托运人的声明价格赔偿损失。保价费用一般按照保价金额(货物的声明价格)的 3% 计算。《铁路货物运输规程》规定的铁路对承运货物的赔偿限额是:不按件数只按重量承运的货物,每吨最高赔偿 100 元;按件数和重量承运的货物,每吨最高赔偿 2000 元;个人托运的搬家物品和行李,每 10 公斤最高赔偿 30 元。

例 1

上海某进出口贸易公司向俄罗斯整车出口一批货物,装运在一辆 P62 型铁路棚车(标记载重是 60 吨)中,从上海杨浦站发运,在内蒙古满洲里站换装出境。已知杨浦至满洲里的运价里程是 3343 公里,其中铁路电气化区段共 1420 公里,无特殊运价区段,满洲里站至国境线里程是 10 公里。货物声明价格为 2 万元,除保价费用之其他杂费合计 900 元。

经查表:货物运价号是 5,发到基价和运行基价分别为 11.4 元/吨和 0.0612 元/吨公里,整车货物电气化附加费率为 0.012 元/吨公里,铁路建设基金费率为 0.033 元/吨公里。

求我国境内铁路货物运输费用。

解:运价里程 = 3343 公里 + 10 公里 = 3353 公里

计费重量 = 60 吨

基本运费 = (发到基价 + 运行基价 × 运价里程) × 计费重量
= (11.4 元/吨 + 0.0612 元/吨公里 × 3353 公里) × 60 吨
= 12 996.2 元

铁路建设基金 = 0.033 元/吨公里 × 60 吨 × 3353 公里 = 6638.9 元

电气化附加费 = 0.012 元/吨公里 × 60 吨 × 1420 公里 = 1022.4 元

印花税 = 12 996.2 元 × 0.0005 = 6.5 元

保价费用 = 20 000 元 × 0.003 = 60 元

除报价费用之外其他杂费 = 900 元

杂费合计 = 6638.9 元 + 1022.4 元 + 6.5 元 + 60 元 + 900 元 = 8627.8 元

运输费用合计 = 12 996.2 元 + 8627.8 元 = 21 624 元

例2

上海某进出口贸易公司向俄罗斯出口5箱20英尺集装箱货物，从上海杨浦站发运，在内蒙古满洲里站换装出境。已知杨浦至满洲里的运价里程是3343公里，其中铁路电气化区段共1420公里，无特殊运价区段，满洲里站至国境线里程是10公里。货物声明价格为2万元，除保价费用之其他杂费合计900元。

经查表：20英尺集装箱发到基价和运行基价分别为249.20元/箱和1.1730元/箱公里，整车货物电气化附加费率为0.192元/箱公里，铁路建设基金费率为0.528元/箱公里。

求我国境内铁路集装箱货物运输费用。

解：运价里程＝3343公里＋10公里＝3353公里

计费重量＝5箱

基本运费＝（发到基价＋运行基价×运价里程）×计费重量

　　　　＝（249.20元/箱＋1.1730元/箱公里×3353公里）×5箱

　　　　＝20 911.3元

铁路建设基金＝0.528元/箱公里×5箱×3353公里＝8851.9元

电气化附加费＝0.192元/箱公里×5箱×1420公里＝1363.2元

印花税＝20 911.3元×0.0005＝10.5元

保价费用＝20 000元×0.003＝60元

除报价费用之外其他杂费＝900元

杂费合计＝8851.9元＋1363.2元＋10.5元＋60元＋900元＝11 185.6元

运输费用合计＝11 185.6元＋20 911.3元＝32 096.9元

(三) 过境国的铁路货物运输费用计算

过境国铁路货物运输费用由过境国铁路运费、换装费及其他杂费构成，其费用在接入国境站向发货人指定的过境国货运代理核收。

1. 运费计算

国际铁路联运货物过境运费计算主要依照《国际铁路货物联运统一过境运价规则》（简称《统一货价》）。其具体计算步骤如下：

（1）确定过境里程

在《统一货价》第8条"过境里程表"中分别查找货物所通过各个国家的过境里程。过境里程指从进口的国境站（国境线）到出口的国境站（国境线）或以港口站为起讫的里程。

（2）确定运价等级和计费重量标准

在《国际铁路货物联运通用货物品名表》（《统一货价》附件）中确定货物适用的运价等级和计费重量标准。运价等级根据货物名称及其顺序号或所属类、项确定。计费重量的确定如下：整车货物按照货物实际重量计算，但不得低于车辆装载最低计费重量标准（四轴车装载最低计费重量标准为：一等货物 20t，二等货物 30t）。

（3）查找相应运价率

在《统一货价》第 9 条"过境统一货价参加路慢运货物运费计算表"中，根据运价等级和各过境运送里程，找出相应的运价率。

（4）基本运费计算

《统一货价》对过境货物运费的计算，以整车慢运货物为基础。货物计费重量除以 100 后，再乘以其适用的运价率，即得该批货物的基本运费。

（5）其他种别运费计算

根据货物运送的办理种别，确定其适用的加成率，并在基本运费的基础上再加上基本运费与其适用的加成率的乘积，求得货物运费。

（6）集装箱货物运费计算

慢运 20 英尺集装箱的运费，按一等货物 15 吨核收，不按箱内货物的实际重量计算；30 英尺和 40 英尺集装箱运费，按 20 英尺集装箱的费率计算后，再分别加收 50% 和 100%；空集装箱运费，按相应种类重集装箱运费的 50% 核收。快运大吨位集装箱的运费，按慢运费率计算后，再加收 50%；若随旅客列车运送时，则加收 100%。

2. 换装费及其他杂费计算

（1）换装费

包装货物和成件货物，每 100kg 按 1.2 瑞士法郎核收；散装和堆装货物，每 100kg 按 1.0 瑞士法郎核收；罐装货物（包括冬季加温），每 100kg 按 0.8 瑞士法郎核收；大吨位重集装箱换装费按 68.0 瑞士法郎/箱、空集装箱按 34.0 瑞士法郎/箱核收。

（2）更换轮对费

每轴核收 70.0 瑞士法郎。

（3）验关费

整车货物按每批 4.0 瑞士法郎核收，大吨位集装箱货物按每箱 4.0 瑞士法郎，零担货物按每批 2.2 瑞士法郎核收。

（4）固定材料费

在国境站换装货物时，由铁路供给的设备、用具和装载用的加固材料，不论车辆载重量如何，每车核收 35.1 瑞士法郎。

（5）声明价格费

不论快运或慢运，每一过境路的声明价格费，按每 150 瑞士法郎核收 2 瑞士法郎，不满 150 瑞士法郎的按 150 瑞士法郎计算。

📖 **例3**

有一批 60 吨的铁管从我国天津新港进境,过境我国铁路,从二连浩特站出境运至蒙古,该批货物为慢运整车货物。经查表:天津新港至二连浩特站的过境运价里程为 993 公里,铁管为 37 类 1 级货物,运价率为 4.58 瑞士法郎/100kg。杂费包括换装费和验关费。计算该批货物通过我国铁路的过境运输费用。

解:慢运整车货物运费=(4.58×60 000÷100)瑞士法郎=2748 瑞士法郎

换装费=(1.2×60 000÷100)瑞士法郎=720 瑞士法郎

关费=4.0 瑞士法郎

过境运输费用=(2748+720+4)瑞士法郎=3472 瑞士法郎

第二节　国际公路货运代理实务

一、国际公路货物运输概述

(一) 国际公路货物运输的含义及作用

1. 国际公路货物运输的含义

国际公路货物运输,是指根据相关国家政府间有关协议,经过批准,通过国家开放的边境口岸和公路进行出入境的汽车运输。由于国际公路货物运输一般以汽车作为运输工具,因此也可称为国际汽车货物运输。

国际公路货物运输的起运地、目的地或约定经停地位于不同国家或地区。根据途经国家多少,分为双边汽车运输和多边汽车运输。双边汽车运输是指根据两个国家政府之间签订的汽车运输协定而进行的汽车出入境运输。多边汽车运输是指根据两个以上国家政府之间签订的汽车运输协定而进行的汽车过境运输。

国际公路运输距离长,具有较高的风险性。由于涉及不同国家的跨境运输,对货物包装要求较高,对运输企业、运输车辆和货运代理的管理较严,并且存在出入境海关监管问题,因此整个运输的运作环节更为复杂。

2. 国际公路货物运输的作用

(1) 公路运输的特点决定了它最适合于短途运输。它可以将两种或多种运输方式衔接起来,实现多种运输方式联合运输,做到进出口货物运输的"门到门"服务。

(2) 公路运输可以配合船舶、火车、飞机等运输工具完成运输的全过程,是港口、车站、机场集散货物的重要手段。尤其是鲜活商品、集港疏港抢运,往往能够起到其他运输方式难以起到的作用。可以说,其他运输方式往往要依赖汽车运输来最终完成两端的运输任务。

(3)公路运输也是一种独立的运输体系,可以独立完成进出口货物运输的全过程。公路运输是欧洲大陆国家之间进出口货物运输的最重要方式之一。我国的边境贸易运输、港澳货物运输,其中有相当一部分也是靠公路运输独立完成的。

(4)集装箱货物通过公路运输实现国际多式联运。集装箱由交货点通过公路运到港口装船,或者相反。美国陆桥运输、我国内地通过香港的多式联运都可以通过公路运输来实现。

(二)国际公路货物运输的许可条件

1. 国际公路运输企业的经营许可

根据我国《国际道路运输管理规定》的有关规定,省级道路运输管理机构负责实施国际公路运输经营许可。国际公路运输企业应具备下列条件:取得"道路运输经营许可证"的企业法人;从事国内道路运输经营满三年,且近三年内未发生重大以上道路交通责任事故;驾驶人员、装卸管理人员、押运人员取得相应的从业资格;具有与其经营业务相适应并经检测合格的运输车辆;有健全的运输安全生产管理制度。

2. 国际公路运输车辆的行车许可

我国与有关国家签署的双边和多边汽车运输协定都确定了国际公路货物运输实行许可证制度。行车许可证由省级国际道路运输管理机构或授权的口岸国际道路运输机构发放和填写。行车许可证分为 A、B、C 种及特别行车许可证,其中 A、B 种行车许可证用于旅客运输,C 种行车许可证用于货物(含行李包裹)运输,特别行车许可证用于大型物件运输或危险货物运输。行车许可证一车一证,在规定期限内往返一次有效,车辆回国后,由口岸国际道路运输管理机构收回。

拓展阅读9.2 国际汽车运输行车许可证的种类

3. 国际道路货运的海关监管

从事国际公路运输经营的申请人取得"道路运输经营许可证"及许可文件后,还需要到外事、海关、检验检疫、边防检查等部门办理有关运输车辆、人员的出入境手续。根据《中华人民共和国海关关于境内道路承运海关监管货物的运输企业及其车辆、驾驶员的管理办法》以及《中华人民共和国海关修改〈关于境内道路承运海关监管货物的运输企业及其车辆、驾驶员的管理办法〉的决定》规定,从事国际公路运输经营的企业必须办理运输企业、车辆与驾驶员在海关的备案登记与年审,并且依据载货清单办理车辆出入境报关手续。

(三) 国际公路货物运输制度

目前,国际上比较通用的国际公路运输制度是《国际道路运输公约》,简称《TIR 公约》(Transport International Route)。1949 年为促进战后重建,欧洲通过了 TIR 国际公路运输协定。1959 年,联合国又主持通过了《国际公路运输海关公约》,即《TIR 公约》,其目的是简化和协调国际货物公路运输的海关手续,降低承运人的运输成本,有效保护货物过境国的海关税费利益。《TIR 公约》于 1975 年进行修订,修订后的《TIR 公约》(1975)覆盖了多式联运的运输方式。

TIR 制度的基本思想是:经授权的公路运输承运人凭 TIR 单证在《TIR 公约》缔约方的境内内陆海关接受查验并施关封后,在过境国和目的国边境海关无须进行开封检查,直接运往目的国内陆海关。

拓展阅读 9.3 《TIR 公约》需要注意的事项

1. 《TIR 公约》缔约方

TIR 制度作为一种国际化公路运输制度,目前已覆盖整个欧洲、美洲大部分、中东、北非地区,缔约方达到 64 个,可以实施 TIR 制度的国家达到 54 个。与我国接壤或邻近的国家中,蒙古国、韩国、日本、俄罗斯、哈萨克斯坦、塔吉克斯坦、乌兹别克斯坦、吉尔吉斯斯坦、土库曼斯坦、阿富汗都已成为缔约国,并已开展 TIR 单证运输。印度、巴基斯坦也已申请成为缔约国。我国对此正在积极、全面地研究当中。

2. 国际担保制度

《TIR 公约》建立了国际担保制度,由总部设在瑞士日内瓦的国际道路运输联盟(IRU)管理,其目的是保护海关的税费利益。《TIR 公约》要求每一个缔约国都特许一个国家担保协会,在 TIR 证运输出现意外、产生海关税费风险并无法追究 TIR 证运输承运人责任的情况下,不论违法者是本国还是外国承运人,海关都可以向本国的国家担保协会要求偿付海关税费,由国家担保协会保证先期支付海关关税及其他有关税收。国际道路运输联盟担保的最大限额是每张 TIR 单证 5 万美元,运输酒精和烟草的最大担保额度为每张 TIR 单证 20 万美元。

3. TIR 单证

TIR 单证作为国际海关文件,是 TIR 制度的执行支柱,是起运国、过境国和目的国海关监管的依据,是国际担保的法律证明文件。TIR 单证由国际道路运输联盟(IRU)根据 TIR 行政委员会的批准,向各缔约国的国家担保协会集中发放,再由国家担保协会根据其与本国承运人签署的承诺声明,向本国承运人发放。TIR 单证由承运人填写,在协会批准的时间内,自起运国海关启用,直至货物运至目的地国海关完成 TIR 证运输,TIR 单证一直有效。

4. 运输车辆及集装箱要求

为确保货物在装进车辆或集装箱并由海关加封后,在不留明显痕迹的情况下无法触及车内货物及将货物取走或更换,TIR 证运输的车辆或集装箱必须符合海关监管要求和具有海关监管设置。对于不能装载在普通车辆或集装箱内的重型或大型货物,在起运地海关认为所承运货物可以很容易辨认,或可以加上海关封志和辨认标志,使之能够防止任何不露明显痕迹地替换或卸下货物的条件下,可以使用不加封的车辆或集装箱装运。

(四) 国际公路货运代理性质

国际公路货运代理指接受发货人、收货人的委托,为其办理揽货、托运、仓储、中转、集装箱拼拆箱、运杂费结算、报关、报检、报验和短途运输服务及咨询业务的人。国际公路货运代理企业需要依法注册并在商务主管部门备案,取得国际公路货运代理资质,既可以是代理人型的货运代理,也可以是当事人型的货运代理。国际公路货运代理分为出口国发货人货运代理以及进口国收货人货运代理,而无须出入国境站货运代理和过境国货运代理。

二、国际公路货运代理业务流程

(一) 公路货运代理一般业务流程

1. 托运

发货人(货主或货运代理)填写国际道路货物运单,并以此作为书面申请向国际公路承运人提出委托运输。承运人接到运单后,检查运单内容是否正确和是否符合承运要求,如审查通过,则受理托运。

2. 装车发运

对于整车货物,承运人受理托运后,发货人将货物运送(或承运人派车)至指定装车地点装车,装车时检查货物是否与运单相符。装车完毕后,发货人向承运人支付相关运杂费,承运人向发货人签发国际道路货物运单。之后,承运人发车履行运输送货义务。

对于零担货物,承运人受理托运后,发货人将货物送至指定交货地点,承运人验货司磅并接收入库。货物交接后,发货人向承运人支付相关运杂费,承运人向发货人签发货运单。之后,承运人编制配载计划,并据此安排装车发运。

3. 提取货物

对于整车货物,货物到达目的地后,承运人通知收货人(货主或货运代理)到指定收货地点提货,或承运人将货物送至指定交货地点。对于零担货物,货物到达目的地后卸车入库,整理查验完毕后通知收货人到指定地点提货或组织上门送货。货物交接时,收货人检查货物并记载货损货差情况,对有关货运事故及时做出处理。

(二) TIR 制度下国际公路货运海关流程

1. 起运国内陆海关流程

发货人填写"出口货物报关单",并随附国际公路货物运单,向起运地海关(通常为内陆海关)办理货物出口报关手续。海关根据发货人的报关单据以及承运人的 TIR 单证检查货物,符合要求后由海关对车辆或集装箱施加关封,并同时在 TIR 单证上作相应记录,保留第一联凭单并填写相应的存根;然后将 TIR 单证交还给承运人,由此开始 TIR 证运输作业。

2. 起运国出境海关流程

装载货物的 TIR 证运输车辆在离开起运国国境时,由起运国出境海关检查封志,从 TIR 单证上撕下第二联,填写相应的存根,并将撕下的凭单寄给起运地海关,或使用电子邮件等其他方式发给起运地海关,以加快审核速度;起运地海关核对收到的凭单与自己原来保存的凭单,如果出境海关没有任何反对意见或保留意见,则放行,起运地出境海关填写的存根则作为 TIR 业务在该国已经完成的凭据。

如果起运国出境海关撕下的一联凭单含有保留意见,或没有送达起运地海关,或海关因其他原因怀疑 TIR 业务,则海关有权利进行调查,即"TIR 业务例外性调查"。

3. 过境国海关流程

装载货物的 TIR 证运输车辆在途经每一个过境国时都适用与起运国相似的海关过境制度。过境国入境海关对封志进行检查,并从 TIR 单证中撕下一联凭单;过境国出境海关像起运国出境海关一样处理 TIR 凭单。通过核对过境国入境海关与出境海关所取下的两联 TIR 凭单,填写无误一致后即放行 TIR 作业;若出现异常情况,则依出境环节所述程序进行处理。

4. 到达国海关流程

若到达国入境海关同时也是目的地海关,则由入境海关填写 TIR 单证,并保存两联凭单,进行进口货物贸易清关处理。若货物入境后还需运往该国的另一海关(通常为内陆海关),则入境海关成为一个入境边境海关,执行过境环节中入境海关的类似程序;而该国境内内陆海关成为目的地海关,执行开箱查验、清关等程序。

三、国际公路货运代理业务单证

国际公路货运单是承运人接收货物或货物已装上运输工具的证明。但与海运提单不同,与航空运单和铁路联运运单相同,公路货物运单不具有物权凭证的性质,因此不能转让,抬头只能是记名收货人,货物到达目的地后承运人通知运单抬头人提货。

1. CMR 运单

CMR 运单是《CMR 公约》下的运单。《CMR 公约》全称为《国际道路货物运输合同公约》(Convention on the Contract for the International Carriage of Goods by Road),由联合国欧洲经济委员会草拟,于 1961 年 7 月 2 日生效,其宗旨是为了统一国际公路运输单证和承运人责任。欧洲 30 多个国家以及蒙古国、俄罗斯、哈萨克斯坦等国加入了该公约,并使用 CMR 运单从事国际公路运输业务。

国际公路货物运输合同公约(CMR)运单一式三联。发货人和承运人各持运单的第一、三联,第二联随货物走。当待装货物装运在不同车内时,发货人或承运人有权要求对每辆车签发运单;当一辆车中装运不同种类货物或数票货物时,可以针对每种货或每票货签发运单。

CMR 运单不是议付或可转让的单据,也不是所有权凭证。CMR 运单必须记载下列事项:运单签发日期和地点,发货人、承运人、收货人的名称和地址,货物交接地点、日期,一般常用货物品名和包装方法,货物重量、运费,海关报关须知等。

2. 我国国际道路货物运单

我国没有加入《CMR 公约》,根据我国《国际道路运输管理规定》,我国使用的国际公路货物运输单证是国际道路货物运单,由我国省级国际道路运输管理机构或其委托的口岸国际道路运输管理机构发放,一车一单,在规定期限内往返一次有效。运单文字用中文和相应国家文字印制。

国际道路货物运单一式四联,第一联由承运人留存,第二联在发运国内陆海关,第三联在发运国出境地海关,第四联随车携带。如果是过境运输,可印制六至八联的运单,供过境海关留存。

四、国际公路货物运输费用

国际公路货物运价按双边或多边出入境汽车运输协定,由两国或多国政府主管机关协商确定。我国公路货物运价主要依据《汽车运价规则》和《国际集装箱汽车运输收费规则》等相关法规。国际重点物资(抢险、救灾、军用物资等)运输以及车辆通行费和汽车货运站服务费实行国家定价,生产资料(化肥、农药、农膜等)运输实行国家指导价,其他货物运输实行市场调节价。下面主要介绍我国公路货物运价及运费计算方法。

(一) 公路货物运输运价

1. 基本运价
整批货物基本运价指一吨整批普通货物在等级公路上运输的每吨千米运价,零担货物基本运价指零担普通货物在等级公路上运输的每千克千米运价,集装箱基本运价指各类标准集装箱重箱在等级公路上运输的每箱千米运价。

2. 吨(箱)次费
吨次费指对整批货物运输在计算运费的同时,以吨次为单位加收的费用;箱次费指汽车集装箱运输在计算运费的同时,以箱次为单位加收的费用。

3. 普通货物运价
普通货物实行等级计价,以一等货物为基础,二等货物加成15%,三等货物加成30%。

4. 特种货物运价
长大笨重货物运价:一级长大笨重货物在整批货物基本运价的基础上加成40%～60%,二级长大笨重货物在整批货物基本运价的基础上加成60%～80%。危险货物运价:一级危险货物在整批(零担)货物基本运价的基础上加成60%～80%,二级危险货物在整批(零担)货物基本运价的基础上加成40%～60%。贵重、鲜活货物运价:贵重、鲜活货物在整批(零担)货物基本运价的基础上加成40%～60%。

5. 集装箱运价
标准集装箱重箱运价按照不同规格的箱型的基本运价执行,标准集装箱空箱运价在标准集装箱重箱运价的基础上减成计算。非标准箱重箱运价按照不同规格的箱型,在标准集装箱基本运价的基础上加成计算,非标准集装箱空箱运价在非标准集装箱重箱运价的基础上减成计算。特种箱运价在箱型基本运价的基础上按装载不同特种货物的加成幅度加成计算。

拓展阅读9.4　国际标准集装箱的尺寸

6. 其他形式运价
特种车辆运价:按车辆的不同用途,在基本运价的基础上加成计算,特种车辆运价和特种货物运价两个价目不准同时加成使用。非等级公路货运运价:非等级公路货物运价在整批(零担)货物基本运价的基础上加成 10%～20%。快速货物运价按计价类别在相应运价的基础上加成计算。

(二) 公路货物运输杂费

1. 代征代收费用

在我国,公路运输代征代收费用指政府还贷性收费公路和经营性收费公路征收的车辆通行费。车辆通行费分为按车型收费和计重收费两种方式,已安装计重设备的收费公路按重量计收,未安装计重设备的收费公路按车型计收。

2. 附加费

附加费包括货物装卸费用、人工费用、调车费、装货(箱)落空损失费、排障费、车辆处置费、检验费、装卸费、道路阻塞停车费、运输变更手续费等。如果是零担货物,还包括货物在库仓储保管费等;集装箱运输还包括查验拖车服务费、集装箱堆存费、清洗费、熏蒸费及冷藏箱预冷费等。

(三) 公路货物运输费用计算方法

整车、集装箱货物公路运输费用由运费、总吨(箱)次费、杂费构成,零担货物公路运输费用由运费和杂费构成。

本章思考题

一、名词解释

1. A 种、B 种、C 种国际汽车运输行车许可证
2. TIR 单证
3. CMR 运单

二、简答题

1. 简述国际铁路联运的承运范围。
2. 论述 TIR 制度的基本思想。
3. 简述国际铁路货物运输费用构成。
4. 简述国际公路货物运输的作用。

拓展阅读9.5　助力 TIR 国际公路运输发展 开辟国际物流新通道

第十章

国际多式联运

【学习目标】

1. 熟悉国际多式联运的概念；
2. 掌握国际多式联运的业务流程；
3. 了解国际多式联运的责任与赔偿。

【知识要点】

1. 国际多式联运的特点、方式、设施与技术；
2. 国际陆路和陆桥货物运输；
3. 国际多式联运提单的主要内容与签发；
4. 国际铁路、公路多式联运程序及多式联运业务流程。

引导案例

打通堵点 货畅其流——我国推进多式联运发展扫描

打通断点堵点，推动铁路、水运、公路、空运货畅其流，降低物流成本，成为 3 月 28 日在武汉举行的 2024 中国多式联运合作大会上关注的焦点。我国正努力构建"畅通高效、内外循环"的多式联运服务体系：打造全球"123"——国内 1 天送达、周边国家 2 天送达、全球主要城市 3 天送达的快货物流圈，服务我国经济转型升级。

一、多式联运加速发展

多式联运是指各种运输方式服务衔接、标准统一，能够实现一货畅流到底。"中国经济转型升级对物流链条的保障和成本提出了新要求。"中国集装箱行业协会常务副会长李牧原在 2024 中国多式联运合作大会期间接受记者采访时说。

交通运输部等 18 个部门 2017 年发布了《关于进一步鼓励开展多式联运工作的通知》。目前，国家多式联运示范工程已有 116 个，国家物流枢纽建设有 125 个,综合货运枢纽强链城市有 25 个。

李牧原表示,中国多式联运正加速发展。铁路与港航企业、铁路与物流市场相向而行、加深合作的态势已形成;港口作为推动铁水联运的主力军,正用沿海资源来带动内陆物流体系建设;国际通道从过去单一海运通道变为陆运通道和海运通道并举的多元化发展。中欧班列、中老铁路的开通和西部陆海新通道的高速发展给多式联运提供了广阔的施展空间。

近日,"武汉—日韩"汉亚直航集装箱班轮营运繁忙,运输货物包括汽车及零部件、无纺布、家电、农副产品等进出口商品,加快推进长江中游航运中心建设。

根据中国集装箱行业协会的统计数据,全国港口集装箱 2023 年铁水联运量累计完成超 1170 万标准箱,同比增长 11.7%;铁路集装箱发送货物 7.32 亿吨,同比增长 7.1%;"十三五"以来中欧班列开行数量年均增长 47%。

二、在破解难点痛点中前行

在 2024 中国多式联运合作大会上,业内人士围绕如何打通堵点,提升信息交互、服务衔接效率等分享经验。中国集装箱行业协会会长黄田化说,"单一环节成本低、全链条运行成本高"是物流运行中较为突出的矛盾。湖北港口集团总经理何宪礼分析说,受多式联运服务规则、技术标准等制约,铁路、公路、水运等一体化运营机制尚未形成。

中车长江运输设备集团有限公司总经理史洪斌认为,多式联运的难点在铁路,标准和规则体系相互割裂、制度和标准存在壁垒、基础设施衔接不畅、缺乏统一的信息化平台是主要难点。

各级部门纷纷出台相关指导意见,促进多种运输方式间互通衔接,解决难点。湖北省交通运输厅一级巡视员陶维号介绍,湖北对江海联运航线给予补贴,对符合条件的多式联运企业进行奖补,还推出多式联运海关通关等一系列新政策。

史洪斌介绍,他们成功研制了公铁一体车、港口智能装卸设备等,正在构建"平台＋网络＋装备＋服务"的多式联运物流技术体系,打通"信息流＋物流＋资金流",融合"铁路长距离运输＋公路灵活机动"双优势,实现货物"门到门"运输。

三、全球航运供应链服务能力提升

航运是多式联运的对外贸易主要运输通道。中远海运集装箱运输有限公司总经理助理、供应链物流事业部总经理柳国旗向记者介绍,中远海运集团综合运力、集装箱码头吞吐量等居世界第一,依托全球范围内健全的航线网络布局、不断扩大多式联运业务规模,实现从"港到港"至"端到端"的全程供应链服务能力提升。

中远海运集运加大与铁路、港口等合作,参与打造上海港海铁联运有限公司、贵州远海陆港公司、中铁联合国际集装箱广西公司等物流平台。

为升级海外供应链服务能力，中远海运集运还在欧洲、东南亚、日韩等地打造供应链投资平台以及供应链运营平台，实现区域内拖车、铁路、仓储、报关等资源的共享与统一运营；已开通国内海铁线路553条。

四、打造"内外循环"的国际国内物流通道

在内河运输方面，打造"陆海联动、内外循环"的国际国内物流通道成为多式联运行业发展的新亮点。

湖北港口集团总经理何宪礼介绍，集团相继开通多式联运通道69条，在长江、汉江拥有码头泊位204个，集装箱吞吐量约占全省总量的96%；初步构建形成辐射全国、衔接日韩、联通欧洲、连接东盟国家的联运网络，助力湖北成为国际国内多式联运枢纽。

江苏省港口集团去年牵头省内相关企业成立了多式联运发展联盟。该集团总经理王洪涛对记者表示，集团将积极协调多式联运上下游各主体之间要素流通、标准协同，下一步将建立海外揽货体系，研究推动韩国、印度、马来西亚等海外揽货站点建设。

资料来源：https://baijiahao.baidu.com/s?id=1794844126996334477&wfr=spider&for=pc.

思考：

1. 制约我国多式联运发展的因素有哪些？
2. 分析多式联运行业发展的新亮点。

国际多式联运在国际货物运输中具有重要的作用。通过简化托运、制单和结算手续，国际多式联运可以省去托运人办理托运手续的许多不便，从而提高了货运效率。同时，由于采用专业机械装卸，且不涉及箱内的货物，因此可以减少货损货差事故，提高货运质量。

此外，国际多式联运还可以降低运输成本，节省运杂费用，提高运输组织水平，实现合理化运输。通过选择最佳运输线路，组织合理化运输，国际多式联运可以最大限度地发挥现有设备的作用，扩展业务范围。

第一节　国际多式联运概述

国际多式联运（multimodal transport）是一种以实现货物整体运输的最优化效益为目的的联运形式。它通常是以集装箱为运输单元，将不同的运输方式有机地组合在一起，构成连续的、综合性的一体化货物运输。

通过一次托运，一次计费，一份单证，一次保险，由各运输区段的承运人共同完成货物的全程运输，即将货物的全程运输作为一个完整的单一运输过程来安排。它与传统的单一运输方式有很大的不同。

一、国际多式联运设施

国际多式联运是在集装箱运输的基础上产生并发展起来的新型的运输方式。多式联运通过集装箱为运输单元进行直达运输,可以说集装箱是国际多式联运的主要设施。

装有货物的集装箱通过船舶、汽车、火车等运输工具,从启运地运至目的地,无须中途换装,通过专用装卸、搬运工具,实现货物从一种运输方式到另一种运输方式的转移,国际多式联运使集装箱门到门运输的优越性充分地体现了出来。

现代网络及通信技术则为国际多式联运业务的广泛开展提供了大力的技术支持,全球的网络能够为多式联运客户提供全方位的多种服务,包括全程运价、联运提单、多种运输模式的协调和集成、信息跟踪与查询系统以及拼箱集运和为货物提供附加值等操作。

二、国际多式联运的特点与方式

(一) 国际多式联运的特点

1. 必须有一个多式联运合同

该合同确定了多式联运经营人与托运人之间的合同关系,即明确规定多式联运经营人(承运人)和联运人之间的权利、义务、责任、豁免的合同关系和多式联运的性质。它是多式联运的主要特征,也是区别多式联运和一般传统的运输方式的重要依据。多式联运经营人负责货物全部运输责任并收取全程单一运费是多式联运合同的两个主要标志。

2. 使用一份全程多式联运单据

它是证明多式联运合同以及证明多式联运经营人接管货物并负责按合同条款交付货物所签发的单据。该单据满足不同运输方式的需要,并按单一运费率计收全程运费。

3. 必须是至少两种以上不同运输方式的连贯运输

判断一个联运是否为多式联运,不同运输方式的组成是一个重要因素,这是确定一票货运是否属于多式联运的最重要的特征。为履行单一方式运输合同而进行的该合同所规定的短途货物接送业务不能视为国际多式联运,例如航空运输长期以来普遍盛行汽车办理货物接送业务,习惯上只视为航空运输的延伸,不属于国际多式联运。

4. 必须是跨国境运输

多式联运按照运输范围分为国内多式联运和国际多式联运,国内多式联运的起讫点在同一个国家;而国际多式联运的起讫点必须在两个不同的国家,即跨国境的联合运输。

国际多式联运所运输的货物必须从一国境内运至另一国境内指定交付货物的地点,这是区别于国内运输和是否适合国际法规的限制条件。

5. 国际多式联运经营人对货物全程负责

国际多式联运经营人是国际多式联运的组织者和主要承担者,以当事人的身份负责将货物从接管地点一直运到指定交付地点,必须对各分程运输环节、分程运输之间的转运和储存环节全权负责,即在接管货物后,不论货物在哪一个运输环节发生灭失或损坏都要直接承担赔偿责任,而不能借口把某一个运输环节委托给其他分承运人而不负责任。

拓展阅读10.1　国际多式联运经营人的性质和法律特征

6. 一次托运、一份运单、一次计费

托运人只需向国际多式联运经营人进行一次托运,并从多式联运经营人处获得一份多式联运运单,并进行一次运费计收;而无须向多个分程承运人分别托运,也不必向不同分程承运人分别计费和换取运单。

国际多式联运是集装箱运输和货物运输的一种高级运输组织形式,打破了运输行业的界限,承运人可以选择最佳运输路线,组织和实现合理运输,改善不同运输方式间的衔接协作,降低运输成本。

(二) 国际多式联运方式

《国际货物多式联运公约》等专门规范各种运输方式之间的国际多式联运的国际公约或国内法中,对国际多式联运所涉及的运输方式无特殊的限制,从运输方式的组成看,多式联运必须是国际间两种或两种以上不同运输方式组成的连续运输。

按这种方法分类,理论上多式联运有海—铁、海—空、海—公、铁—公、铁—空、公—空、海—铁—海、公—海—空等共11种类型,限于篇幅,以下仅介绍国际多式联运的三种主要类型:海—铁多式联运、海—空多式联运以及海—陆—海(内河)多式联运。

1. 海—铁多式联运

海—铁多式联运包括海—铁—海多式联运,是当今多式联运的主要类型,特别是利用大陆桥开展海—铁或海—铁—海多式联运。

2. 海—空多式联运

海—空多式联运结合海运运量大、成本低和空运速度快、时间要求紧的特点,能对具有不同运量和不同运输时间要求的货物进行有机结合。

3. 海—陆—海(内河)多式联运

这种多式联运方式利用陆路运输将其两端的水路运输连接,除利用横贯大陆的铁路连接其两端的海运外,也可以利用陆路运输与内河运输连接,既可充分发挥海运量大、成本低的优点,又可发挥内河运输价廉、灵活的优点,能方便地把货物运至内河水系的广大地区。如我国利用长江流域将长江沿线的内陆港口城市与海洋运输联系起来。

三、国际陆路和陆桥货物运输

陆桥(land bridge)是指把海与海连接起来横贯陆域的通道。目前最典型的大陆桥运输多式联运路线有北美大陆桥、西伯利亚大陆桥、新欧亚大陆桥。除此之外还有"小陆桥"和"微陆桥"等。我国对美出口贸易中常采用的 MLB 运输、OCP 运输、IPI 运输均属于陆桥运输。

(一) 大陆桥运输

大陆桥运输(land bridge transport)是指利用横贯大陆的铁路(公路)运输系统作为中间桥梁,用集装箱专用列车将大陆和海域联系起来,按照海-陆-海的运输路线进行国际多式联运的一种连贯运输方式。简单地说,就是两边是海运,中间是陆运,大陆把海洋连接起来,形成海-陆联运,而大陆相当于"桥",所以称之为"陆桥"。

大陆桥运输是国际集装箱联运的特殊形式,它以集装箱为容载工具,采用将货物分组集装的运输方式。大陆桥运输除了包括铁路运输外,还有海运,因此比国际铁路集装箱运输手续更复杂,承担的责任更大。采用这样的运输方式,使集装箱船和专用列车结合起来,达到加快运输速度和降低运输成本的目的。

1. 北美大陆桥

北美大陆桥以横贯美国大陆的铁路作为陆上行程,以"海-陆-海"运输途径实行陆桥运输,故称为北美大陆桥。北美大陆桥与通过巴拿马运河传统的海运东行线相比较,可节约运输时间 5 天。目前,作为世界上的第一条大陆桥——北美大陆桥已经基本上陷于停顿状态。

2. 西伯利亚大陆桥

西伯利亚大陆桥东端为俄罗斯的纳霍德卡港,从海上连接日本、韩国、中国香港和中国台湾等地;西端发展到英国、西欧、中欧、北欧和伊朗。该线路 90% 以上的货运为日本所利用。

西伯利亚大陆桥与通过苏伊士运河传统的海运西行线相比较,运输距离可缩短 1/3,运费便宜 20%。与绕道好望角相比较,运输距离可缩短 1/2,运费可便宜 25%。所以西伯利亚大陆桥正式启用以后,削弱了北美大陆桥的竞争能力。

拓展阅读 10.2　西伯利亚大陆桥的运输方式与优势

3. 新欧亚大陆桥

新欧亚大陆桥东起我国连云港，西至荷兰鹿特丹，全长 10 800 公里，沿途可经莫斯科、华沙、柏林等地，是贯通欧亚的一条新的大陆桥。新欧亚大陆桥可把我国的交通大动脉陇海—兰新铁路和俄罗斯、东欧、西欧国家的铁路干线连成一体，对我国的外贸发展和沿途省、市的经济发展极为有利。

(二) 小陆桥运输

1. 小陆桥运输的概念及优点

小陆桥运输(mini-land-bridge transport, MLB)是指一端连接海运的海陆联运或一端连接陆运的陆海联运的陆域通道，这个通道以陆上铁路为桥梁。小陆桥运输相对大陆桥的"海-陆-海"运输而言，缩短了一段海上运输，成为"海-陆"或"陆-海"运输形式。

例如：远东至美国东部大西洋口岸或美国南部墨西哥口岸的货运，由原来全程海运改为由远东装船至美国西部太平洋口岸，转装铁路(公路)专用车运至东部大西洋口岸或南部墨西哥湾口岸，以陆上铁路(公路)作为桥梁，把美国西海岸同东海岸和墨西哥湾连起来。

在联运节点上的业务运作方法是：船舶公司作为货物托运人安排货物登陆后的铁路运输并垫付铁路运费，或者由船舶公司作为收货人提取来自小陆桥的铁路货物，安排船舶订舱和负责海运至目的地。

小陆桥运输的主要优点有：①通过专门的铁路主干线，避免进出口货物在内陆地区的绕道运输，使货物能捷径调度，缩短陆域距离和运输时间，达到快速运转和节省运输时间成本的要求；②可以享受到铁路集装箱直达列车的优惠运价等，降低运输成本。

拓展阅读 10.3　陆桥运输的发展历程

2. 使用 MLB 运输方式应注意的问题

我国出运去美国的集装箱货物，在使用小陆桥运输时可先将货物用 MLB 运输。对我国出口商、运输经营人、货运代理来说，应注意以下问题：

(1) 小陆桥运输是完整的多式联运，由运输经营人签发全程联运提单，并收取全程运费，对全程承担责任。

(2) 小陆桥运输下的集装箱货物，其提单制作应分别注明卸船港及交货地(如 MLB HOUSTON)。

(3) 小陆桥运输下的到岸价集装箱货物，卖方承担的责任、费用终止于最终交货地。

（4）小陆桥运输下的集装箱货物,应根据运输经营人在美国 FMC 注册的运价本收运费,原则上无任何形式的运费回扣;但若运输经营人与货主之间订有服务合同,即在一定时间内提供一定货运量后,货主可享有一个较低运价。

（5）在按服务合同收运费,而货物承运人是无船承运人时,小陆桥运输下的集装箱货物应出具两套提单:一套是无船承运人签发给货主,用于结汇;另一套供无船承运人在美国的代理向船公司提货。

(三) OCP 运输

1. OCP 的概念

所谓 OCP 运输,是指远东地区货物通过海运运至美国西海岸港口,再由铁路转运,将货物运至美国 OCP 地区目的地交货的一种海-铁分段联运的方式。

从远东地区向美国 OCP 地区运送的货物,可供选择的运输方式有两种:一种是以美国东海岸港口为卸货港,船舶过巴拿马运河由加勒比海通向美国大西洋港口;另一种是以美国西海岸港口为卸货港,然后通过陆上运输至 OCP 地区。后一种虽然采用海陆两种运输方式,但在正常情况下,运输时间较前一种为短。

2. OCP 的具体做法

（1）成交货物方面

按 OCP 运输条件成交的货物,发货人将货物运至收货人指定的西海岸港口后,发货人便履行了联运提单中的责任,不承担其他任何责任和风险。货物在抵达西海岸港口后,由收货人委托中转商(负责内陆运输的人)持正本提单向船公司提货,通过内陆运输运至收货人指定的地点。

（2）贸易合同和信用证方面

在 OCP 运输条件下,贸易合同和信用证目的港一栏内应加注"OCP"字样。对于转运往 OCP 地区的货物,在签发提单时,应符合贸易合同及信用证的要求,以便结汇。最好在备注栏内注明是哪一个城市,以便区别。

（3）运输单证方面

在货物的运输标志内,同时列明卸货港和 OCP 的最后目的地。在提单卸货港一栏内应注明"OCP"字样。

（4）保税运输申请手续方面

在美国,由集装箱海运至港口的货物,收货人在收到货物舱单后 10 天,必须申请进口,或要求保税运输,将货物运至最终目的地。如不按时申请货物就会转到保税仓库,从而产生转仓作业费、保税仓库费、转运费等不必要的费用。

为了避免这些不必要的费用,可将船公司签发的内陆公共提单、OCP 提单的副本提前送交铁路公司,请铁路公司代办运送 OCP 地区的"保税运输申请手续"。铁路公司在太平洋各港接受了运往内陆公共点地区的货物后,向海关提出申请,获得保税运输许可后,即可将货物运往内地,收货人凭 OCP 提单正本在当地申请报关后,凭正本提单向铁路公司提货,付清到付运费。

(四) IPI 运输

IPI 运输是在小陆桥运输形成与发展的基础上开展的。IPI 运输的英文全名是 Interior Point Intermodal,意为内陆公共点多式联运。许多货物利用大陆桥的过路部分开展内陆公共点与国外之间的海陆或陆海联运,这种连接内陆公共点的货物运输又称为微型陆桥运输,也就是比小陆桥更短一段。由于没有通过整条陆桥,而只是利用了部分陆桥,故又称半陆桥运输,是指海运加一段从海港到内陆城乡的陆上运输或反方向的运输形式。

IPI 运输与 MLB 运输都是海-铁多式联运,两者的主要区别是交货地有所不同;IPI 运输和 OPC 运输的运输线路和交货地相同,两者的主要区别是 IPI 运输是海-铁多式联运,而 OPC 运输是海-铁分段联运。对我国出口企业来说采用 IPI 运输时应尽量选用 FCA、CPT 或 CIP 贸易术语,并在贸易合同、信用证和多式联运单据上注明"IPI"字样。

微型陆桥运输的优点是,货物进出口明显缩短了转运和过路的距离和时间,实现货物全程门到门运输,节省了运输费用,降低了贸易流通成本,并且便于货主使用多式联运和联运提单。所以,微型陆桥运输近年来发展非常迅速。

四、国际多式联运单证

《联合国国际货物多式联运公约》对多式联运单证的定义:"证明多式联运合同以及证明多式联运经营人接管货物并负责按照合同条款交付货物的单据。"该定义说明:多式联运单证不是运输合同,而是运输合同的证明,多式联运单证是多式联运经营人收到货物的收据和凭其交货的凭证。

拓展阅读 10.4 《联合国国际货物多式联运公约》

(一) 国际多式联运单证的性质

国际多式联运单证与海上运输提单的性质和作用基本一致。

1. 是多式联运合同的证明

由国际多式联运的业务流程可知,在多式联运经营人接受托运时即与托运人签订多式联运合同。签发多式联运单据是多式联运经营人履行合同的一个环节,因此多式联运单据不是运输合同,而只是运输合同的证明。

2. 是多式联运经营人接管货物的收据

多式联运经营人向托运人签发多式联运单据,表明多式联运经营人已从托运人手中接管货物,并开始对货物负责。

3. 是收货人提取货物的凭证

收货人在目的地必须凭多式联运单据正本才能换取提货单,也就是说多式联运经营人只能把货物交付给多式联运运单持有人。

4. 是物权凭证

可转让的多式联运单据具有物权凭证的作用,托运人可凭多式联运单据向银行结汇,收货人可凭此单向多式联运经营人提货,也可以作为有价证券流通买卖、转让或办理抵押等。不可转让的多式联运单据与公路运单、铁路运单和航空运单一样,不具有物权凭证的作用。

(二) 国际多式联运单证的主要内容

多式联运单证涉及多式联运经营人、实际承运人、收发货人、港方和其他方面的关系人,主要起货物交接时证明作用,证明货物的包装、数量、品质等基本情况。主要内容有:

(1) 货物的基本情况。如:名称、运输标志、数量、重量、包装,危险品等特殊货物的特性、注意事项。

(2) 国际多式联运经营人的名称、主营业所。

(3) 托运人、收货人名称。

(4) 多式联运经营人接收货物的日期、地点。

(5) 交付货物的地点。

(6) 多式联运单证签发的日期和地点。

(7) 国际多式联运经营人或其授权人的签字。

(8) 多式联运单证可转让或不可转让的声明。

(9) 交接方式,运费支付,约定的运达期限,货物中转地点。

(10) 有关声明。

以上内容并非缺一不可,只要所缺少的内容不影响货物运输各当事人的利益即可。在不违背单证签发国的法律时,还可加注其他内容。

(三) 国际多式联运单证的签发使用

多式联运单证应由多式联运经营人或其代理人签发,签发后交给发货人,由发货人通过银行转让给收货人。多式联运经营人在收到发货人托运的货物后,核对收货单位(货运站、码头堆场)签发的货物收据(场站收据或大副收据)无误后,即签发多式联运单证给托运人。

1. 多式联运单证的签发形式

多式联运经营人凭货物的收据签发多式联运单证时,可根据发货人的要求签发可转让与不可转让多式联运单证中的任何一种。多式联运单证的转让应依据以下原则:记名单证,不得转让;经过记名背书或空白背书的单证,可转让;不记名单证,无须背书,即可转让。

国际多式联运提单,其最后一程如不是海运,原则上不能做成可转让形式,因为除海运外,其他运输方式都不是凭运输单据交付货物的。货物运到目的地,凭提单换提货单提货,国际多式联运经营人在不同运输方式的交接中必须按不同要求做好各种托运工作。

国际多式联运经营人在签发多式联运单证时,如发现单证上所列内容和实际情况不符合货物的包装或内容有污损或破损等现象,应做出批注保留。此外,联运提单中还应列明收货地、交货地、目的地和第一程运输工具等内容。

在实践中,签发单证时还应注明正本份数,对多式联运单证正本和副本的份数规定不一,主要视发货人要求而定。正本单证签发一份以上,目的在于保护收货人的合法权益。副本是没有法律效力的,主要是为了业务的需要。

2. 多式联运单证的签发时间、地点

在实践中,多式联运经营人收到货物的时间一般在装运时间之前,中间有一段待装期,在此期间,托运人可凭场站收据要求多式联运经营人签发提单,因货物尚未实际装船,在这种情况下签发的提单叫待运提单,待运提单在结汇时会有困难。此外,多式联运经营人收到货物的地点有时不在装船港,而是在内陆的货运站或装船港码头堆场。

3. 国际多式联运提单的流转程序

以下以一程是公路运输、二程是海上运输、三程是铁路运输的多式联运为例,说明多式联运经营人(MTO)签发的多式联运提单及各区段单证的流转程序。

在实际业务中,多式联运经营人提单和各区段实际承运人的货运单证的缮制大多交由多式联运经营人的各区段代理负责,多式联运经营人主要充当全面控制和发布必要指示的角色。以下为多式联运经营人签发的多式联运提单及各区段实际承运人签发的运输单证的流转程序。

(1) 多式联运经营人起运地分支机构或代理缮制并签发全程多式联运提单,其中正本交给发货人,用于结汇;副本若干份交付多式联运经营人,用于多式联运经营人留底和送交目的地分支机构或代理。

(2) 多式联运经营人起运地分支机构或代理货交一程承运人后,一程承运人签发以

多式联运经营人或其起运地分支机构或代理为托运人、以多式联运经营人或其二程分支机构或代理为收货人的公路运单,运单上应注有全程多式联运提单的号码。

多式联运经营人起运地分支机构或代理在货物出运并取得运单后,应立即以最快的通信方式将运单、舱单等寄交多式联运经营人二程分支机构或代理,以便二程分支机构或代理凭其提货;与此同时,还应向多式联运经营人提供运单副本以及载运汽车离站时间及预计抵达时间等信息,以便多式联运经营人能全面了解货运进展和向二程分支机构或代理发出必要的指示。

(3)多式联运经营人二程分支机构或代理收到运单后,凭此从一程承运人或其代理处提取货物,并交付二程承运人或其代理。二程承运人或其代理收到货物后,签发以多式联运经营人或其二程分支机构或代理为托运人,以多式联运经营人或其三程分支机构或代理为收货人的提单(当然也可以是指示提单,但通知方应为多式联运经营人三程分支机构或代理),提单上应注明全程多式联运提单号码。

多式联运经营人二程分支机构或代理在货物出运并取得提单后,应立即以最快的通信方式将正本提单、舱单等寄交多式联运经营人三程分支机构或代理,以便三程分支机构或代理凭其提货;与此同时,还应向多式联运经营人提供提单副本以及船舶离港报等,以便多式联运经营人能全面了解货运进展和向三程分支机构或代理发出必要的指示。

(4)多式联运经营人三程分支机构或代理收到提单后,凭此从二程承运人或其代理处提取货物,并交付三程承运人或其代理,三程承运人或其代理收到货物后,签发以多式联运经营人或其三程分支机构或代理为托运人,以多式联运经营人或其目的地分支机构或代理为收货人的铁路运单,运单上应注明全程多式联运提单号码。

多式联运经营人三程分支机构或代理在货物出运并取得运单后,应立即以最快的通信方式将运单等寄交多式联运经营人目的地分支机构或代理,以便目的地分支机构或代理凭其提货;与此同时,还应向多式联运经营人提供运单副本以及火车动态等,以便多式联运经营人能全面了解货运进展和向目的地分支机构或代理发出必要的指示。

(5)多式联运经营人目的地分支机构收到铁路运单后,可凭此从承运人或代理处提取货物,并向收货人发出提货通知。收货人付款赎单后取得多式联运经营人签发的全套正本多式联运提单,凭此全套正本提单可向多式联运经营人目的地分支机构或代理办理提货手续。多式联运经营人目的地分支机构或代理经与多式联运经营人寄交的副本提单核对,并在收取应收取的运杂费后,将货物交付收货人。

第二节　国际多式联运实务

国际多式联运业务主要包括与发货人订立多式联运合同,组织全程运输,完成从接货到交付过程的合同事项等基本内容。

一、国际铁路联运货物运输程序

国际铁路货物联运是指使用一份统一的国际铁路联运单据,在跨及两个或两个以上国家铁路的货物运送中,由参加国铁路负责两个或两个以上国家铁路全程运送货物过程,由托运人支付全程运输费用,而无须收、发货人参加的铁路运输组织形式。全程运输经营人按照多式联运要求组织运输,协调多式联运各方之间的货运和业务关系,保证铁路联运的顺利进行。

(一) 国际铁路联运出口货物运输流程

国际铁路联运出口货物运输组织工作主要包括铁路联运出口货物运输计划的编制、货物托运和承运、装车发运、国境站的交接和出口货物的交付等。

1. 国际铁路联运出口货物运输计划

出口货物运输计划一般指月度要车计划,是对外贸易运输计划的组成部分,体现了对外贸易国际铁路联运的具体任务,也是日常铁路联运工作的主要依据。

国际铁路联运月度要车计划采用"双轨(铁路、商务)上报、双轨下达"的方法。凡发送整车计划,都须具备铁路部门批准的月度要车计划和旬度计划;零担货物和集装箱货物则不需要向铁路部门编报月度要车计划,但发货人必须事先向发站办理托运手续。

2. 国际铁路货物联运的托运和承运

出口运输计划批准后,就可以进行货物的托运和承运。托运和承运的过程实际就是铁路与发货人之间签订运输合同的过程。

(1) 托运和承运的一般程序

货物托运是发货人组织货物运输的一个重要环节。发货人托运货物时,应向车站提交货物运单和运单副本,以此作为货物托运的书面申请。车站接到运单后,应进行认真审核。

(2) 整车货物办理托运

车站应检查是否有批准的月度、旬度运输计划和要车计划,检查运单各项内容的填写是否正确,如确认可以承运,应予以签证。车站在运单上签上货物应进入车站的日期或装车日期,即表示受理托运。发货人按签证指定的日期将货物运往车站或指定的货位,铁路根据运单上的记载查对实货,认为符合《国际货协》和有关规章制度的规定,车站方予以承认,并开始负保管责任。整车货物装车完毕,发站在货物运单上加盖承运日期戳,以示承运。

(3) 零担货物的托运

零担货物的托运与整车货物不同,发货人在托运时,不要求编制月度要车计划,凭运单直接向车站申请托运即可。车站受理托运后,发货人应按登记指定的日期将货物搬进货场,送到指定货位上,经查验、过磅后,即交由铁路保管。车站将发货人托运的货物连同货物运单一同接收完毕,在货物运单上加盖承运日期戳,以示承运。铁路对承运后的货物负保管、装车和发运的责任。

由此可见,整车货物以货物装车作为承运的先决条件,而零担货物并无此限制,因此,零担货物与整车货物相比,其责任期限更长。

托运、承运手续完毕,铁路运单作为运输合同即开始生效。铁路按《国际货协》的规定对货物负保管、装车并运送到指定目的地的一切责任。

(4) 铁路运输出口货物的报关

一般由发货人委托铁路或外运机构在国境站办理。在货物发运前,发货人应填制出口货物报关单。铁路车站承运后,应在货物报关单上加盖站戳,并与运单一起随货同行,以便国境车站向海关办理申报。

(5) 托运所涉及的运输单证

托运所涉及的运输单证主要有运单和运单的随附单证。

① 国际铁路联运运单

国际铁路联运运单简称运单,是参加联运的发送国铁路与发货人之间缔结的运送契约。它规定了参加联运的各国铁路和发(收)货人在货物运送上的权利、义务和责任,并且对铁路和发(收)货人都具有法律效力。国际铁路联运运单一式五联。

第一联:运单正本(随同货物至到站,并连同第五联和货物一起交给收货人)。

第二联:运行报单(随同货物至到站,并留存到达路)。

第三联:运单副本(运输合同签订后,交给发货人,但不具备法律效力,仅证明货物已由铁路承运)。

第四联:货物交付单(随同货物至到站,并留存到达路)。

第五联:货物到达通知单(随同货物至到站,并连同第一联和货物一起交给收货人)。

② 补充运行报单

对于每份运单,发站应填制补充运行报单。我国铁路补充运行报单分为带号码的和不带号码的两种。带号码的补充运行报单是为发送路准备的,一般填制三份,一份留站存查,一份报所属铁路局,一份随同货物至出口国境站截留。不带号码的补充运行报单是为过境路准备的,而且每过境一个国家的铁路要填制一份。运单和补充运行报单分慢运和快运两种,慢运单据不带红边,而快运单据则带有红边。

③ 运单的随附文件

国际联运出口货物经由国境站时,需要履行海关、商品检验、卫生检疫等法定手续,为此发货人必须将所需的文件附在运单上。这些文件主要有出口货物报关单、出口货物明细单、出口许可证、品质证明书、商品检验证书、卫生检疫证书、植物检验证书或兽医证明书、装箱单、磅码单等有关单据。

3. 装车发运

货物办理完托运和承运手续后,接下来是装车发运。货物的装车应在保证货物和人身安全的前提下做到快速进行,以缩短装车作业时间,加速车辆周转和货物运送。

按我国铁路的规定,在车站公共装卸场所内的装卸工作由铁路负责组织;其他场所如专用线装卸场,则由发货人或收货人负责组织。但某些性质特殊的货物,如易腐货物、未装容器的活动物等,即使在车站的货场内,也均由发货人组织装车或卸车。货物发出后办理的事项如下:

(1)登记

发货后,要将发货经办人员的姓名,货物名称、数量、件数、毛重、净重,发站、经由口岸、运输方式、发货日期、运单号、车号及运费等项目详细登记在发运货物登记表内,作为原始资料。

(2)通知及上报

如合同有规定,发货后发货人要及时用电传或传真通知收货人;如规定要上报总公司和地方商务主管部门的,应及时上报。总之,要做好必要的通知和报告工作。

(3)修正和更改

如果货物发出后,发现单证错误或单货不符,要及时电告货物经由口岸的外运分支机构,要求代为修正;如发货后需要变更收货人、到站或其他事项,要及时按规定通知原发站办理变更。

4. 出口货物在国境站的交接

联运货物在装车发运后,紧接着就要考虑在国境站的交接问题。

(1)出口货物交接的一般程序

国境站除办理一般车站的事务外,还负责国际铁路货物联运、车辆和列车与邻国铁路的交接、货物的换装或更换轮对、票据文件的翻译及货物运送费用的计算与复核等工作。出口货物在国境站交接的一般程序简述如下:

① 出口国境站货运调度根据国内前方站列车到达预报,通知交接所和海关做好接车准备工作。

② 出口货物列车进站后,铁路会同海关接车,并将列车随带的运送票据送交接所处理,货物列车接受海关的监管和检查。

③ 交接所实行联合办公,由铁路、海关、外运等单位参加,并按照业务分工流水作业,协同工作。铁路主要负责整理、翻译运送票据,编制货物和车辆交接单,作为同邻国铁路办理货物和车辆交接的原始凭证。外运公司主要负责审核货运单证,纠正出口货物单证差错,处理错发错运事故。海关则根据申报,经查验单货相符,符合国家法令政策规定,即

准予解除监督,验关放行。最后由双方铁路具体办理货物和车辆的交接手续,并签署交接证件。

如果在换装过程中需要鉴定货物品质和数量,应由国内发货单位或委托国境站商检所进行检质、检量,必要时邀请双方检验代表复验。外运公司则按商检部门提供的检验结果,对外签署交接证件。属于需要随车押运的货物,国境站外运公司应负责两国国境站间的押运工作,并按双方实际交接结果对外签署交接证件,作为货物交接凭证和货款结算的依据。

(2)有关联运出口货物交接中的几个问题

① 出口货物单证资料的审核

审核出口货物单证是国境站的一项重要工作,它对正确核放货物、纠正单证差错和错发错运事故、保证出口货物顺利交接都具有重要意义。国境站的货运代理审核单证时,依据运单内容,审核出口货物报关、装箱单、商检证书等记载的项目是否正确、齐全。经核对齐全、无误,方可核放货物,做到差错事故不出国。

如出口货物报关单项目遗漏、记载错误,或份数不足,应按运单记载订正或补制;运单、出口货物报关单、商检证三者所列项目不符时,有关运单项目的订正或更改由国境站联系发站并按发站通知办理;需要更改、订正商检证、品质证明书或动植物检疫证书时,应由出证单位通知国境站商检或检疫部门办理。海关检验实货,发现货物与单证不符时,则根据合同和有关资料订正,必要时联系发货人解决。

总之,国境站货运代理在订正、补制单证时,只限于代办发货人缮制的单证,而对运单项目以及商检证书、品质证明书、检疫证、兽医证等国家行政管理机关出具的证件,均不代办或补制。

出口货物单证经复核无误后,应将出口货物报关单、运单及其他随附单证送海关,作为向海关申报和海关审核放行的依据。

② 办理报关、报验等法定手续

铁路运输的出口货物的报关,一般由发货人委托铁路在国境站办理。在货物发运前,发货人应填制出口货物报关单,作为向海关申报的主要依据。

出口货物报关单格式由我国海关总署统一制定。发货人或其代理须按海关规定逐项填写,要求内容准确、详细,并与货物、运单及其他单证记载相符,字迹端正、清晰,不可任意省略或简化,对于填报不清楚或不齐全的报关单,以及未按海关法的有关规定交验进出口许可证等有关单证者,海关将不接受申报;对于申报不实者,海关将按违章案件处理。

铁路车站在承运货物后,即在货物报关单上加盖站戳,并与运单一起随货同行,以便国境车站向海关办理申报。需办理检验检疫的货物,要向当地出入境检验检疫部门办理检验检疫手续,取得证书。上述各种证书在发站托运货物时须与运单、报关单一并随车同行,在国境站由海关执行监管,查证放行。

③ 凭铅封交接与按实物交接

货物的交接可分为凭铅封交接与按实物交接两种情况。

凭铅封交接的货物,根据铅封的站名、号码或发货人简称进行交接。交接时应检查封印是否有效、丢失,印文内容、字迹是否清楚可辨,同交接单记载是否相符,车辆左右侧铅封是否一致等,然后由双方铁路凭完整铅封办理货物交接手续。

按实物交接又可分为按货物重量、按货物件数和按货物现状交接三种方式。按货物重量交接的,如中朝两国铁路间使用敞车、平车和砂石车散装煤、石膏、焦炭、矿石、熟矾土等货物;按货物件数交接的,如中越两国铁路间用敞车类货车装载每批不超过100件的整车货物;按货物现状交接的,一般是难以查点件数的货物。

货物的交接使用交付方编制的"货物交接单",没有编制交接单的货物,在国境站不得处理。

④ 铁路联运出口货运事故的处理

联运出口货物在国境站换装交接时,如发现货物短少、残损、污染、湿损、被盗等情况,国境站外运公司或其他货运公司应会同铁路查明原因,分清责任,分别加以处理。属于铁路责任造成的,要提请铁路编制商务记录,并由铁路负责整修,整修所需包装物料,由国境站外运公司根据需要协助解决,但费用由铁路承担;如属发货人责任造成的,在国境站条件允许的情况下,由国境站外运公司组织加工整修,但须由发货人提供包装物料,负担所有的费用和损失,由于技术条件限制,无法在国境站加工整修的货物,应由发货人到国境站指导,或将货物返回发货人处理。

5. 到达交付

国际联运出口货物到站后,铁路应通知运单中所记载的收货人领取货物。在收货人付清运单中所载的一切应付运费后,铁路须将货物连同运单交付收货人,收货人领取货物。收货人只有在货物因毁损、腐坏或其他原因而使质量发生变化,以致部分或全部货物不能按原用途使用时,方可拒绝领取货物。收货人领取货物时,应在运行报单上填记收货日期,并加盖收货戳记。

(二) 国际铁路联运进口货物运输流程

国际多式联运进口货物运输与联运出口货物运输的货物与单据的流转程序基本相同,只是流转方向正好相反。主要包括联运进口货物在发运前编制运输标志,审核联运进口货物的运输条件,向国境站寄送合同资料,国境站的交接、分拨,进口货物交付给收货人以及运到逾期计算等。

1. 运输标志的编制和使用

运输标志又称唛头(mark),印制在货物外包装上。它的作用是为承运人运送货物提供方便,便于识别货物,便于装卸,便于收货人提货,唛头绘制必须清楚醒目、色泽鲜艳、大小适中,印制在货物外包装显著位置。按照我国相关规定,联运进口货物在订货工作开始前,由商务部统一编制向国外订货的代号,作为收货人的唛头,各订货单位须按照统一规定的收货人唛头对外签订合同。

国际联运进口货物使用标准的收货人唛头后,就可以在订货卡片、合同、运单的"收货人"栏内,用收货人唛头代替收货人实际名称,而不再用文字填写收货人全称及通信地址,从而既加强了保密性,减少了订货合同和运输过程中的翻译工作,又在很大程度上方便了运输,防止了错发错运事故。使用收货人唛头时,须严格按照商务部统一规定,不得颠倒编排顺序、增加内容或任意编造代号唛头。

2. 审核联运进口货物的运输条件

联运进口货物的运输条件是合同不可缺少的重要内容,因此必须认真审核,使之符合国际联运和国内有关规章所规定的条件。具体审核内容主要包括:收货人唛头是否正确,商品品名是否准确具体,货物的性质和数量是否符合到站的办理别,包装是否符合有关规定等。

3. 向国境站货运代理寄送单证,办理委托代理手续

收货人在订立合同后,要及时将包括合同副本及其附件、补充协议书、合同更改书及有关确认函电等在内的资料寄送国境站的外运公司,并办理委托代理手续,作为核放进口货物的依据。

4. 联运进口货物在国境站的交接与分拨

进口货物在国境站的交接程序与出口货物的交接程序基本相同,具体做法是:进口国境站根据邻国国境站货物列车的预报和确报,通知交接所和海关做好检查准备工作;进口货物列车到达后,铁路会同海关接车,然后两国境站交接所根据交接单办理货物和车辆的现场交接;我国进口国境站交接所通过内部联合办公做好单据核放、货物报关验关工作,然后由铁路负责将货物调往换装线,进行换装作业,并按流向编组向国内发运。

5. 到达取货

联运进口货物到站后,铁路根据运单和随附的单证,通知收货人提取货物,并核收运杂费。到站铁路负责将货物连同运单及内附单证一并交付给收货人。收货人在接收货物时应会同铁路共同检查货物状态,清点数量,如发现异常情况或货损货差,则应要求铁路根据国内规章规定如实地编制商务记录。

二、国际公路联运货物运输程序

国际公路货物运输是指国际货物借助一定的运载工具,沿着公路作跨及两个或两个以上国家或地区的移动过程。

国际公路运输的业务程序主要包括发送业务、途中业务和到达业务三部分。其中：发送业务主要包括签订公路货物运输合同,受理托运、检货司磅、保管、组织装车和制票收费等内容;途中业务主要包括途中货物交接、货物整理或换装等;到达业务主要包括货运票据的交接,货物卸车、保管和交付货物等。现将国际公路联运运输过程中应注意的事项概括如下:

1. 签订公路货物运输合同

在国际联运业务中,运单即是运输合同,运单的签发是运输合同成立的体现。《国际公路货物运输合同公约》中对运单的定义是:运单是运输合同,是承运人收到货物的证据和交货凭证。公路货物运输合同以签发运单来确认,它对发、收货人和承运人都具有法律效力,也是贸易进出口货物通关、交接的重要凭证。公路运输合同自双方当事人签字或盖章时成立。

2. 发运货物

(1) 发运的货物要和运单记载的内容一致。

(2) 货物的包装要符合运输要求,没有约定或约定不明确的,可以通过协议补充。发货人应根据货物性质和运输要求,按国家规定及国际要求正确使用运输标志和包装储运图示标志。

(3) 运输的特殊货物,如需饲养、照料的动植物,精密仪器,稀有珍贵文物等,发货人要派人随车押运。大型特型货物、危险物品是否押运,发货人与承运人双方协商来定。除此之外,发货人要求押运时,需经承运人同意。

(4) 押运人的姓名以及其他情况应填在运单上,押运人不能随意换替。有押运人员时,运输途中发生的货损、货差,承运人不负责赔偿损失。

3. 承运与交接货物

(1) 承运的货物不得超限超载;运输线路由承运人与发货人共同商定,一旦确定不得随意修改;承运人与发货人共同约定运输期限,并在运单上注明,承运人必须在规定时限内到达。

(2) 交接货物时,承运人要对实际要运输的货物与运单上记载的进行核对,如不相符,不得办理交接手续;货物到达目的地前,承运人要及时通知收货人做好接货准备,如果是运到国外,则由发货人通知;货物到达后,收货人应凭有效单证接收货物,不得无故拒绝接收;收货人收到货物后,如发现货物与合同内容不符,可提出索赔。

三、国际多式联运的业务流程

由于多式联运是依托不同运输方式、跨国跨地区的货物流通业务,如把多式联运从货物接收到最后交付这一过程进行分解,大致需要经过受托申请、订立多式联运合同—空箱发放、提取及运送—出口报关—货物装箱及接收货物—向实际承运人订舱及安排货物运送—办理货物保险—签发多式联运提单、组织完成货物的全程运输—办理运输过程中的海关业务—货物交付—货物事故处理等环节。

1. 托运申请,订立国际多式联运合同,编制多式联运计划

多式联运经营人接受货主提出的托运申请,双方商定有关事项后,在交给发货人或其代理人的空白场站收据副本上签章,证明接受委托申请,这样表明多式联运合同已经订立并开始执行。多式联运合同的主要内容有托运人、收货人、多式联运经营人,货物的名称、包装、数量、重量等情况,接货的地点和时间,交货的地点和约定的时间,运输方式和运输线路,关系方的责任和义务,解决争议的途径和方法等。

双方就货物的交接方式、时间、地点、付费方式等达成协议后,发货人或其代理填写场站收据,并送至多式联运经营人处编号,多式联运经营人编号后留下货物托运联,其他联交还给发货人或其代理。

多式联运经营人在合同订立之后,即应制定该合同涉及的集装箱货物的运输计划。该运输计划要求运输线路短、各区段运输工具安全可靠、运输时间能保证、不同运输方式之间良好衔接,从而保证货物从一国境内的接货地安全、及时地运到另一国境内的交货地。多式联运计划的编制要考虑在保证运输质量的前提下,能节省成本。此外,运输计划的编制要留有余地,工作中应相互联系,避免彼此脱节。除不可抗力外,计划一般不能随意改变。

2. 空箱的发放、提取及运送

多式联运中使用的集装箱一般由经营人提供。如果双方协议由发货人自行装箱,则多式联运经营人应签发提箱单或者将租箱公司或分运人签发的提箱单交给发货人或其代理,由他们在规定的日期到指定的堆场提箱并自行将空箱托运到货物装箱地点,准备装货。

如发货人委托多式联运经营人,则经营人办理从堆场到装箱地点的空箱托运(这种情况需加收空箱托运费)。如果是拼箱货(或整箱货但发货人无装箱条件不能自装时),则由多式联运经营人将所用空箱调运至接收货物的集装箱货运站,做好装箱准备。

3. 出口报关

如果多式联运从港口开始,则在港口报关;若从内陆地区开始,则在附近的内陆地海关办理报关。出口报关事宜一般由发货人或其代理办理,也可委托多式联运经营人代为办理(这种情况需加报关手续费,并由发货人负责海关派员所产生的全部费用)。报关时,应提供场站收据、装箱单、出口许可证等有关单据和文件。

4. 货物装箱及接收货物

若是发货人自行装箱,发货人或其代理提取空箱后,在自己的工厂和仓库组织装箱,装箱工作一般在报关后进行，并请海关派员到装箱地点监装和办理加封事宜。如需理货，还应请理货人员到现场理货并与之共同制作装箱单；如是拼箱货物，发货人应负责将货物运至指定的集装箱货运站，由货运站按多式联运经营人的指示装箱。

无论装箱工作由谁负责，装箱人均需制作装箱单，并办理海关监装与加封事宜。对于由货主自行装箱的装箱货物应运至双方协议规定的地点，多式联运经营人或其代理人在指定地点接收货物。如是拼箱货，经营人在指定的货运站接收货物。验收货物后，代表联运经营人接收货物的人应在堆场收据正本上签章并将其交给发货人或其代理人。

5. 订舱及安排货物运送

这里所说的订舱泛指多式联运经营人按照运输计划安排洽定各区段的运输工具，与选定的各实际承运人订立各区段的分运合同。这些合同的订立由经营人本人（派出机构或代表）或委托的代理（在各转接地）办理，也可请前一区段的实际承运人作为代表向后一区段的实际承运人订舱。

6. 办理保险

由于多式联运运距长、环节多、风险大，为避免可能发生的货运事故，多式联运经营人还可以向保险公司投保。多式联运经营人通常向保险公司投保货物责任险和集装箱保险，以防范巨额赔偿风险。

在发货人方面，应投保货物运输险。该保险由发货人自行办理，或由发货人承担费用由经营人作为代理。货物运输保险可以是全程，也可分段投保。

7. 签发多式联运提单、全程运输的协调管理

多式联运经营人接管货物和运费预付情况下收取全程运费后，即签发多式联运单据，表明多式联运人对全程联运负有责任。对多式联运合同当事人来说，多式联运单据是多式联运经营人收到货物的证据，是合同的证明，也是货物的物权凭证，多式联运经营人按多式联运单据指明的收货人或被指示的收货人交付货物，收货人凭多式联运单据提领货物。

国际多式联运是以至少两种不同运输方式组成的连续运输，不同运输方式之间的转运衔接是保证运输连续性、及时性的关键。多式联运经营人作为全程运输的总负责人，通常要与各运输区段实际承运人订立分运输合同，在运输区段发送地以托运人的身份托运货物，在运输区段的目的地又以收货人的身份提领货物。

为了保证各运输区段货物运输的顺利进行，多式联运经营人或其代理人在托运货物后要将有关运输单证及时寄给区段目的地代理人。同时，如该实际运输区段不是最后一程运输，多式联运经营人的代理人在做好接货准备的同时，还要做好下一程运输的托运准备。此外，多式联运经营人要通过网络及利用通信技术，做好货物的跟踪监管工作。

8. 运输过程中的海关业务

国际多式联运的全程运输（包括进口国内陆段运输）均应视为国际货物运输，因此运

输过程中的海关业务工作主要包括货物及集装箱进口国的通关手续、进口国内陆段保税（海关监管）运输手续及结关等内容。这些涉及海关的手续一般由多式联运经营人的派出机构或代理办理，也可由各区段的实际承运人作为多式联运经营人的代表代为办理，由此产生的全部费用由发货人或收货人负担。

如果货物在目的港交付，则结关在港口所在地海关进行；如果在内陆地交货，则在口岸办理保税（海关监管）运输手续，海关加封后运往内陆目的地，然后在内陆海关办理结关手续。

9. 货物交付

当货物运至目的地后，由目的地代理通知收货人提货。按多式联运合同规定，多式联运经营人或其代理人将货物交多式联运单据指明的收货人或按指示交指定的收货人，即告完成全程运输任务。

收货人凭多式联运提单提货，多式经营人或其代理按合同规定，收取收货人应付的全部费用，收回提单，签发提货单（交货记录），提货人凭提货单到指定堆场和地点提取货物。如果是整箱提货，则收货人要负责至拆箱地点的运输，并在货物取出后将集装箱运回指定的堆场，运输合同终止。

10. 货运事故处理

如果全程运输中发生了货物灭失、损害和运输延误，无论是否能确定损害发生的区段，发（收）货人均可向多式联运经营人提出索赔。多式联运经营人根据提单条款及双方协议确定责任并做出赔偿。如果已对货物及责任投保，则存在要求保险公司赔偿和向保险公司进一步追索的问题。如果受损人和责任人之间不能取得一致，则需通过在诉讼时效内提起诉讼和仲裁来解决。

第三节　国际多式联运的责任与赔偿

在国际多式联运过程中，不仅要使用两种或两种以上的运输工具来完成各区段的运输，而且要完成各区段不同运输方式之间的衔接、换装工作。因此，发生货损、货差等货运事故的可能性要比单一运输方式下大得多。

一旦发生货运事故，就出现受损方向责任方要求损害赔偿，责任方根据受损方提出的赔偿要求进行处理的索赔和理赔工作，其中既涉及货主向多式联运人的索赔，也涉及多式联运人向实际承运人的索赔，而且由于货主与实际承运人之间没有合同关系，因此，还涉及货主能否向实际承运人直接索赔的问题。

货物的索赔和理赔是一项十分重要的工作，应根据国家的对外政策、贸易合同、运输合同，并参考国际惯例，正确处理多式联运事故。

一、国际多式联运中的责任

多式联运的事故处理涉及海运事故处理、水运事故处理、铁路事故处理、公路事故处理等，与传统的分段运输相比有一些新的特点。因此多式联运事故处理应根据货物运输过程中环节作业的特点，有关合同条款、法律、公约等规定，对所发生的事故承担责任。

1. 国际多式联运经营人的责任期间

国际多式联运经营人的责任期间是指多式联运经营人履行义务、承担责任的期间。根据《国际多式联运公约》的规定：国际多式联运经营人的责任期间为从接管货物时起至交付货物为止，承运人掌管货物的全部时间。国际多式联运经营人接管货物有两种形式：一是从发货人手中接收货物，这是最普遍的形式；二是根据接管货物地点所适用的法律法规，从海关、港口当局或其他第三方手中接收货物，这是比较特殊的形式。

国际多式联运经营人交付货物有三种形式：一是将货物直接交付收货人；二是根据交付货物地点所适用的法律法规，将货物交付海关、港口当局或其他第三方手中；三是按照多式联运合同的规定或交货地点的法律法规或特定的行业惯例，将货物存放在合适的地点（收货人支配之下）并发出提货通知，即视为已交付收货人。第一种形式是最常用的形式，第二、三种形式在收货人延迟提货的情况下是十分必要的，也是比较合理的。

2. 多式联运经营人采用不同责任形式对货损事故的影响

在统一责任制下，多式联运经营人要对运输全程负责；各区段的实际承运人要对自己承担的区段负责，无论事故发生在哪一个区段，都按统一规定的限额进行赔偿。这就会造成在能够确知货损事故发生区段和实际责任人的情况下，多式联运经营人按统一限额做出赔偿后，再向实际责任人追偿时得不到与理赔额相同的赔偿，特别是事故发生在海运区段，而事故原因又符合海运公约规定的免责规定时，有可能多式联运承运人得不到任何赔偿，造成不应有的损失。

在网状责任制下，多式联运经营人对全程运输负责，各区段的实际承运人对自己承担的区段运输负责，在确知事故发生区段的情况下，多式联运经营人或实际承运人都按事故发生区段适用的国际公约或地区法律规定和限额进行赔偿。这样，多式联运经营人对货物的赔偿与实际承运人向多式联运经营人的赔偿都可以按相同的责任基础和责任限额进行。

二、国际多式联运中的赔偿

国际多式联运经营人的赔偿责任基础是指多式联运经营人在按多式联运合同完成全程运输（责任期间）的过程中，对发生的哪些事故应承担赔偿责任，以及按照什么原则判断是否应承担责任。

承运人的赔偿责任基础大致可分为过失责任制和严格责任制。过失责任制是指承运人因自己在执行运输合同过程中有过失,并因这些过失造成对货主或其他人的损害而承担损害的赔偿责任。过失责任制又分为完全过失责任制和不完全过失责任制。

完全过失责任制是指不管承运人的过失是什么,只要发生过失并造成损害就承担责任,如海上运输的《汉堡规则》和航空运输的《海牙议定书》就采取这种责任制。不完全过失责任制是指承运人对有的过失造成的损害承担责任,而对有的过失造成的损害不承担赔偿责任,如海上运输的《海牙规则》所规定的"对管货的过失造成的损害承担责任,对管船的过失造成的损害免责"。

(一) 国际多式联运经营人的赔偿责任形式

国际多式联运经营人的赔偿责任形式有责任分担制和单一责任制,其中单一责任制分为网状责任制和统一责任制,而由于统一责任制自身的局限性,《国际多式联运公约》提出了修正的统一责任制。

1. 责任分担制

责任分担制指多式联运经营人和各区段的实际承运人仅对自己完成区段的货物运输负责,各区段承担的赔偿责任和赔偿数额按该区段适用的法律予以确定。在这种责任形式下,没有全程统一的责任人,即多式联运经营人不承担全程运输责任,这显然与多式联运的特点不符,因此责任分担制在多式联运实践中很少被采用。

2. 单一责任制

国际单一责任制即有单一的承运人(多式联运经营人)对货物全程负责,而各区段的实际承运人对自己完成的区段负责,即无论损害发生在哪种运输方式或哪一运输区段,托运人或收货人均可向多式联运经营人索赔。

(二) 索赔时应具备的单证

1. 索赔申请书

索赔申请书表明受损方向责任方提出赔偿要求,主要内容包括:索赔人的名称、地址,运输工具名称、到达日期、启运地及接货地点名称,货物受损情况,索赔日期、索赔金额、索赔理由。

2. 运输合同及合同证明(运单或提单)

提单是划分责任方与受损方责任的主要依据,索赔人应出具提单正本或其影印件。

3. 货物残损单及货物溢短单(理货单、重理单等)

该单是对货物运输、装卸过程中发生残损所作的实际记录,受损方依据经责任方签署的货物残损单提出索赔。

4. 货物残损检验证明书

它是对货物残损原因不明或不易区别时,向检验机构申请对货物进行检验后出具的单证。

5. 索赔清单

索赔清单主要列明事故所涉及的金额,通常按货物的到岸价计算。

另外,还应出具商业发票、损害修复单、装箱单、拆箱单、卸货报告等其他可作为破损事故处理和明确责任方、责任程度的一切商务、运输单证。

受损方为保护自己的利益,应妥善保管、处理和使用这些单证、文件。在发生保险索赔时,应出具保险合同等有关单据。

(三) 国际多式联运经营人的赔偿责任限额

多式联运经营人的赔偿责任限额指多式联运经营人在掌管货物期间对货物灭失、损害和延迟交付进行赔偿的最高限额。对于限额规定有两种形式:一是单一赔偿标准,即只规定单位重量(毛重每公斤)货物或每一货损单位(每件或每一基本运输单元)的赔偿限额;另一种是双重赔偿标准,即同时规定单位重量货物或每一货损单位的赔偿限额。

目前航空运输在《华沙公约》和《蒙特利尔议定书》中、公路运输在《国际公路货运公约》中、铁路运输在《国际铁路货运公约》中以及海运在《海牙规则》中均采用单一赔偿标准,而海运在《维斯比规则》《汉堡规则》中则采用双重赔偿标准。国际多式联运在《国际多式联运公约》中采用的是单一赔偿标准与双重赔偿标准相结合的方式。

本章思考题

一、名词解释

1. 大陆桥运输
2. OCP 运输
3. IPI 运输

二、简答题

1. 何谓国际多式联运?其基本特征有哪些?
2. 简述多式联运单证签发的形式。
3. 简述国际多式联运的赔偿责任形式。

拓展阅读10.5　19个项目被命名为"国家多式联运示范工程"

参 考 文 献

1. 邹小平.国际物流单证缮制[M].北京：清华大学出版社,2014.
2. 凌海生.国际物流单证操作实务[M].武汉：武汉大学出版社,2014.
3. 杨霞芳.国际物流管理[M].2版.上海：同济大学出版社,2015.
4. 李洁,翟树芹.进出口报关实务[M].广州：华南理工大学出版社,2016.
5. 彭宏勤,杨淑娟.综合交通发展与多式联运组织[M].北京：人民交通出版社,2016.
6. 姜湄,何岩松.国际物流与货运代理实务[M].大连：大连海事大学出版社,2017.
7. 张良卫.国际物流实务[M].3版.北京：电子工业出版社,2017.
8. 平淑盈,朱琳.国际物流与货运代理[M].北京：北京交通大学出版社,2017.
9. 傅莉萍.集装箱运输管理[M].北京：清华大学出版社,2018.
10. 孙继湖.航空运输概论[M].北京：中国民航出版社,2018.
11. 顾永才.国际物流与货运代理[M].4版.北京：首都经济贸易大学出版社,2019.
12. 田振中.国际物流与货运代理[M].3版.北京：清华大学出版社,2019.
13. 王红雨,傅泳,何康民.国际贸易实务[M].重庆：重庆大学出版社,2020.
14. 翟士军.海关与报关实务[M].北京：机械工业出版社,2020.
15. 吴兴光.国际商法[M].北京：清华大学出版社,2020.
16. 李贺.国际货运代理[M].上海：上海财经大学出版社,2020.
17. 杨玉真.外贸单证实务与实训[M].北京：电子工业出版社,2020.
18. 罗静.实战供应链：业务梳理、系统设计与项目实战[M].北京：电子工业出版社,2021.
19. 王利明.合同法（上册）[M].2版.北京：中国人民大学出版社,2021.
20. 黄芸.报关与报检实务[M].南京：南京大学出版社,2021.
21. 王艳娜,张丽丽.进出口报关实务[M].北京：对外经济贸易大学出版社,2021.
22. 张燕芳.国际贸易理论与实务[M].北京：人民邮电出版社,2022.
23. 郑国华.交通运输法概论[M].湖南：中南大学出版社,2022.
24. 陈久梅.生鲜农产品冷链物流管理决策与优化[M].北京：科学出版社,2023.

教师服务

      感谢您选用清华大学出版社的教材！为了更好地服务教学，我们为授课教师提供本书的教学辅助资源，以及本学科重点教材信息。请您扫码获取。

▶▶ 教辅获取

本书教辅资源，授课教师扫码获取

▶▶ 样书赠送

物流与供应链管理类重点教材，教师扫码获取样书

清华大学出版社

E-mail: tupfuwu@163.com
电话：010-83470332 / 83470142
地址：北京市海淀区双清路学研大厦 B 座 509

网址：https://www.tup.com.cn/
传真：8610-83470107
邮编：100084